雇用と生活の転換
日本社会の構造変化を踏まえて

Transformation of
Employment and Lifestyle in Japan
Based on Structural Changes of Japanese Society

町田俊彦 編著

著者 宮嵜晃臣
高橋祐吉
鈴木奈穂美
小池隆生
兵頭淳史
内山哲朗

専修大学出版局

はじめに

2009年の衆議院選挙で、「生活重視」をマニフェストに掲げた民主党が大勝し、政権交代を実現した。2010年6月に当時の菅首相の下で閣議決定された「新成長戦略」では、「第三の道」による日本経済の建て直しが打ち出された。わが国経済社会の発展にとって呪縛となっているのは、産業構造や社会構造の変化に合わない二つの道による政策であるととらえられたのである。すなわち、「第一の道」は公共事業中心の経済政策であり、1990年代以降は従来型のインフラへの投資効率が低下したにもかかわらず、なお既得権擁護のためのばら撒きが続けられたのである。また「第二の道」は市場原理主義とマネタリズムにもとづく経済政策であり、社会保障給付の削減にみられるように、供給サイドに偏った効率＝生産性重視の経済政策が推進されたのである。一企業の視点に立てば、リストラの遂行による業績回復が妥当な場合もあるが、マクロな視点から見ればそれは国民経済全体の停滞と矛盾をいっそう深めるものであり、貧困問題の噴出にみられるように、市民生活をめぐる困難をより深刻化させるものであった。

これに対し、「第三の道」では、経済社会が抱える課題の解決が新たな需要や雇用創出のきっかけとなるととらえる。持続可能な財政・社会保障制度の構築や生活の安全網（セーフティネット）の充実を図ることが、雇用を創出するとともに、国民の将来不安を払拭して貯蓄から消費への転換を促し、経済成長の礎となると考えるからである。「生活重視」を軸に内需創造型の経済をめざすところに、自公政権の成長政策からの転換が現れていた。しかし民主党政権は、消費税増税や原発再稼働に踏み切るなかで徐々に「第二の道」に回帰し、政権交代の意義を喪失していった。２０１２年12月の衆議院選挙で大敗して、政権の座を失ったのはそれ故である。

政権の再交代によって成立した安倍政権は、アベノミクスと呼ばれる「三本の矢」を柱とした経済政策を展開している。「三本の矢」とは、①物価目標を掲げる大規模な金融緩和（およびそれを通じた事実上の円安誘導）、②公共事業の拡大によって景気刺激を狙う機動的財政出動、③規制緩和と企業減税を中心とする成長戦略からなる。②は「第一の道」、①と③は「第二の道」であり、日本経済の長期停滞や格差・貧困社会を生み出した旧自公政権下での政策の再版である。

政権獲得直後の円安・株高効果は２０１３年5月に頭打ちとなり、輸入物価の上昇を通じて消費者物価が上昇して、国民生活にとってのマイナス効果のみが現れつつある。正規雇用の拡大や賃金の回復がみられないにもかかわらず、政府は消費税増税の前提条件である「経済の好転」は整ったとして、２０１４年4月からの消費税率の5％から8％への引き上げを決定した。さらに、福島原発事故の原因が究明されてもおらず、それどころか放射能汚染水の大量流出が続いているにもかかわらず、原発の再稼働が企図されているのである。こうして、「生活」に目線を置いた政策基調から、成長率や企業収益を重視してきた戦後日本の政策基調への回帰が進みつつある。

上記のような経済政策や社会政策の変転を背景に、本書は刊行される。執筆者は、全員専修大学経済学部の「福祉と環境コース」に所属する教員である。「福祉と環境コース」では、「生活の質」を共通のキーワードとして学生への教育を行うとともに、教材（福祉・環境に関する年表や資料集）を作成したり、共同研究を行ってきた。共同研究としては、２０１０～２０１２年度に専修大学社会科学研究所の特別研究助成を受け、「若年・青年層の不安定就労ならびに社会保障制度の現状」についてのプロジェクトを実施してきた。生活保護受給者や障害者、就労が困難な若者に対する基礎自治体やＮＰＯの自立・就労支援の先進地として、北海道釧路市、大阪府大阪市（釜ケ崎）・豊中市・箕面市、静岡県静岡市などで実態調査を行うとともに、『専修大学社会科学研究所月報』に四号にわたって中間報告を行ってきた。

さらに２０１２年秋には、専修大学大学院経済学研究科主催の政策科学シンポジウムで報告を行った。本書は、この政策科学シンポジウムの報告者を中心として、「福祉と環境コース」所属教員が、コースのキーワードである「生活の質」に視点を定めながら、労働と生活をめぐる構造変化の動向について考察した成果をまとめたものである。以下各章の概要を簡潔に紹介しておこう。

第1章の「グローバル資本主義下の〈生活〉と〈労働〉―日本とドイツの比較を中心として―」は、日本経済のあり方と生活・雇用の動向を、日本とは対極的な位置にあるドイツとの比較によって明らかにしたものであり、第2章の「日本経済の現状と雇用問題」は、大震災後の日本経済の動向を主に雇用問題に焦点を当てて分析したものである。この両論文は、本書の総論的な位置にある。

第3章から第7章までの論文は各論ということになる。第3章の「働く・働けない・働かない」では、就業者と失業者と非労働力人口の内部に潜む労働問題を概観しており、第4章の「日本のワーク・ライフ・バランスの実情―2007年以降の動向」では、「生活の質」の向上と結びついた働き方がどのようなものであるのかを、わが国におけるワーク・ライフ・バランスの実態を分析することによって明らかにしようとしており、第5章の「労働と生活にとっての〈安定〉とは何か―貧困を捉える視角としての〈移動〉を考える」では、今日の貧困問題を考える際に、「移動」という新たな視角からアプローチすることの意味を考察している。

こうした現実を踏まえたうえで、第6章の「〈G企業〉時代における労働政策と労働組合」では、わが国の企業の動態を切り口にしながら、労働をめぐる具体的な政策動向と地盤沈下が喧伝される労働組合の果たすべき役割の大きさを明らかにしており、そして第7章の「協同組合と社会経済運動―地域生活圏の接着剤」では、「生活の質」を支えるうえで重要な役割を果たしつつある地域生活圏における社会経済運動のあり方を、協同組合を中心にしながら整理している。

われわれ執筆者たちは、当初本書を人間らしい労働と生活を求めるすべての人々を念頭に置いて作成したいと考えていたが、こうしてまとめてみると、「福祉と環境コース」に所属するすべての学生諸君に、あるいはまた、「福祉と環境コース」に所属する教員の担当課目の受講者に真っ先に手にしてもらいたいと願うようになった。「福祉と環境コース」で学ぶということは、本書の各論文で指摘されているような問題関心を共有し、理解することなのではないかと考えるに至ったからである。難しいことをわかりやすく書くということは、なかなか大変な作業である。そうした作業の労を厭わず、正月休みを返上して呻吟し続けたであろう執筆者の先生方に、編者として心からのお礼を申し述べたい。

２０１４年１月

町田俊彦

目次

第1章　グローバル資本主義下の「生活」と「労働」
――日本とドイツの比較を中心として

町田俊彦

1　グローバル資本主義と「生活」・「労働」条件の不安定化・悪化

経済の不安定化を強めるカネ（投機的資金）のグローバルな移動

現代の経済はグローバル資本主義と特徴づけられる。カネ・モノ・ヒト・情報などが国民国家の枠を超えて移動、「ボーダーレス」経済化が進展した。最も移動が激しいのはカネである。第2次大戦後の資本主義社会の国際経済システムは、ドルを対外的な決済のための基軸通貨とするＩＭＦ体制により安定化した。ＩＭＦ体制の2つの柱は、ドルの金兌換制と固定為替相場制であった。敗戦国の旧西ドイツと日本は急激な復興・経済成長により輸出競争力を高めたが、固定レート制は両国に有利に働いた。一方、アメリカは輸出競争力を弱め、大幅な貿易赤字と金流出を招き、ＩＭＦ体制の維持は困難になった。1971年夏、アメリカ大統領ニクソンは、ドルの金兌換停止と固定相場制の停止を発表、IMF体制は崩壊した。

変動相場制の下で、主要国間の貿易収支の不均衡が是正されることが期待された。しかし現実には、為替相場の上昇に対応するための技術開発又は賃金抑制により、旧西ドイツと日本はますます輸出競争力を強めて貿易黒字を拡大し、アメリカとイギリスは恒常的に貿易赤字を計上した。ドルの金兌換停止により金の制約から解放されて、アメリカは貿易赤字と財政赤字という「双子の赤字」をファイナンスするために、国際経済に巨額の世界貨幣＝ドルをバラまいてきた。「金融大国」を目指すアメリカに主導された1980年代の金融自由化により、膨大な資金は投機的資金として世界経済の不安定化・「投機資本主義化」をもたらした。リーマンショックの直前の2007年に、1日当たり世界の貿易総額は320億ドルであったが、為替取引額はその100倍の3・2兆ドルに達した。[1]

カネのグローバルな移動により生じた「バブル循環」は、経済を不安定にさせたが、その中で少数の多国籍企業・富裕層が富を集中する（「1％の経済」）一方で、富裕層以外の国民の「生活」は不安定化・劣悪化した。[2] 最近では、国際的なヒト、モノ、カネの移動に課税し、その税収を途上国支援に充当する「国際連帯税」の一環として「トービン税」（アメリカの経済学者トービンが提唱した租税、国際金融取引に課される低率の課税）を為替取引税として課税することがフランスを中心に国際的に検討されている。低率課税であるが、取引1回ごとに適用されるので、短期的に取引を繰り返す投機的取引は重い租税負担を課されることになり、投機的な国際金融取引にブレーキをかけることが期待されている。

「金融大国」を目指すアメリカとイギリスが反対しているため、為替取引税の導入は実現していないが、2013年1月、フランスやドイツなどEU11カ国で2014年から「銀行取引税」を導入することを決定した。為替取引は課税されないが、為替取引税の導入に向けて第一歩を踏み出したと評価できる。政府がアメリカに追随しているため、日本では投機的資金の国際的移動をコントロールすることが政策論議の対象になっていない。

企業活動のグローバル化と安定雇用の縮小・賃金水準の停滞

大企業を中心に企業活動がグローバル化している。1990年代以降、製造現場の世界的配置が飛躍的に拡大しただけではなく、グローバル化は情報サービス産業など製造業以外の分野へ拡がっている。1990年代以降、企業活動のグローバル化が飛躍的に進行した主な理由としては、①ソ連社会主義の崩壊と中国・ベトナムの改革開放・社会主義市場経済への転換、②1985年秋のドル高修正（プラザ合意）による日本やドイツといった貿易黒字国の製造機能の海外移転の促進、③製造技術の汎用化と良質な労働力・技術の蓄積に依存しない製造工程の飛躍的拡大、④製造工程の世界的分業や販売網の世界的配置とリンクを支えるIT技術の発達があげられる。

企業活動のグローバル化により、「生活」の中で大きなウエイトを占める「労働」の条件は悪化した。これまでは製造機械の連続的稼働、強力な労働組合の存在によって、製造業は男子の安定的な雇用（フルタイムの正規雇用）が一般的であった。製造現場の海外移転と移転先からの輸入（開発輸入）を含めた安価な製品の輸入により、製造業の雇用は縮小し、賃金引下げ圧力が強まった。製造業の雇用の縮小を埋め合わせたのはサービス産業である。サービス産業の雇用拡大は、労働に大きな影響を及ぼした。フルタイマーだけではなく、パートタイマー、派遣労働など労働が多様化し、女性の就労が拡大した。成長性と雇用拡大が顕著なサービス産業では、知識集約型産業と労働集約型産業の混在が、雇用形態の多様化と賃金格差の拡大をもたらす重要な要因になっている。ただし雇用形態の多様化は大幅な賃金格差と直結するわけではなく、格差の大きさは各国における労働法制のあり方によって影響を受ける。

「福祉国家」の揺らぎと再編

国民の「生活」の安定は、雇用と賃金だけで保障されているわけではない。病気・けが・心の病、身体・精神上のハンディキャップ、失業、高齢による退職、子育て・高齢者介護と仕事との両立の困難、貧困など、多様なリスクに対するセーフティネット（安全網）が整備されていなければ、安心して生活することはできない。このセーフティネットは中央政府・地方政府が福祉システムとしてつくりあげる。

第2次大戦後、先進国は「福祉国家」となるが、それを構成するのが完全雇用体制と福祉システムである。完全雇用体制では、ケインズ政策と呼ばれる財政面からの成長促進政策や景気対策を通じて大量失業の発生を防ぐとともに、政府規制を通じて解雇にブレーキをかけた。長時間労働や危険な労働が働く者の健康や家庭生活を損なわないように、労使交渉や政府規制を通じて労働時間の短縮と職場の安全の向上を図った。福祉システムでは、高齢者や障害者への年金、失業者への失業保険給付や失業扶助（失業保険支給期間が過ぎた後の失業保障）、貧困層への公的扶助、子育て世帯への家族手当、家賃補助といった現金給付が整備された。病気に対する医療給付、要介護者へのリハビリを含む介護サービス、保育サービス、職業訓練、低家賃の公的住宅供給といった現物給付も重要な役割を果たしてきた。

1960年代～1970年代前半の先進国の高度成長期には、雇用拡大により完全雇用体制が維持されるとともに、租税収入・社会保障負担の増大に支えられて福祉システムが充実し、「福祉国家」は順調に発展した。1973年秋の第1次石油危機を契機として、先進国は大量失業とインフレーションがともに起こる「スタグフレーション」に見舞われ、低成長へ移行した。低成長へ移行すると「福祉国家」は揺らいだ。大量失業が発生したにもかかわらず、大幅な財政赤字に見舞われた先進国の政府は、有効な財政政策の景気対策（フィスカル・ポリシー）を発動できなくなった。

高齢化の進展により「自然増」（福祉水準の引き上げを伴わない支出増加）を続ける福祉関連支出の伸びを、低成長期の租税収入・社会保障負担の伸びの鈍化に見合うように抑制することが重要な政策課題になった。「福祉見直し」による「政策減少」（福祉制度の改悪による支出減少）が求められるようになった。「福祉見直し」は、1980年代にアメリカのレーガン大統領のレガノミックス、イギリスのサッチャー大統領のサッチャリズムに主導されて先進国で進められた。政策の基本はプライバタイゼーション（私化）と呼ばれるものであり、民間企業が活動しやすいように政府規制の緩和・撤廃を進めた。低成長下で投資機会が乏しくなった民間企業に営利活動の場を保障するために、政府が所有してきた国営企業・地方公営企業などを民営化するとともに、政府が公務員の手で提供してきた福祉の現物給付の一部について、担い手を民間企業に委ねた。

「福祉見直し」により、国民の「生活」を支えるセーフティネットは弱体化し、安定雇用の縮小とあいまって、生活水準が低下するとともに不安定化した。この動きを加速化したのが、1990年代以降の経済のグローバル化の進展である。グローバル資本主義下で経済活動はボーダーレス化し、国民国家を前提とした「福祉国家」は解体したという考え方が支配的になっている。

プライバタイゼーションは財政面では、反ケインズ派経済学を理論的基礎とする「小さな政府」指向である。1980年代から2010年代までの先進国の財政をみると、財政支出、その中核を占める社会保障支出および租税・社会保障負担の対GDP比はそれまでの上昇トレンドから横ばいに転じたのであり、低下に向かったわけではない。低成長と経済のグローバル化に対応して、「福祉国家」は安定的生活の保障機能を弱体化させつつ、再編成されつつあると評価すべきであろう。再編のパターンは先進国で一律ではなく、各国の「福祉国家」のあり方に対応して多様である。日本における「生活」と「労働」をめぐる環境変化は、経済の低成長とグローバル化に直結させて理解すべきではない。この期間、国民経済計算上の雇用者報酬が減少しているのは日本だけである。国際比較によって、日本型「福祉国家」特有の再編という側面を明らかにすることが必要である。

2　「輸出主導型成長」最優先の日本と「輸出主導型成長」・「安定的生活」の両立を目指すドイツ

「社会的市場」政策のドイツと「経済成長」最優先の日本

日本と旧西ドイツは、第2次大戦における敗戦国であり、生産基盤が解体されたにもかかわらず急激な経済復興を遂げ、輸出主導型成長により貿易黒字国として世界経済の「優等生」になった点は共通している。しかし経済発展のあり方と経済政策の優先順位には大きな差があり、その差異は「生活」と「労働」にも大きな影響を及ぼしてきた(3)。

旧西ドイツで1966年まで自由民主党（FDP）と小連立を組んできたキリスト教民主同盟／社会同盟（CDU／CSU）は「社会市場経済」を掲げ、経済成長と国民の生活のセーフティネットとなる福祉システムの整備の同時並行的な実現を目指した。社会保険では1957

年に他の先進国に先駆けて公的年金に二重の賃金スライド（新規裁定時の過去の賃金の現在価値への換算、既裁定年金のスライド）を導入し、世代連帯型・動態的年金（実質賃金上昇に現れる生産性上昇の成果を年金受給者にも及ぼす）を確立した。輸出主導型成長を促進する政策手段としては、主に先進国で最も優遇的な投資促進減税が使われた。一方、社会資本の整備では、まず社会住宅（政府の超長期低利融資による低家賃民間賃貸住宅）の大量建築を中心に生活基盤整備に重点を置き、次いでアウトバーン（無料の高速道路、最高速度制限なし）を中心に産業基盤整備に重点を移した。

日本では、長期単独政権を担ってきた自民党政権は、「経済成長」最優先の政策を採ってきた。経済成長を促進する政策手段としては、公団など特殊法人と地方自治体も動員した公共投資の拡大と投資・輸出減税が使われた。公共投資による社会資本整備では、旧西ドイツとは対照的にまず道路・港湾などの産業基盤整備に重点が置かれ、生活基盤整備は後回しにされた。高度成長期を通じて、福祉水準は主要先進国の中で最も低く、大企業の賃金・雇用制度・企業内福祉（大企業における終身雇用と年功型賃金、社宅）、中小企業保護政策、地域格差是正策およぴ大幅な「家族依存」によって補完されてようやく生活の安定が図られた。１９７３年の「福祉元年」の政策は社会保障水準でヨーロッパ先進国にキャッチアップする契機となったが、石油危機を契機とする高度成長の終息（中成長への移行）と大幅な財政赤字の下で、１９８０年代以降「福祉見直し」が基調になり、日本型福祉システムは温存された。

インフレとバブルに対する対極的な対応

日本と旧西ドイツの経済政策は物価・資産価格の上昇に対する政策で対極的である。2度の世界大戦後、悪性インフレーションに見舞われた旧西ドイツでは、物価安定が最優先の政策とされ、中央銀行の政府からの独立がそれを支えた。一方、日本では成長最優先の政策の下で物価安定は副次的な政策目標とされた。「物価の番人」となるべき日本銀行は大蔵省支店と揶揄される程に政府に従属し、物価安定を主導する役割を放棄してきた。

2つの国の対極的な対応は、第1に為替相場の上昇の面で現れた。旧西ドイツでは、固定レート制の下で、貿易黒字の累増は輸出で稼いだ膨大なドルが国内通貨に交換されることを通じてマネーサプライの急増と物価上昇をもたらした。こうした「輸入インフレ」を抑えるため、自発的にマルク切り上げを行った。これに対して日本では、ニクソン声明後に固定レートの停止により円高になると、そのインフレ抑制効果が評価されることはなく、「黒船」として輸出抑制効果への懸念のみ高まった。

第2は地価上昇への対応である。旧西ドイツ・ドイツでは、土地を利益確保のために利用することを抑止するために、厳しい土地利用規制を続けた。一方、日本では地価上昇は、担保価値を高めて銀行借入を促進し、企業の資産額を高めて株価上昇の要因となることから望ましいと考えられてきた。

第3は資産バブルへの対応である。1980年代末から1990年代初めにかけての資産バブル（旧西ドイツでは株価、日本では地価と株価）について、旧西ドイツではブンデスバンク（中央銀行）が早い時期に金融引締めに転じて激発を防ぎ、バブル崩壊の影響を免れた。一方、日本では日本銀行が景気上昇を持続したい政府と一体となって金融引締めの発動を遅らせ、バブルを激発させた。バブル崩壊の後遺症は深刻で、「失われた20年」といわれるような長期停滞に見舞われた。

労働、最低生活保障に対する対応

生活と労働との関連で重要なのは労働時間である。労働時間が長すぎると、家庭生活や居住地における社会活動に充てる時間がほとんどなくなり、生活のゆとりやうるおいに欠けるようになる。この点で対極にあるのがドイツと日本である。ＯＥＣＤの実労働時間統計によると、主要５カ国における雇用者１人当たり年間総労働時間（２００９年）でドイツは１３０９時間で最も短く、日本とアメリカはそれぞれ１７３３時間、１７７８時間で最も長い。

ドイツと日本の労働時間の格差に影響を与えているのは、第１に年次有給休暇の日数と消化率である。労使協約で合意した年次有給休暇の平均付与日数はドイツでは30・０日でヨーロッパ主要国において最も長く、消化率はほぼ１００％である。一方、日本では17・９日と短い上に消化率が低い。第２は時間外労働の格差である。ドイツでは、法定労働時間の原則は８時間以下となっているが、時間外労働については労働協約によって定める場合に１年間に60日を限度とし、1日10時間までの延長が限度である。日本では時間外労働は実質的には野放しであり、超過勤務手当が支払われない「サービス残業」や名ばかりの管理職が横行している。

最低生活保障機能にも大きな差がある。ドイツには産業横断的な法定の最低賃金制度は存在しない。最低賃金等の労働条件は、産業別・地域別（主に州単位）の事業主団体・産業別労働組合間の団体交渉により締結される労働協約によって規定される。労働協約は、締結当事者である労使に対して効力を発揮するのが原則であるが、未組織労働者への適用が拡大している。2012年から労働者派遣業にも適用を拡大している。協約賃金が最低賃金としての機能を果たし、各企業の使用者と従業員組合（産業別労働組合とは別組織、産業別労働組合が「経営寄り」の政策として役員選挙に積極的に立候補者を立てている）の間で収益状況等を加味して協定賃金に上積みした実収賃金が決定される。

日本では産業横断的な法定の最低賃金が存在するが、その水準は使用者と企業別労働組合の間で決定される賃金とリンクされることなく、著しく低位である。ＯＥＣＤの調査によると、2010年における各国の賃金の中央値に対する法定最低賃金の比率は、フランスの59・9％、イギリスの46・1％、ＯＥＣＤ平均の48・2％に対して、日本は37・0％でアメリカ（38・8％）とならんで主要先進国の中で最も低い。

失業保障にも差がある。ドイツでは失業者は失業保険給付期間が切れた後、国税を財源とする失業扶助を仕事がみつかるまで期限なしに受給する。重要なのは「仕事がみつかる」の意味であり、従前の仕事と関連がなかったり、従前の所得の一定基準（例えば70％）を超えて下回る求人は拒否できる。失業保険給付期間や失業保険給付・失業扶助の金額は、従前の就労期間が短いケースと低賃金のケースでは、生活費を賄うには不十分である。このケースでは公的扶助を受給する。公的扶助受給の要因の中で最も高いのは失業である。

日本では主要先進国の中で比較的短い雇用保険給付期間をすぎると、長年ホワイトカラーであった失業者といえども従前の仕事と関連がない、低賃金の仕事に就かざるを得ない。公的扶助としての生活保護のカバー率（生活保護基準以下の世帯数に対する受給者数の比率）は10％程度と低い。受給者の大半は高齢者と障害者であり、可働年齢層は申請段階で窓口において就労を強制され、申請を拒否されるケースが多い。[4] 最低賃金、失業保障、公的扶助のいずれをとっても、日本の最低生活保障機能はドイツと比較してきわめて貧弱である。

日本では非正規労働者については、企業は被用者年金や健康保険を加入させる義務がないため、事業主負担を免れる。非正規労働者は年金では国民年金の第1号被保険者となり、定額の保険料を負担する。非正規労働者は国民年金に加入しなかったり未納であれば、将来無年金者となる。国民年金の未加入率・未納率が4割を超えることを厚生労働省が発表し、マスコミもそれを鵜呑みにして年金不信を煽る報道をしている。これは第1号被保険者の未納率であり、ほぼ100％加入・納付している第2号被保険者と第3号被保険者（年収130万円以下の専業主婦とパート主婦・主夫で、本人は保険料を支払わず、2号被保険者が共同して負担）を合わせた基礎年金としての国民年金の未加入・未納率は1割に満たない。非正規労働者の年金への未加入・保険料未納は「年金の空洞化」をもたらすものではなく、彼等の老後の生活困難と生活保護費の激増が懸念されるのである。

保育・介護の高い家族依存度

旧西ドイツ・ドイツの福祉水準は、アメリカ・イギリスや日本と比較すると高いが、スウェーデン・デンマークのような北欧先進国だけではなく、中欧のフランスと比較しても低い。保育所や特別養護老人ホーム・介護ヘルパーといった現物給付が劣悪であることによる。保育・老人介護は主に家族（主に妻、同居する娘）に任され、この分野への直接的な公費投入は長らく避けられてきた。「3歳までの子育ては母親の手」という考え方のカトリック政党・CDU／CSUが1960年代末まで長期政権を担ってきたことによる。1960年代末以降、何度か政権に就いた社会民主党（SPD）も、家族依存型という旧西ドイツの福祉国家を根本的に転換するというスタンスには立たなかった。

特別養護老人ホームやホームヘルプ事業は、北欧先進国のように基礎的自治体による地方公務員がサービス供給を行う直営ではなく、キリスト教系団体など非営利法人により設立・運営されてきた。その運営費に対する公費補助はほぼ皆無である。特別養護老人ホームの利用料金は公費なしのフルコストで設定されているため高額で年金収入を上回ることが多く、差額は公的扶助から介護扶助として給付を受けた。1995年に介護保険が導入される直前には、特別養護老人ホーム入居者の約4割は公的扶助を受給し、公的扶助給付総額の約3割は介護扶助であった。

日本においても、子育てや介護は家族に依存してきた。子育てでは、民主党政権下で「子ども手当」が導入されるまでは、児童手当は所得制限、短い支給年齢、低い支給金額といった特徴をもち、児童手当が導入されていないアメリカとともに、現金給付の水準は先進国の中で最も劣位にあった。現物給付としての保育所整備では、認可保育所の整備と運営について公費が投入されるが、3歳未満児向けの整備水準は低位であり、多くの女性は結婚または出産を契機として、離職することを余儀なくされた。成年障害者や要介護老人に対するケアも主に家族（主に配偶者または同居する長男の嫁）に依存した。特別養護老人ホームの整備・運営や介護ヘルパー人件費には公費が投入されたが、2000年にドイツに5年遅れて介護保険が導入されるまで、対象は低所得層に絞られていた。家族依存を支えるために、所得税において配偶者控除・配偶者特別控除、基礎年金としての国民年金における第3号被保険者の保険料免除が設定されている。

ドイツが北欧先進国のような福祉最先進国、「大きな政府」にならず「中型政府」にとどまったのは、生活維持機能に「家族依存」がビルトインされてきたからである。保育、老人介護における「家族依存」がドイツの社会保障の「陰」であり、現金給付を含めて福祉水準が低い「小さな政府」日本と重なり合う領域である。保育の「家族依存」は、ドイツと日本における低い出生率と高率の「子どもの貧困」という共通の現象をもたらす主要な要因となってきた。

地域産業保護のドイツと公共投資の日本

国民生活の豊かさは、賃金と家庭生活における個人消費だけで決まるのではない。地域の雇用状況、地方政府が中心となって提供する教育、福祉、医療などの公共サービスの水準と生活基盤（上下水道、公園、図書館などの社会教育施設等）の整備水準によって大きな影響を受ける。雇用状況や公共サービス・生活基盤整備で大きな地域格差が生じると、水準が低い地域に住む人の生活は貧しくなり、豊かな地域への転出を余議なくされる。

ドイツの特徴は、産業の地域配置と劣位産業保護政策および分権的システムが、地域格差を小幅なものにとどめていることである。旧西ドイツ（統一ドイツの旧西ドイツ地区）では中央政府機関、金融機関本店、製造業本社などが全国に分散立地しており、州政府の権限が大きい連邦制を採っていることと相俟って、「水平型」国土構造が特質となっている。「水平型」国土構造といっても、製造業や都市型サービス産業が立地していない地域は広い。そうした地域の基幹産業は農業であり、石炭業が基幹産業になっている地域もある。そこでドイツの産業・食料・エネルギー政策では、農業や石炭業のような劣位産業保護が重要な位置を占める。

農業については、ＥＥＣ（現ＥＵ）は平均経営規模が日本を大幅に上回るといっても、巨大農場で農業経営を行うアメリカ・カナダ・オーストラリア・ニュージーランドと競争しても勝ち目がない。共同体政府は高い貿易障壁を設定するとともに、各国の付加価値税率の一定割合の拠出による共同体財政の支出の大半を農産物価格支持、輸出補助金に充当して、域内自給率100％を確保してきた。旧西ドイツ地区の経営規模はフランスと比較すると零細であり、域内の競争でも太刀打ちできない。そこで一時期、日本の農業基本法のモデルとなった「自立農家」、大規模専業農家育成を行ったが、早期に兼業農家を中核とする政策に転換した。都会の人が農家民宿に宿泊して農作業を体験したり、農村の景観を楽しむ「グリーンツーリズム」は農家の兼業の典型である。石炭業も、自給エネルギーと産炭地の雇用機会の確保を狙いとして、電力料金への上乗せ分を主な財源として保護されてきた。

1990年に東西ドイツが統一した後、国営企業として運営されてきた旧東ドイツ地区の製造企業は大半が市場経済の中では生き残れず、経済力・失業率・所得水準で顕著な東西格差が顕在した。この格差は統一直後の見通しのように短期的には解消せず、財政を通じる大幅な格差是正措置（財政調整）が恒常化している。ドイツの財政調整で特徴的なことは、連邦政府から州への財政移転（使途が特定されている「ひもつき」の特定補助金、使途が自由な一般補助金）という垂直方式よりも、比較的豊かな旧西ドイツ地区の州税の一部を東ドイツ地区の州へ移転する水平方式（「連帯型」）が主たる政策手段になっていることである。

フランスとともに社会保障の大半が社会保険方式で行われているドイツでは、旧西ドイツ地区で徴収された社会保険料の一部を旧東ドイツ地区に移転するという方式でも格差是正が行われていることが注目される。社会保険の給付水準と保険料率は東西均一を原則としているが、経済力格差を反映して、社会保険料の収入水準では旧東ドイツ地区は旧西ドイツ地区を大幅に下回っているからである。

ドイツとは対照的に、日本の国土構造は「東京一極集中」に現れる「垂直型」が特徴となっている。[5] 生産工程の諸段階（完成財―中間財―素材生産、高次加工組立工程―低次加工組立工程）と大企業のヒエラルヒー的組織原理（本社―研究開発―生産現場、本社―支店―営業現場）を国土空間に直接適用している。大都市から地方へ遠隔化するにつれて、高次機能から低次機能へと各段階ごとの機能に地域特化し、東京―ブロック中心都市―その他の県庁所在都市―中小都市―農村というヒエラルヒー的な「垂直型」国土構造が形成されてきた。

大企業体制の商工業の領域では、地方圏の職種はルーティン・ワークの現場的仕事に限定されたから、劣位産業の発展が地方圏の雇用・所得にとっては決定的に重要な位置を占める。しかしドイツとは対照的に、日本では農林業や石炭業といった劣位産業は手厚い保護を受けることなく、地域格差は激成した。対極的な産業政策は貿易構造の差異によって影響を受けた。ドイツの輸出主導型成長は、EEC（現EU）域内で工業製品を輸出入する水平分業を通じて達成されている。一方、日本の輸出主導型成長は、アメリカを主な貿易相手国として、工業製品（軽工業品から重化学工業品へ移行）を輸出し、農林産物を輸入する垂直的分業を通じて達成された。国内の農林業は米、生鮮野菜等を除いては安価な輸入農産物の大量流入により縮小を余儀なくされ、農山村は衰退にむかった。高度成長期に入ると、エネルギー政策で石炭から石油への転換を急速に進められ、産炭地は過疎化した。

現在交渉中のTPP（環太平洋経済連携協定）では、巨大な経営規模のオーストラリア、ニュージーランド、アメリカから高率関税により保護された残り少ない米、牛肉等についても関税撤廃を迫られている。日本農業の経営規模の拡大により対応できる規模・生産性格差ではなく、TPP交渉の決着の仕方によっては、農業地域は壊滅的打撃を受けよう。

地域格差の拡大に対する日本の主な是正策は、第1に地方への製造現場の誘致であり、「地方の時代」が喧伝された1970年代には安価な土地と労働力を求めて工場の全国的な地方分散が進んだ。1980年代になると、工場の地方分散の受け皿は空港、高速道路など高速交通が整備された地域の周辺に限定されるようになった。地方への工場誘致は、先述した低次加工組立工程の移転にすぎなかったから、経済効果は農家への兼業機会の提供に限られた。経済のグローバル化により製造工程の地域間分業が世界に拡大すると、国内の地方圏の低次加工組立工程の立地地域としての役割は急速に低下する。1990年代以降、円高への対応として製造現場の中国等への移転が加速化すると、地方への工場進出が激減しただけではなく、既存工場の撤収が行われるようになった。

第2は地方財政調整である。ドイツと比較した場合、日本の財政調整は税源を集中している国がその財源の約2分の1の大きな規模で地方自治体に財政移転する「垂直方式」で行われている点が特徴的である。財政移転は国が優先する経済成長あるいは景気対策を主な目標とし、特定補助金としての国庫支出金を主軸とし、地方交付税と地方債許可制度に補完的役割をもたせて展開してきた。この垂直方式による地方財政調整では、公共投資の地方圏への傾斜的な配分が最優先の政策であった。公共投資のうち道路・港湾・空港など産業基盤投資は、雇用というフローの効果だけではなく、高速道路、空港といった高速交通体系の整備というストック効果による工場の地方分散の条件整備も狙いとした。1990年代以降、地方への工場進出が激減する中で、景気対策としての公共投資の拡大は生活基盤整備を中心とし、建設業が基幹産業となった地域での雇用効果というフローの効果に期待するものとなった。バブル崩壊後1990年代に、公共投資は膨張したが「乗数効果」（GDPを引き上げる効果）と地域格差是正効果は目立って低下し、国・地方の財政赤字拡大をもたらした。

そこで1990年代末からは国・地方の財政再建が最優先目標となり、公共投資は圧縮の過程に入った。2000年代半ばの財政レベルの分権化を標榜した「三位一体の改革」では、地方への税源移譲は不十分で、公共投資の圧縮と結びついた大幅な地方交付税の削減により、地方財政調整機能は決定的に弱体化した。地域格差是正の二本柱が機能を低下させる中で、日本農業に壊滅的な打撃をもたらすTPP参加が進められており、地域格差の拡大、経済力の「東京圏一極集中」は加速化しようとしている。

3　グローバル資本主義下のドイツと日本の「生活」と「労働」

最低生活保障機能の低下と賃金の停滞・減少

１９９０〜２０００年代にかけて、国民経済計算上の雇用者報酬が日本においては主要先進国で唯一減少し、ドイツは増加したとはいえ、日本に次いで低い伸びを示した。輸出主導型経済の日本とドイツでは、国際競争力を保持するために、賃金引下げを行い易くする環境整備が財界から強く求められ、政府が対応したことによる。

日本では、２０１２年12月の衆議院総選挙で自民党が大勝し、安倍政権が成立して、アベノミクスと呼ばれる経済政策を展開すると、生活用品の物価上昇による賃金の目減りという新たな要因が加わった。アベノミクスの「三本の矢」の中核を占める「第一の矢」としての超金融緩和政策（金融の量的緩和）では、１９９７年の日銀法改正で政府からの独立性を実質的には確保できなかった日本銀行が、政府に従属してインフレターゲット政策（消費者物価上昇の目標に達するまでは、資産インフレが生じても超金融緩和政策を継続）を断行した。資産インフレと円安を狙いとして、銀行保有の膨大な長期国債を買入れ、ベースマネー（銀行の日銀当座預金）を拡大した。日本以外の主要先進国ではインフレターゲット政策は目標まで物価を引下げる政策であるが、「物価の番人」となるべき日本銀行は物価上昇と資産デフレを引き起こす真逆の政策を展開したのである。

超金融緩和政策の株価上昇と円安の効果は２０１３年５月には早くもピークに達したが、円安による輸入物価上昇を通じる生活用品の物価上昇はじわじわと家計を圧迫している。デフレの主因である弱い最低生活保障機能のさらなる引下げ（内需の大半を占める個人消費と政府消費を低迷させる）にメスを入れない限り、経済停滞から脱却することはできず、「失われた30年」となってしまう。

ドイツにおいて社会民主党（ＳＰＤ）と与党内の社会委員会派（キリスト教系労働組合が支持母体）の「福祉連合」の反対により見送られてきた本格的な「福祉見直し」が、１９９８年の社会民主党政権（「緑の党」との小連立政権で「赤緑連合」と呼ばれる、シュレーダー首相）への交代後、１９９０年代末から２０００年代前半に断行された[6]。労働組合員数の減少を背景に、社会民主党内で労組出身議員の比率の低下と伝統的社会民主主義者の勢力の後退が生じ、「市場」を重視する勢力が主導権を握って政権を担ったからである。

１９９９年の僅少労働の拡大、２０００年末の派遣労働法改正を経て、２００２年のハルツ改革ではミニ・ジョブ（社会保険料の被用者負担を軽減、かつ社会保険料を逓減させる）が設定され、非正規雇用の拡大が図られた。２００２年以降の職業斡旋法やハルツ改革では、非正規雇用の拡大とともに、雇用保護の緩和、失業保障給付の引下げが進められた。

最大の改革はハルツ第Ⅳ法であり、失業保険の給付期間の大幅な短縮（最長64カ月から36ケ月へ）と公費を財源とする失業扶助と公的扶助の一部の統合が行われた。公的扶助受給者の中から就労可能な層を抜き出して失業扶助と統合し、失業給付Ⅱとして設定したものである（失業給付Ⅰは失業保険給付）。失業給付Ⅱの給付水準は公的扶助と同一基準に引下げられた。「ワークフェア（福祉から就労へ）」という先進国共通の流れの中でも、アメリカ型の「ワーク・ファースト・モデル」（稼得層は福祉給付を受ける前にまず就労または職業訓練の受講を義務づけられる）への転換と位置づけられる。(7)

ただし社会保険料事業主負担を免れる非正規労働の拡大という一方向の動きだけがあるわけではない。ミニ・ジョブ（賃金平均月額が2013年以降で450ユーロ—1ユーロ＝130円として約6万円—以下の雇用僅少の状態）の従事者については、2013年から原則加入（それまでは年金については原則未加入、希望に応じて加入可能）となり、所得税と年金保険料・健康保険料の被用者負担分は免除され、事業主が被用者負担分と事業主負担分の全額を負担する逆方向の政策が採用されている。

日本の福祉システムの最低生活保障機能は弱く、「ワーク・ファースト・モデル」に近い。1990年代以降の規制緩和で労働法制上は派遣労働の対象拡大、産業政策上では運輸業等における参入障壁の大幅引下げ（タクシー業界では増車による大幅な賃金引下げ）が、非正規労働者の拡大と賃金水準のさらなる引下げをもたらした。リーマンショック以降、非正規労働者は解雇されてワーキングプアが激増し、稼得年齢層のホームレスとして可視化されるようになった。窓口での申請抑制にもかかわらず、生活保護の受給者の中で稼得年齢層のウエイトが高まりをみせたが、一方で老年者加算を廃止するなど給付水準引下げが行われた。安倍政権の下では、最低賃金を生活保護基準が上回るとして、国際的にみて低位な最低賃金を生活できる水準に引き上げるのではなく、生活保護基準の引下げと生活扶助の圧縮が行われている。家族・親族による扶養の優先が強化され、生活保護申請の自粛をさらに促進しようとしている。

正規労働者は、ボーナスの削減により賃金が抑制され、過少な人員の下で労働密度が強化され、長時間労働を強いられている。アベノミクスの「第三の矢」としての成長戦略では、規制緩和と法人税減税が柱となっている。規制緩和では企業がサービス残業を強要したり、解雇しやすい環境づくりが重要な狙いとなっており、勤務地や職務が限定され、賃金は派遣やパートタイマーよりは高いものの、通常の正社員よりも低く、解雇しやすい「限定正社員」の導入が具体化されようとしている。

公的年金・医療保険の給付抑制

社会保険方式を中心とするドイツの福祉システムの削減圧力は、重い社会保険雇用主負担が労働コストを引き上げ、国際競争力を弱めていると批判する財界から生じた。第１次石油危機を契機として１９７０年代半ば以降低成長へ移行すると、財界は社会保険料引下げを要求した。ドイツ統一後は東西両地区の給付水準の均等化を図るため、年金保険料と失業保険料の多くが旧西ドイツ地区から旧東ドイツ地区へ移転したため、社会保険料引き上げが増幅され、財界の社会保険料抑制の要求は一段と強まった。

医療改革の第１は自己負担の引き上げと給付対象・水準の縮小である。第２は診療報酬の引下げである。医療改革では、州ごとの疾病金庫と保険医あるいは病院との交渉で決定される診療報酬に連邦政府が介入することになった。１９８８年12月に成立した医療保障改革法により、外来医療については、出来高払と当事者原則を維持した上で、診療報酬総額は保険料の伸びの範囲に上限を設定された。診療報酬実績が上限を超えた場合には１点当たり単価を引下げる方式を採用した。２００９年からは診療報酬単価を固定化し、個々の医師に対する報酬に基準給付量を設定し、基準給付量の１５０％を超える診療を行った医師は超過分を減額する方式に移行した。病院医療については数次の改革の医療費抑制効果が不十分であったことから、２００４年に導入したＤＲＧ（診断群）による包括支払を２０１０年から全面化した上で、病院に対する診療報酬は当事者間で締結される契約により予算を決める方式を採用した。

年金では第１に保険料引き上げを抑制するために、付加価値税率１％分（１９９８年４月から）と環境税（１９９９年４月に導入）の税収を充当した。第２に２００１年改革で将来の保険料の上限を固定した（２０２０年までは20%、２０３０年までは22%）。第３に抜本的な年金改革が２００２年に実施された。公的年金の給付を削減するとともに、それを任意加入の拠出建ての企業年金・個人年金（リースター年金）によって代替する。リースター年金には連邦補助（低所得層ほど多い）または税控除（選択制）が行われるものの、年金の一部民営化というドイツの年金史上例をみないドラスティックな改革が、「市場」を重視するシュレーダー首相が率いる「赤緑政権」の下で実施された点が注目される。リースター年金の普及のテンポは緩やかで、低所得層は拠出資金の捻出に苦労するなど、公的年金を完全に代替できているわけではない。

第4に2004年改革で支給開始年齢を引き上げることとした。1980年代には原則65歳を若年層の雇用を拡大するワークシェアリングの考え方に基づき60歳まで引下げたが、1996年年金改革により2001年までに段階的に65歳まで引き上げることにした。2004年改革では、2012～2029年に段階的に67歳まで引き上げることとした。ドイツでは退職年齢の定めはなく、年金支給開始年齢が退職年齢となる。年金支給開始年齢が引き上げられれば退職年齢も自動的に引き上げられる。併せて保険料上限固定方式を支える措置として、日本のマクロ経済スライドと似た既裁定年金の改訂方式が導入された。

その他の年金改革では、遺族年金の水準引下げ（老齢年金の60％から55％へ）、夫婦の年金分割制の導入、年金の最低保障額（月額600～650ユーロ─1ユーロ130円として7万8000円～8万4500円─）の導入などが行われた。

ドイツの医療改革の主な狙いが社会保険料引き上げの抑制にあったのに対して、日本の医療改革の主な狙いは国庫負担の削減にあった。そこで第1に自己負担を引き上げた。1982年の老人保健法により、老人医療費公費負担制度（自己負担ゼロ）は定額負担制度に転換し、その後定率負担が導入された。被用者保険の自己負担は扶養親族と同率の３割まで引き上げられた。第２に財政力が弱い国民健康保険に対する財政支援を転換した。自営業者、年金受給者、非正規労働者が加入する国民健康保険は、被保険者の所得水準が低く、高齢者比率が高いため被保険者１人当たり医療費が多いという理由で財政力が弱い。国民健康保険に対する財政支援は国庫負担により行われてきたが、制度間財政調整（被用者保険による支援）を導入して国庫負担を節減した。後期高齢者医療制度の導入も、介護保険をモデルに制度間財政調整を強化した。第３に老人医療費の膨張を抑制するために、老人医療に診療報酬の定額払を導入するとともに、診療報酬逓減制により病院への入院期間を約３カ月さらには約１カ月に短縮するように誘導した。

その他の医療給付費抑制策としては、２０００年度からの介護保険の導入による医療保険給付の介護保険給付への振替（老人保健施設等を介護保険下の医療施設に位置づけ）、医療系を中心とした療養病床群のベッド削減による老人療養の家族依存を強化、薬価を中心に行われてきた診療報酬引下げの一般診療への波及などがあげられる。制度間財政調整の強化により被用者保険の財政は悪化し、保険料引き上げが続いている。国庫負担が抑制される中で国民健康保険財政は改善されず、保険料が引き上げられている。ドイツとの比較でみると、診療報酬総額をコントロールする改革が行われない中で、日本独自の国庫負担が抑制されているため、大幅な自己負担と保険料の引き上げが併行して行われ、家計を圧迫しているのが特徴的である。

年金では支給開始年齢の引き上げと給付水準（現役世代の平均賃金を基準とした所得代替率）の引下げが中心的な政策となっている。ドイツのように年金支給開始年齢と定年がリンクしていない日本では、60歳から65歳への引き上げは定年後年金受給開始までの生活困難をもたらす。高齢者雇用促進法により、退職させた上で切り下げられた賃金で再雇用する制度が導入されたが、定年退職者の一部に適用されたにすぎなかった（法改正により定年退職者全員への適用を義務付け）。２００４年改革で保険料固定方式とマクロ経済スライド（年金受給者の年金に適用されるスライド率を物価スライド率から一定比率を控除した率に引下げ）が導入され、現役世代負担の上昇抑制を狙いとする自動的な給付水準引下げ措置が組み込まれてきた。ドイツの改革では、年金の給付水準（代替率）は現行の70％から２０３０年までに67％（民間推計では64％）に引下げられるが、日本の改革ではモデル年金の給付水準（２００９年で62％強）が65歳時点について50％（85歳超で40％強）まで下がった時点（政府の基本シナリオでは２０３８年度）でマクロ経済スライドを停止する給付水準固定方式が採られている。給付水準の引下げという点ではドイツと改革の方向が共通しているが、保障される給付水準に大きな差があることに留意しなければならない。

日本では社会保障・税の一体改革で民主党政権は最低保障年金の導入を構想したが、年金法改正法案では低所得高齢者への福祉的な年金加算（月額最大６０００円―40年納付のケース―

の定額加算、過去の免除期間について老齢基礎年金の満額の6分の1）となり、野党の反対で三党合意では消費税率の10％への引き上げ段階での福祉給付の導入で決着した。ドイツの改革で導入された年金の最低保障額が見送られ、第1号被保険者の高率の未加入・未納（年金加算や福祉給付の対象外）とともに、高齢生活保護受給者を激増させてゆく。

年金についても、1986年改正による基礎年金の導入により、単独では財政悪化が進む旧国民年金と被用者年金の定額部分との統合で旧国民年金維持のための国庫負担が被用者年金による事実上の財政調整へ転嫁した。ドイツで年金への租税負担を高めたのとは対照的である。2004年改革では、1号被保険者の加入・保険料納付促進を狙いとして、基礎年金への国庫負担割合の3分の1から2分の1への引き上げ（2007年度から）が盛り込まれた。国庫負担引き上げの財源は確保されていなかったので「埋蔵金」（特別会計の積立金）や年金国債でしのぎ、消費税率が5％から8％に引き上げられた後は、5％引き上げのうち約1％分を充当することになっている。

家族依存型介護システムの手直し

1990年代に入ると日本とドイツでは「福祉見直し」を続ける一方で、先進国で最低の出生率と家庭内介護に伴う介護疲れや生活難を放置できないことになり、「家族依存」の福祉システムの手直しを余儀なくされた。ドイツでは1995年に北欧のような「租税方式」ではなく、「社会保険方式」の介護保険（20歳以上が対象、保険者は国）を導入した。社会保険料の負担増となる介護保険の導入にあたっては、財界の反対を抑えるために法定休日が削減された。ドイツから5年遅れて日本では2000年度に（老人）介護保険（保険料支払は40歳以上、給付は実質的には65歳以上、保険者は市町村）が導入された。

両国の介護保険では、介護認定の申請→介護認定の調査に基づく介護度ランクの認定→要介護度ランクに応じた限度内での給付という手続きはほぼ共通している。介護事業所に対して保険者から介護報酬が支払われるが、ドイツでは家庭内で介護が行われた場合にも介護者に対して介護事業者への支払単価の半額が「現金給付」として支払われる。日本における介護保険の新設に際して「現金給付」の導入が論議されたが、老人介護の家族依存を固定化してしまうという反対論が大半で見送られた。日本では家庭内介護は「無償労働」となっているため、政府は低コストと受け止め、介護保険財政や財源の半分を公費として負担する国・地方自治体の財政が悪化すると、家庭内介護への依存度を高める誘因となっている。

ドイツの介護保険の導入は、介護扶助の介護保険給付への振替による地方財政の負担軽減を主な狙いとし、「社会的入院」の縮小を副次的狙いとした。介護保険導入は、介護の「社会化」を目指したものではなく、低い要介護度の高齢者の家族内介護への大幅な依存を前提としていた。介護者に対する現金給付（無償労働の社会的評価）によって生活を支え、社会保険料支払わない擬似的な被保険者（保険料の納付義務はないが、平均賃金により年金保険料を支払ったとみなして将来年金給付を行う）とすることにより、介護者が老後に低年金による「女性の貧困」に陥ることを防ぐ措置を組み込んでいる。

日本の介護保険は、「社会的入院」の縮小と医療保険による老人医療費支払の一部の介護保険への振替を狙いとしていた。「現金給付」を導入しないで介護の社会化（実質的には家族介護の社会的支援）を目指したが、家族の負担軽減は中途半端なまま、要介護度の低い老人の介護サービスからの「排除」と自己負担引き上げによるサービス利用の抑制が行われている。ドイツのように「現金給付」による無償労働の社会的評価を行うことなく、老人介護の家族依存が深まっている。

家事・育児・介護といった家庭内労働は対価の支払が行われないという点で「無償」であるが、従事者にとってはコストがかからないわけではない。育児・介護が社会化されていれば、「有償」労働について賃金を得ることができる。育児・介護の社会システムの整備が不十分なために家庭内労働を強いられるとすれば、得られるべき賃金を失うことになり、これを「機会費用」という。家族依存による老人介護がコストゼロであるのは、国・地方自治体にとってのことであり、介護者は経済的負担を負っているのである。

子育て支援の強化

出生率が低いドイツと日本に共通しているのは、福祉見直しが基調となる中で子育て支援が強化されたことである。コール政権（CDU／CSUとFDPの小連立政権）は、1992年に育児休暇を1年から最大3年に延長し、1996年には育児休暇期間中の育児手当を3倍（第1子）～2倍（第2子・第3子）引き上げた。年金では児童育児養育期間が認められ、子どもを養育している者（両親の一方のみ）は、子どもの誕生から3年間保険料を支払うことなしに公的年金制度の強制加入者となり、その間の被保険者全体の平均報酬に相当する保険料を支払ったものとして年金受給額が評価される。2001年の年金改革では、この家庭内介護従事者に対するものと同様の政策の改善が図られた。

「赤緑」連立政権下では、強力にジェンダー平等政策をすすめようとする「緑の党」が政権に参加したことから、家族政策は新たな段階に入る。2005年施行の育児施設建設法により、2005年からの5年間に3歳未満児育児施設23万人分増設することが定められた。2005年9月に実施された下院選挙で、「赤・緑」連立政権与党のSPDは市場重視の政策体系を提示した「アジェンダ2010」やハルツ改革（ハルツ第Ⅳ法）への有権者の反発により、過半数を獲得できなかった。付加価値税率引き上げ、解雇規制の緩和、資本寄り税制改革を掲げたメルケル党首のCDUも過半数を獲得できず、二大政党を左右から批判する左翼党（社会民主党を離党したラフォンティーヌが党首）とFDPが躍進した。二大政党が展開した「緑の党」やFDPとの連立工作は失敗し、大連立政権が樹立された。

大連立政権の下で2008年12月に施行された児童支援法は、子育て支援策は女性の家庭内保育からの解放と家庭内保育重視という2つの路線の混合物となった。2013年7月までに3歳未満の全児童数の3分の1を保育するために必要な保育所等の定員を確保するため、75万人分増設することとした。保育所入所権（3歳以上）は、2013年8月以降1歳以上に拡大した。一方、3歳未満の児童を保育所に入所させずに、家庭内で行われる保育を「選択する自由」を重視するCSUが主導して、保育所を利用しない家庭に対する保育手当を2013年から導入することとした。

保育所入所権を保障しつつ保育所整備が積極化し、3歳未満児の保育所入所率は全ドイツでは20％程度にまで高まったが、旧西ドイツ地区は16％程度にとどまっている。最近における保育ニーズの急激な伸び、整備の進捗の遅れにより、2013年夏までに法令通りニーズを満たすことができない見通しが強まっている。2012年9月に発表された2011年の合計特殊出生率は1・36と前年から0・03低下し、過去最低レベルにとどまった。最大野党・SPDは下院選挙で保育の充実を年金改革等とともにテーマに掲げた。

日本においても、1990年代半ばからエンゼルプラン、新エンゼルプラン、少子化対策大綱等を次々と策定し、保育所整備を重視する子育て支援から男女が共同して家事・育児を行う「ワーク・ライフ・バランス」を重視した包括的な少子化対策へプランを拡げた。しかし政策として実現したのは保育所の拡充であり、有効な歯止めが設定されないまま長時間労働は強化され、「ワーク・ライフ・バランス」は遠のいている。保育所は拡充されたが、保育ニーズの急激な伸びに追い付かず、大都市を中心に待機児童問題が解決されずにいる。特に「三位一体の改革」で公立保育所運営費の国庫負担が廃止され、一般財源化（税源移譲と地方交付税算定上の基準需要額への振替）が行われたが、同時に行われた地方交付税の大幅削減の影響で地方財政が財源不足に見舞われ、認可保育所整備を財源面から制約するとともに、保育所の民営化を加速している。

特に保育所不足が深刻な東京都では、都が認可保育所よりは緩やかな基準を設定するとともに建設補助金を交付する「認証保育所」の増設により対応している。「認証保育所」は無認可保育所の1つであり、園庭が付置されていなくとも設置が認められる。駅の近くに設置される等、保護者にとっては利便性が高いが、保育環境は認可保育所（施設基準は終戦直後に設定されたものであり、ヨーロッパ主要国の基準よりもかなり低位）よりもかなり劣悪である。認証保育所には運営費補助金が交付されないため保育料は高額である。保護者の所得により保育料に差をつける応能負担としての認可保育所とは異なり、応益負担の認証保育所の保育料は低所得者には負担が困難である。認可保育所に入れるまでの緊急避難措置として認証保育所を利用しているにもかかわらず、厚生労働省や都・区市町村は認証保育所入所者を待機児童数には含めないという操作を行い、待機児童問題が解消に向かっているかのように喧伝している。

民主党政権下では、所得制限なし（普遍的）で支給額も大幅に増額した子ども手当が導入され、日本の国際的にみて低い家族関係支出の水準がかなり引き上げられた。しかし衆参のねじれ状態の下で、バラマキと批判する野党・自公の要求で所得制限が導入され、名称は児童手当に戻っている。

基礎自治体の就労支援の積極化

福祉見直しは、ワークフェア（福祉から就労へ）の考え方に基づく就労支援の強化としても現れている。従来の中央政府の職安行政や職業訓練制度にとどまらないで、生活保護や障害者支援の主たる支出主体となってきた基礎自治体が就労支援に積極的に関わるようになっている点が特徴的である。就労支援は基礎自治体ごとに多様であり、単に福祉削減のために就労支援を行うのではなく、ひきこもりの若者、貧困層、障害者などを社会的に「排除」することなく「包摂」してゆく回路として就労支援を活用する自治体も出ている。

ドイツでは、1997年末で施設外生活扶助受給者（15～64歳）のうち61％が可働年齢層である（平均年齢37歳）。うち旧西ドイツ地区（旧州）では7・8％が就労所得あり（フルタイム就労は3・3％）、失業登録者が36・6％（失業給付ありは15・6％）で計44・5％、旧東ドイツ地区（新州）では6・9％が就労所得あり（フルタイム就労は5・2％）、失業登録者が56・9％（失業給付ありは20・5％）で計63・8％が就労可能層となっている。従って自治体の就労支援策によって就労が促進し、公的扶助が削減される可能性は高い。その結果、平均受給月数は22・2月で長期固定化は避けられている。50～59歳では31・6歳と長期化し、職業生活への再統合は比較的困難になっている。

旧西ドイツ地区についてみると、55・5％の就労不可能層の内訳は、家事・育児等15・5％、就労能力なし7・8％、教育のため5・7％、高齢のため1・6％、その他の理由24・9％になっている。修学年齢前の子どもをもつ単親については必ずしも就労を義務付けないという運用がなされているため、家事・育児等のウエイトが高くなっている。資格社会のドイツでは、職業に就くために必須の教育・職業資格取得がしばしば求められ、そのために「就労能力なし」とする受給者も一定割合占めている。

自治体が就労支援に取り組んできたのは、公的扶助で就労可能層のウエイトが大きいからである。失業保険と公的扶助受給者のうち就労可能層の統合を行い、就労支援に参加しない就労可能性へのペナルティを強めたハルツ改革（ハルツ第Ⅳ法）により、自治体の就労支援はさらに強化されつつある。日本と比較する際に留意すべき点は、第1にドイツでは社会保険に加入できる企業等に就労させることが原則であり、非正規労働への就労を強いることはないことである。第2に就労支援を支える民間雇用が不足している地域では、公的部門における正規公務員としての雇用というオプションも用意されている。

日本では2005年度より生活保護において自立支援プログラムが実施されている。自立支援は、①就労支援、②日常生活支援（自分で自分の健康・生活管理を行えるようにする）、③社会生活自立支援（社会的なつながりを回復・維持する）から成るが、通常の自治体が取り組んでいるのは①の就労支援である。厚生労働省が示したマニュアルによれば、就労支援プログラムの対象者は「稼働能力を有する者」「就労意欲がある者」「就職にあたって阻害要因がない者」「プログラムの参加に同意している者」の4つを満たす生活保護受給者である。すなわちすぐに就労が可能な人であるが、そのような人の多くは申請段階で排除されており、ドイツのように大きな割合を占めるわけではない。

ケースワーカーが多数の受給者をかかえているため、生活保護の現場としての福祉事務所では就労支援に積極的に取り組む条件が乏しい。多くの福祉事務所では退職公務員等をコーディネーター（臨時公務員）として配置し、対象者に面接・指導を行ってハローワークに送り出すことを行っているにすぎない。ハローワークの側からすると、福祉事務所から送られてくるのは病気をかかえていたり、小さな子どもがいたりして、現在の求人状況では就労の難しい人ばかりである。可働層を原則として排除する運用を行ってきた日本の生活保護行政の下では、受給者の中から選りすぐられた「就労が可能な人」といえども、何らかの問題を抱えた「就職困難者」が大半であり、①の就労支援は、②の日常生活支援および③の社会生活自立支援と一体的に行わなければ安定雇用と結びつかない。

日本の障害者雇用政策の柱は、ドイツをモデルにした障害者雇用促進法（1960年制定）による法定雇用率の設定を通じた「一般就労」（最低賃金が適用される）促進であった。補完してきたのが、授産施設の指導員への補助を通じた「福祉的就労」（厚生労働省の調査では平均工賃は時間給換算で139円、月額工賃は約1万5000円）促進であった。法定雇用率は2013年度以降1・8％から2・0％に引き上げられ、対象事業所の範囲が従業員56人以上から50人以上に拡大した。法定雇用率未達成の企業は納付金を支払うが、その対象となる事業所の規模が301人以上から2010年度以降201人以上に、2015年度以降101人以上に拡大する。

民間企業の障害者雇用実績をみると、実雇用率は2000〜2005年度に1・49％で低迷した後、2005年度の1・69％になだらかに上昇したが、法定雇用率に達せず、法定雇用率未達成の企業は53・2％と過半を占めている。企業規模別に実雇用率をみると1000人以上の1・9％に対して、56〜99人1・39％、100〜299人1・4％と中小企業で低い。こうした雇用状況の下で、福祉的就労への支援を超えた自治体の障害者就労支援の第1の領域は、法定雇用率未達成の地域の中小企業との連携の強化である。

2006年10月に施行された障害者自立支援法（2006年施行、2012年に障害者総合支援法に切替）は、就労支援では旧来の授産施設の枠組みの問題点を踏まえた上で、従来の授産施設はA型・B型に再編され、B型（5カ年で工賃倍増）↓A型（労働基準法や最低賃金を適用）↓就労支援移行事業↓一般就労と福祉から一般就労に至る一貫した道筋を提示した。この障害者自立支援法に基づく支援が、自治体の障害者就労支援の第2の領域である。しかし就労継続支援A型の事業所に対する報酬単価では、労働する職業的重度の障害者に最低賃金以上の所得を保障することは困難であるのが実態である。

バブル崩壊後の経済停滞から脱しつつあった日本経済は、橋本内閣による消費税率の5％への引き上げの断行と財政再建政策（財政構造改革）による公共事業の削減により、2007年秋の山一証券・拓殖銀行の破綻にみられる通り、デフレ・スパイラルと金融システムの麻痺に見舞われ、経済は停滞の度を強めた。雇用は縮小したが、職のない稼働年齢層の大半は生活保護の枠内で支援されることがないため、別建ての就労支援政策が導入された。全額国費による事業であり、都道府県は国から受けた交付金を財源として基金を造成、基金を取り崩して都道府県と市町村が雇用・就業の場の創出に資する事業を実施する。(8) この雇用創出基金事業は時限的なものであり一旦休止したが、2008年秋のリーマンショック後の不況下で雇用情勢が一段と悪化したため、予算規模を拡大して継続することになった。

雇用創出基金事業は、安定した雇用が得られるための「つなぎ雇用」の創出と位置づけられたために、ドイツの就労支援事業のように安定雇用と結びつくのではなく、不安定雇用先への就労が一般的である。ドイツのような公的部門における安定雇用というオプションは設定されていない。国が「小さな政府」維持のために、地方交付税の大幅削減などにより自治体に「減量経営」を半ば強制している。民間委託と官製ワーキングプアと呼ばれる臨時公務員の拡大を伴いながら、地方公務員は大幅に削減され、安定的な就労の受け皿とはなっていない。

「ワーク・ファースト・モデル」を超えて、「社会的包摂」に重点を置いて生活保護者や障害者に対する就労支援を行っている先進的自治体があることが注目される。北海道釧路市では、地域の資源としてのＮＰＯと連携しつつ、就労支援にとどまらず、日常生活支援と社会生活自立支援を含めて包括的支援を行い、就労支援についても意欲を喚起しつつステップを歩んで定着就労に結び付ける「中間的就労」という考え方を取り入れている。(9)

障害者の就労支援では、大阪府箕面市が「社会的雇用」という新たな就労支援の受け皿を開発している。(10) 箕面市が助成の対象としている事業所の特徴は、健常者と職業的重度障害者が対等の立場で経営・従事する点で、従来の一般就労や福祉的就労とは異なる企業であることである。福祉的就労では自治体の助成金は指導員への助成で、障害者の賃金には充当されない。箕面市では、障害者の賃金に充当する補助金を導入することにより、職業的重度障害者は最低賃金を確保し、障害年金と合わせて経済的自立が可能になっている。箕面市の賃金への助成は、重度障害者への救済ではなく、「社会的雇用」（障害のある人たちが労働を通して地域社会であたりまえに働くことによって所得を得てゆくシステム）により、人々の働き方や地域社会のあり方に指針を示すという貢献に対する社会的評価と位置づけている。

雇用創出基金事業では、大阪府豊中市が自治体で就労支援の対象とするのは、ハローワークにおける労働需給のマッチングでは対応できない就職困難者であるととらえ、「中間的就労」事業を展開するとともに、その中で「定着支援」を重視するという先駆的取り組みを行っている。(11) 市が設置している職業紹介所、中小企業行政の中で培われた市内中小企業とのネットワー者に対する包括的な就労支援を行っている。

クを活用しつつ、商工労働部門が生活保護受給者や障害者の就労支援も組み込んで、就職困難

「脱原発」のドイツと原発再稼働にむかう日本

日本とドイツの差異は、環境政策やエネルギー政策の面でも顕著に現れている。北欧先進国は1990年代初めに「環境税」（炭素税）を導入し、税収を雇用抑制的な社会保険料の引下げに充当した。国際競争力を低下させるとして反対する財界に親和的なCDU／FDPのコール政権の下で先送りされてきた環境税改革は、1998年にSPDを中心とするシュレーダー政権が成立し、環境政党「緑の党」が政権に参加すると優先的な政策課題になった。政府は価格競争では東欧などに太刀打ちできない、環境対応の技術開発を進めることが先進国の競争力の武器になるとして財界の反対を押し切った。1999年には鉱油税引き上げ、電気税の導入による環境税改革を断行した（税収は年金保険財源に充当）。

2000年にはシュレーダー政権は大手電力4社と脱原発で歴史的な合意に達した[12]。1基の原子力炉の運転期間を基本的に運転開始から32年に限るとし、原子力発電所や再処理施設の新設は禁止された。脱原発を支えるのは再生可能エネルギーの開発であり、同年の「再生可能エネルギー法」により、太陽光発電、風力発電など再生可能エネルギーで得られた電力をコストを上回る価格で買い取るシステムを導入した。買取り量には当初上限が設定されたが、後に撤

廃された。こうした政策が再生可能エネルギーの全体の中でのウエイトを20％弱まで高めることに寄与するとともに、技術革新を促し、中小企業であった太陽光発電設備メーカーを世界有数の企業に成長させた。再生可能エネルギーの雇用拡大効果は25万人と推計されている。

財界に親和的なＣＤＵを中心とするメルケル政権が成立すると、原子炉の稼働年数の延長（１９８０年以前に運転開始した原子炉は８年間、それ以外は14年間）を柱とする原子力法改正案を提案し、同年12月に下院で成立した。２０１１年３月11日に福島原発事故が発生すると、メルケル政権は運転停止中の原子炉の再稼働を禁止するとともに、遅くとも２０２２年12月末までに全ての原子力発電所を廃止する原子力改正法案を提出し、６月30日に下院を、７月８日に上院を通過した。

福島原発以後数カ月のうちにドイツのエネルギー政策が転換したのは、原発に対する世論の変化とそれを反映したバーデン・ヴュルテンベルク州議会選挙の衝撃である。同州はダイムラー、ボッシュ、ポルシェなど世界的企業の本社が立地する最も豊かな州であり、発電量に占める原子力の比率は52％でトップ・クラスであった。福島原発事故の約２週間後に行われた州議会選挙で、「緑の党」は脱原発を争点とすることにより得票率を11・７％から24・２％に増やし、原発推進派のキリスト教民主同盟に属する首相を追い落とした。緑の党は社会民主党と連立政権を樹立、全国で初めて州首相の座を獲得した。38年間単独政権の座にあったキリスト教民主同盟政権の瓦解は、メルケル首相に衝撃を与え、脱原発への転換を促したのである。

日本では環境税（炭素税）について、財界と経済産業省が電力料金引き上げを通じて国際競争力を低下させるとして猛反対し、導入が先送りされ、2012年にようやく導入が決定した。日本は太陽光発電の先進国であったが、家庭での導入に対する補助金を打ち切り、原子力発電への依存を高めるエネルギー政策を採った。3・11原発事故の後も、放射性廃棄物の処理費用、廃炉費用、事故に伴う費用などをコストに算入しない原発＝低コスト論を武器に、財界が原発依存の継続、原発の運転再開を強く求めている。民主党政権は原発の運転再開を認めない「脱原発」に政策転換を行えず、財界の要望にそって大飯原発を再開し、ベトナムへの「原発輸出」を推進した。再生可能エネルギーの利用促進策についてみると、太陽光発電に限っての補助金交付の再開と電力会社の全量買取制度の導入を行った。

安倍政権が成立すると、原発事故の原因究明が行われないうちに新しい原発規制基準を設定し、運転再開を図ろうとしている。成長戦略の一環として、「優れた原発技術」を標榜して原発輸出を促進している。2013年7月の参議院選挙では脱原発か原子力発電所の再稼働という争点については選挙公約で触れない政権与党・自民党が大勝し、衆参のねじれが解消した。3・11原発事故を教訓としてドイツでは財界に親和的な政権の下で脱原発政策を確立したのに対して、原発事故の発生国であり、地域の再生と住民の生活再建の目途が立たないにもかかわらず、日本では自民党政権の下で早くも原発依存体制へ回帰しようとしている(13)。

〈注〉

(1)ロナルド・ドーア［2012］15頁。

(2)バブル循環については、金子勝・神野直彦［2012］162～163頁による。

(3)生活の「豊かさ」からみた日本と旧西ドイツの比較については、暉峻淑子［1989］を参照のこと。

(4)生活保護の申請段階での過酷さについては、今野晴貴［2013年］を参照のこと。

(5)日本の「垂直型」国土構造については、中村剛治郎［2004年］149～150頁による。

(6)「赤緑連合」のシュレーダー政権の福祉改革については、武田公子［2003年］、近藤正基［2009年］による。

(7)ワークフェアの定義、類型、国際的展開については、埋橋孝文（編著）［2007］15～39頁を参照のこと。

(8)日本における地方自治体の就労支援策については佐口和郎［2011・3］6～12頁、雇用創出基金事業については町田俊彦［2011・10］4～10頁を参照のこと。

(9)北海道釧路市の生活保護受給者に対する自立支援については、埋橋孝文（編著）［2007］204～205頁を参照のこと。

(10)箕面市の障害者に対する就労支援策については、箕面市障害者事業団［2007］による。

(11)大阪府豊中市の一般労働者に対する就労支援策については、町田俊彦［2012・10］19～34頁を参照のこと。

(12)ドイツの脱原発政策の展開については、熊谷徹［2012］55～200頁による。

(13)日本の3・11原発事故以降のエネルギー政策の問題点と脱原発への道筋と意義については、長谷川公一［2011］、金子勝［2011］を参照のこと。

〈参考文献〉

埋橋孝文編著（2007）『ワークフェア―排除から包摂へ？』法律文化社
金子勝（2011）『「脱原発」成長論：新しい産業革命へ』ちくま書房
金子勝・神野直彦（2012）『失われた30年』NHK出版
熊谷徹（2012）『なぜメルケルは「転向」したのか―ドイツ原子力四〇年戦争の真実―』日経BP社
駒村康平編（2010）『最低所得保障』岩波書店
近藤正基（2009）『現代ドイツ福祉国家の政治経済学』ミネルヴァ書房
今野晴貴（2013）『生活保護―知られざる恐怖の現場』ちくま新書
佐口和郎（2011年3月）「日本における地域雇用政策の進化と現状」社会政策学会（編）『社会政策』第2巻第3号、ミネルヴァ書房
武田公子（2003）『ドイツ自治体の行財政改革』法律文化社
暉峻淑子（1989）『豊かさとは何か』岩波書店
暉峻淑子（2003）『豊かさの条件』岩波書店
ロナルド・ドーア（2012）『金融が乗っ取る世界経済』中公新書
中村剛治郎（2004）『地域政治経済学』有斐閣
長谷川公一（2011）『脱原子力社会へ：電力をグリーン化する』岩波書店
福田直人（2012）「失業時所得保障の比較研究―日独比較を中心に―」『社会政策学会誌 社会政策』ミネルヴァ書房
町田俊彦（2011年10月）「地域雇用政策と地方財政」『専修大学社会科学研究所月報』第580号、3～18頁
町田俊彦（2012年10月）「基礎自治体における雇用政策と地方財政―大阪府豊中市のケース―」『専修大

学社会科学研究所月報』第592号、1～39頁
箕面市障害者事業団（2007）「箕面市における障害者事業所が行う社会的雇用の今後のあり方について～最終報告～」
宮本太郎（2009）『生活保障　排除しない社会へ』岩波新書

第2章　日本経済の現状と雇用問題

宮嵜晃臣

1　劣化が進む日本の雇用環境

２０１２年12月の総務省労働力調査によれば、就業者６１９７万人のうち自営業者は５４８万人（８・８％）、家族従業者１５９万人（２・６％）、雇用者が５４９０万人（88・６％）で、大方の人々は使用者に雇われ、その賃金を基本に生計をたてている。そしてこの雇用者の産業別内訳の推移を表１でみてみると、製造業の雇用が２００２年から２０１２年にかけて１５６万人も減少し、医療、福祉で２５９万人増大している。製造業は元来、現場で品質を作り込む必要から従業員を時間をかけて育成することで、長期に安定的で規模の大きな雇用の受け皿となってきた。就業者ベースでみると、製造業はこの10年で１８１万人減少している。この間、熊本県人口（全国第23位）に匹敵する製造就業者がなくなった勘定である。１９７２年からの減少幅が３９６万人なので、この10年間での減少幅が際立っている。その代わりに増え

日本標準産業分類）——全国、12月結果、原数値、万人

不動産業、物品賃貸業	学術研究、専門・技術サービス業	宿泊業、飲食サービス業	生活関連サービス業、娯楽業	教育、学習支援業	医療、福祉	複合サービス事業	サービス業（他に分類されないもの）	公務（他に分類されるものを除く）
(90)	(156)	(306)	(186)	(244)	436	87	(339)	220
(86)	(155)	(310)	(174)	(262)	476	79	(343)	227
(88)	(142)	(310)	(172)	(246)	511	77	(384)	228
(90)	(140)	(302)	(182)	(242)	507	70	(416)	221
(95)	(149)	(292)	(182)	(258)	543	75	(432)	219
102	145	290	169	268	553	56	445	227
97	154	305	182	257	578	59	448	237
93	146	310	187	262	598	55	430	225
101	159	323	195	278	612	46	412	222
96	159	324	186	276	652	43	416	228
88	162	320	179	267	695	55	413	234
−2	6	14	−7	23	259	−32	74	14

ているのが非正規雇用の多い介護福祉分野であることから、雇用を産業別にみると、質的には安定的な雇用が減って、不安定雇用が増えていることになる。

非正規雇用は図１、２から明らかのように、１９９２年から２０１２年にかけて人数はほぼ倍増し、非正規雇用の割合も倍近い38・２％に上昇している。さらに賃金では正社員・正職員が３１７千円（月額、年齢41・１歳、勤続12・７年）であるのに、正社員・正職員以外の雇用者は１９６・４千円（月額、年齢44・９歳、勤続６・８年）（厚生労働省『賃金構造基本統計調査２０１２年』）と、格差だけが問題となるのではなく、非正規雇用で働く多くの人が働きながら生活がままならない水準に置かれているところにことの深刻さがある。[1]

表1　産業別雇用者（第12回改定

	総数	農業、林業	建設業	製造業	情報通信業	運輸業、郵便業	卸売業、小売業	金融業、保険業
2002年	5348	40	506	1106	(148)	(311)	(944)	155
2003年	5385	33	495	1094	(145)	(314)	(961)	149
2004年	5362	31	474	1052	(154)	(317)	(946)	150
2005年	5420	33	458	1068	(178)	(318)	(953)	157
2006年	5481	40	454	1091	(174)	(310)	(928)	147
2007年	5548	40	439	1092	186	339	954	153
2008年	5549	41	429	1082	186	322	931	154
2009年	5488	52	439	1018	192	324	923	152
2010年	5515	55	419	994	183	347	949	143
2011年	5528	48	413	984	188	351	947	146
2012年	5490	51	401	950	184	324	939	152
増減	142	11	−105	−156	36	13	−5	−3

資料：総務省、労働力調査各年より作成。

２０１２年時点で過去５年間の転職就業者１０５３万人（正規５０２万人、非正規５５１万人）のうち正規から非正規への転職は40・３％で、５年前の36・６％よりも増え、逆に非正規から正規への転職は24・２％で、５年前の26・５％より減っており（『就業構造基本調査２０１２年』）、不安定雇用の増大に歯止めがかかっていない。

日本の雇用環境の劣化はこのように安定雇用が減り、不安定雇用が増大していることによってもたらされている。ではなぜ、このような深刻な事態が歯止めのかからぬまま進行しているのであろうか。ここにはＩＴ／グローバル資本主義化の進展が大きく影を落としている。元来、長期の安定的な雇用の受け皿となってきた日本国内の製造業がＩＴ／グローバル資本主義化の進展

図１　非正規の職員・従業員数（千人）

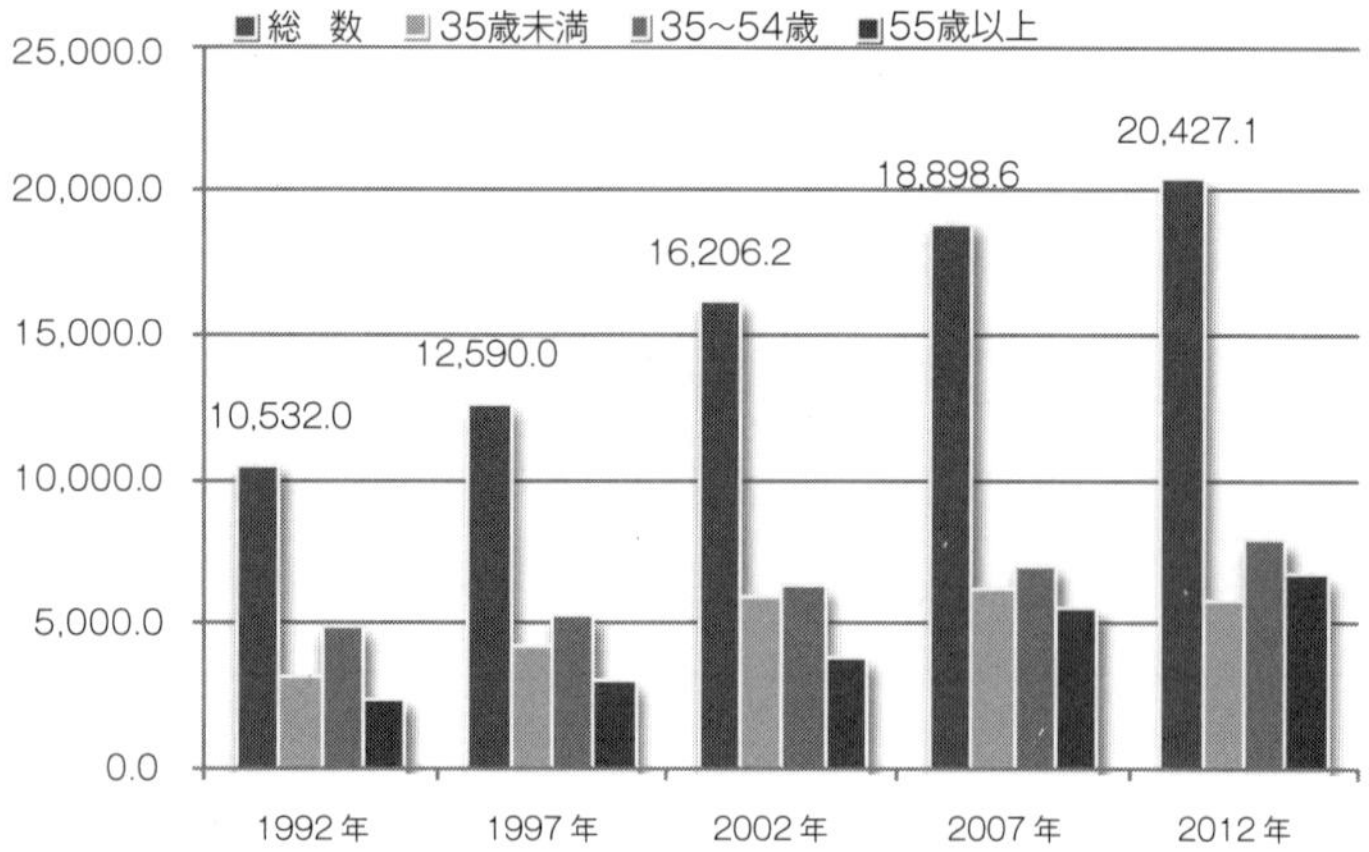

資料：厚生労働省『就業構造基本調査2012年』より作成。

図２　雇用者に占める非正規の職員・従業員の割合

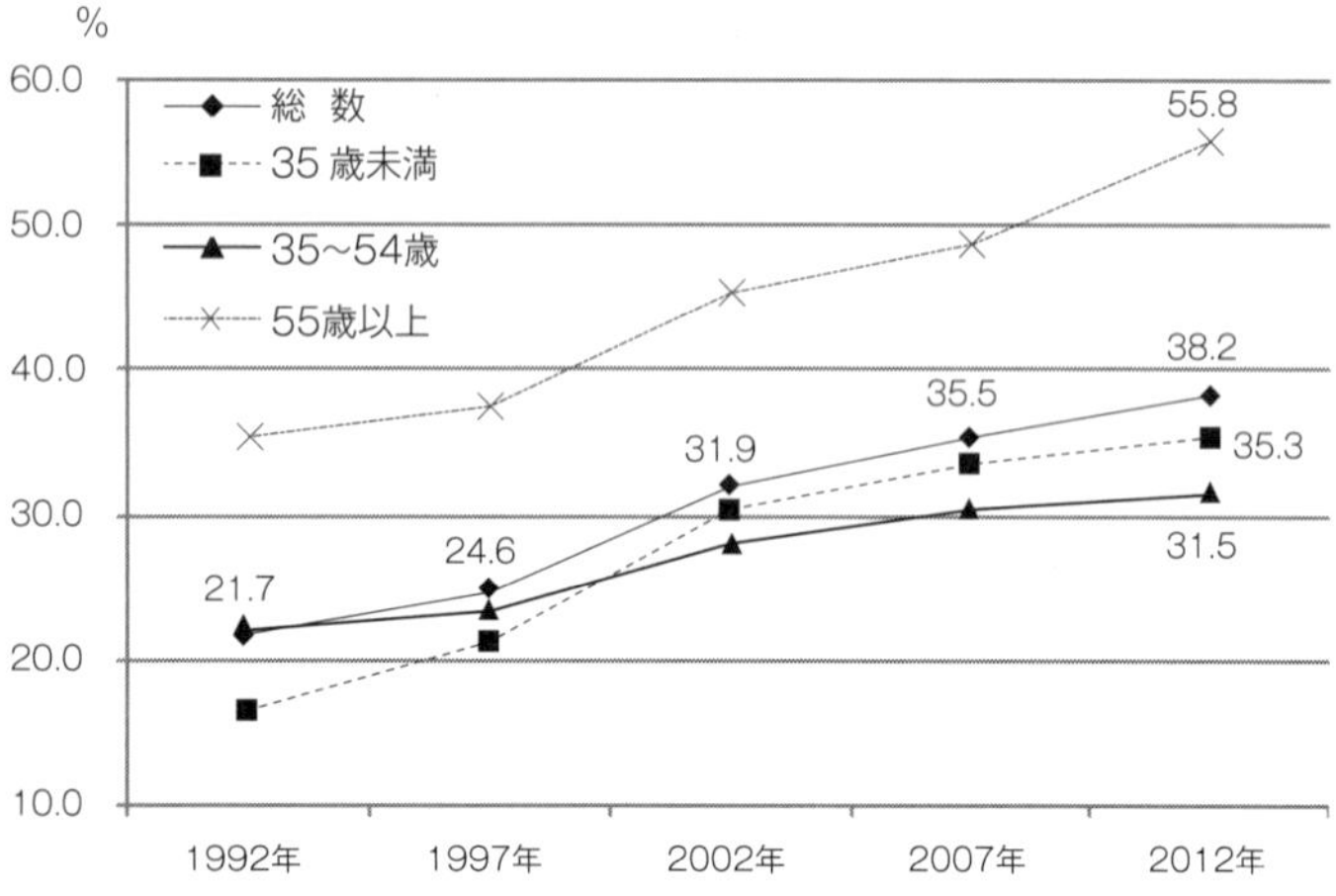

資料：図１と同じ。

によってこれまでの競争力を持ち続けることができなくなり、産業空洞化を伴いつつ、これまでの雇用吸収力を失い、またグローバル資本主義が米国主導で進展する中、日本でも新自由主義的な政策が展開され、「雇用の流動化」が政策として推し進められ、雇用環境が大きく傷ついたのである。項を改めて、この点を詳しくみていきたい。

2　IT／グローバル資本主義化進展の日本経済への影響

1980年代の雇用安定化の理由

ＩＴ／グローバル資本主義化進展の影響をみる前に、時間を１９８０年代に戻して日本の製造業が長期の安定的な雇用の受け皿となっていた理由を考えておきたい。１９７９年にハーバード大学のエズラ・ヴォーゲルが『ジャパン・アズ・ナンバーワン』を上梓し、80年代にはマサチューセッツ工科大学ジェームズ・Ｐ・ウォーマック等が日本自動車産業の競争力の源泉を探り、トヨタ生産方式を「リーン生産方式」（＝ムダのないスリムな生産方式）と命名する報告書（邦訳『リーン生産方式が世界の自動車産業をこう変える』経済界）を１９９０年に発表した。１９８５年9月に「ドル安円高」誘導への為替調整を取り決めたＧ５「プラザ合意」が取り交わされたのも、80年代前半の日米間を中心とする貿易摩擦が座視できない政治問題となっていたからである。米国の対日貿易赤字は１９８２年の１６８億ドルから84年には

図３　日本からの自動車輸出（億円）

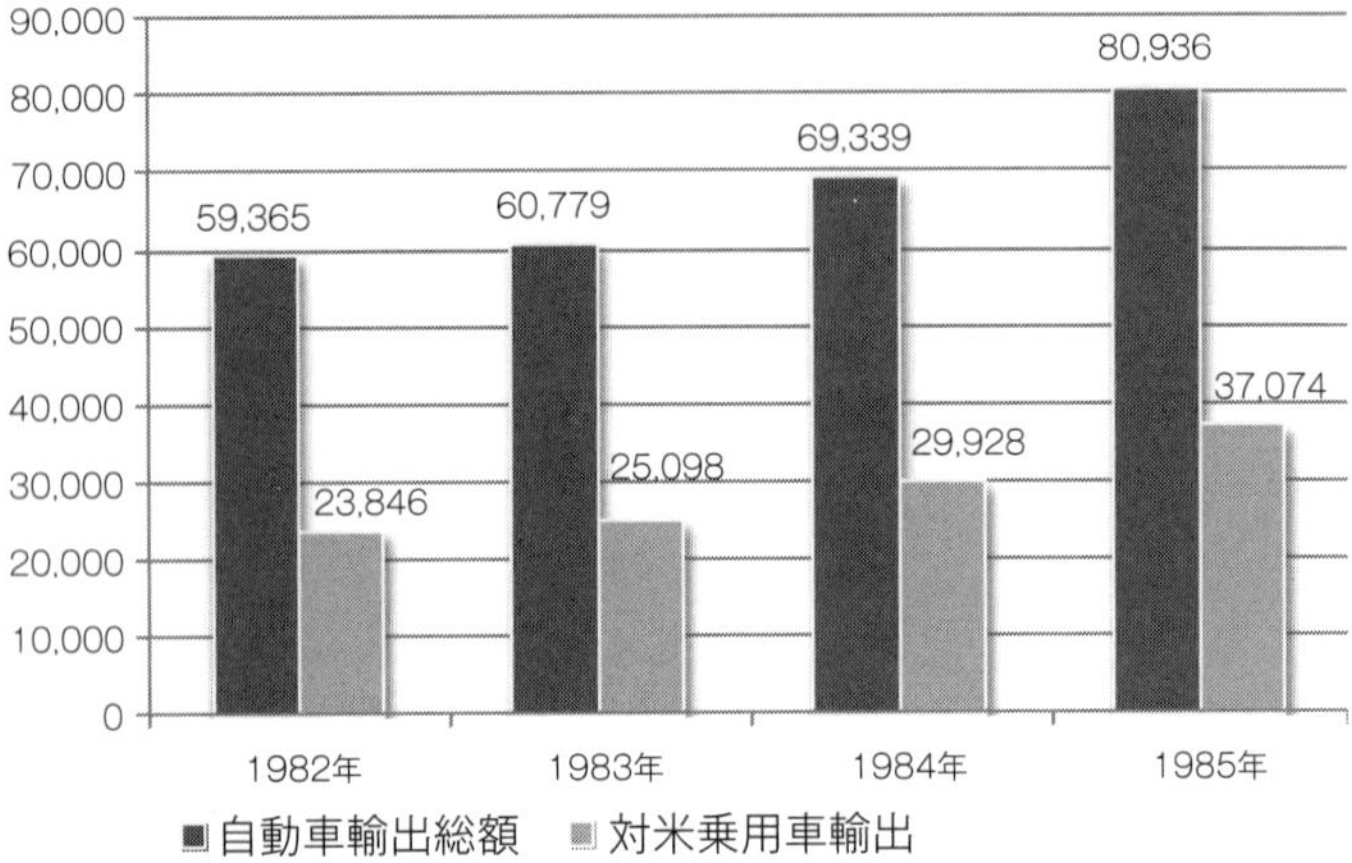

資料：大蔵省貿易統計月報当該年12月号より作成。

３３６億ドルに、翌85年には４６２億ドルに、2年で2倍に、３年で３倍近くに膨れ上がったのである。80年代に日本企業は米国だけでなく世界的規模で、ことに一般機械、電気機械、精密機械、輸送機械の輸出を伸ばし、１９８０年から１９９０年にかけてこれら輸出額は１７１兆１１０３億円から３０３兆７９２８億円に１・78倍増大している。またこの間一般機械の輸出が２・37倍、電気機械の輸出が２・38倍も増大している。とりわけ、民生用電子機器の輸出は１９８０年の２兆４７１億円から１９８５年には３兆８０５５億円にこの5年で１・９倍に膨張し、その中でもＶＴＲが４４３６億円から1兆５８４１億円（３・６倍）に、カラーテレビが２８４９億円から６０７７億円（２・1倍）に急増した（旧大蔵省貿易統計）。また、自動車の輸出も図３に示

図4　主要産業分類別製造品出荷額等の推移（1960－2010年）

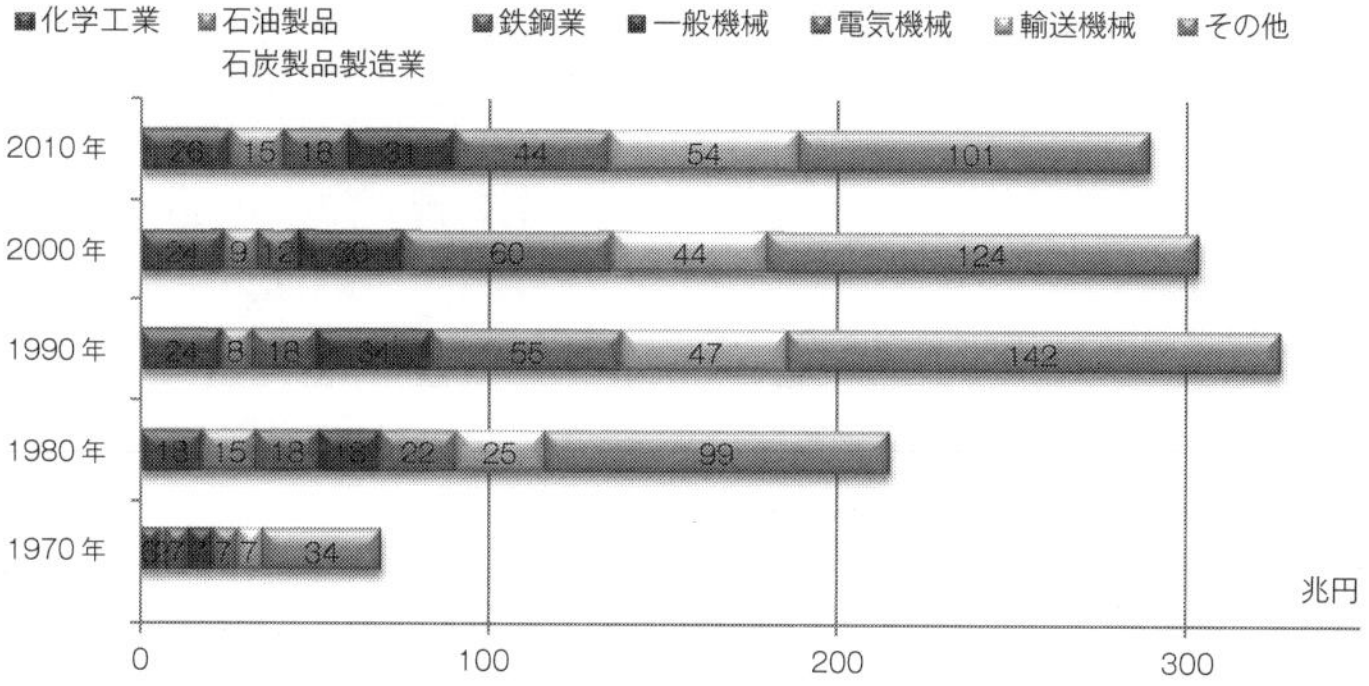

注：出荷額等とは製造品出荷額、加工賃収入額、その他収入額及び製造工程からでたくず及び廃物の出荷額の合計である。
資料：経済産業省『工業統計』各年版より作成

されているように、この時期に急増し、対米自動車の輸出と相まって日米を中心に貿易摩擦が深刻な問題となったのである。こうして輸出に先導され生産額も80年代に図4に示されているように、機械系産業において急増し、これら機械系3業種の国内製造品出荷額等に占める比率は80年の30・2%から1990年には41・4%に、2000年には44・3%に拡大し、1990年、2000年時点では製造品出荷額等では電器産業がトップのリーディング産業であった。

1970年代以降、機械系業種において日本製品の競争力が発揮されたのはスタグフレーションに日本企業がいち早く対応できたからである。70年代には2度の石油危機が生じ、不況とインフレが同時に進行するスタグフレーションによって高度経済成長にとどめを刺されたが、日本企業はそのスタグフレーションの原因を生産システムの中で除去することができたのである。その原因は、ＯＰＥＣの石油戦略等によってエネルギーコストが上昇したこと、また先進工業国で一様に労働コストが上昇し、欧米では加えて労働生産性の伸びが低下したこと、さらには普及モデルの量産型耐久消費財需要が一巡したことにある。日本企業がスタグフレーションを克服できたのはエネルギーコストならびに労働コストの上昇を労働生産性の上昇によって吸収できたからである。つまりエネルギーコストの上昇には省エネルギー投資によって、労働コストの上昇には省力化投資によって対処し、普及モデルの量産型耐久消費財需要の一巡に対しては多品種少量の柔軟な生産によって対応し、そのことに功を奏したのである。

エネルギーコストの上昇には製品に省エネ機能を備えつけなければならない。さらに国際競争力を保有するためにはこうした省エネだけでなく、多様な機能を操作簡便性とともに製品に備えつけなければならない。のみならず、多様な需要に応じるためには柔軟に対応できる多品種少量生産をコストをかけずに実現する仕組みが必要となる。つまりエネルギーコストと労働コストを引き下げながら、多様な需要に柔軟に対応しつつ、製品の性能を高めなければならない。元来、コストと品質、コストと柔軟性は各トレードオフの関係にある。品質を高めるためにはコストがかかり、コストを下げると品質には頓着できない。同様に多品種少量生産にも熟練労働に依存すればコストがかかる。どのように生産の柔軟性を保ちながら、コスト削減と品質向上を同時に実現したのであろうか。

各鼎立し難いコスト削減と品質向上と柔軟な生産をいかに同時に実現するか。この3件鼎立をトヨタ生産方式を念頭に考えてみたい。トヨタ生産方式の生みの親の大野耐一によるとトヨタ生産方式とは「〝多品種少量生産〟という市場の制約から生まれ……（中略）……欧米ですでに確立していた自動車工業の大量生産に対抗し、生き残るため、永年にわたって試行錯誤をくりかえしたすえに、なんとかめどのついた生産方式ならびに生産管理方式」（大野耐一［1978］まえがき）であった。石油危機以前に多品種少量生産に取り組み、さらに徹底した「ムダ取り」によってコスト競争力をつけて、かつ全工程各々の「現場」で「品質作り込み」を恒常化し、その成果が石油危機を経た後に現れ、叙上の「リーン生産方式」という評価がついて回ったのである。

トヨタ生産方式では「徹底したムダの排除」を全社また系列の「協力会社」を含めておこなっている。ムダの種類には①手持ちのムダ、②作りすぎのムダ、③運搬のムダ、④加工のムダ、⑤在庫のムダ、⑥動作のムダ、⑦不良のムダがあり、これを排除するための方法として4手段と8方式が考案された。4手段とはⅠ．ジャスト・イン・タイム、Ⅱ．自働化（イ［ニンベン］の付いた自働化）、Ⅲ．少人化、Ⅳ．創意工夫であり、これら4手段を具体的に実施するための8方式はi)ジャスト・イン・タイムのための「かんばん方式」、ii)需要の変化に対応するための「平準化」、iii)生産リードタイム短縮のための「段取り時間の短縮」、iv)ラインの同期化のための「作業の標準化」、機械加工と組立ラインの同期化、車体工場と組立工場の同期化、v)1

個流しと作業者数を柔軟に増減するための「機械レイアウト」、vi)少人化のための「改善運動」と「提案制度」、vii)自働化のための「目で見る管理方式」、viii)品質管理促進のための「機能別管理方式」である（以上、日本生産管理学会［１９９６］より）。

また品質に関しては、⑦の不良のムダを各現場で排除する仕掛けが作られてきた。不良品の発生原因の大半は設計過程にあるといわれている。設計不良の多くは試作、量産試作の中で、あるいは量産化に入った後にも製造現場から指摘、改善提案されることが多い。この不良を発見できるのは設計担当かもしくは製造部しかなく、この発見を意味あるものにするためには設計開発部、生産技術部、製造部間の情報伝達経路が上意下達だけであってはならないのである。また、設計部門で設計不良を極力抑えるためには、設計エンジニアが生産現場の作業を熟知しておかなければならない。これらのためには職務分野の敷居はできるだけ低くしておかなければならないのである。職務分野の低い敷居、企業内での広範な人事交流により情報が共有化され、トータルな企業競争力が向上される。各現場で品質を作り込むこと、そのために各従業員の技能を高める必要があり、まずＯＪＴ（on the job training）によって個々の技能が高められる。さらには個々の技能だけでなく、ジョブローテーション（職場異動）、ジョブエンラージメント（職場拡大）によって「多能工」として従業員を育成することを通して職場全体で品質向上に取組む枠組みができてくるのである。つまり特定の工程で作業が行き詰まったとき、「アンドン」（紐を引き異常あるいは不具合の所在を知らせる装置）を引き、応援を要請すると、その「班」から、あるいは独自の部隊から応援が駆けつけ、事態に対処し、全体として品質の作り込みを実現する。職場が「単能工」を中心に構成されていればこのようなチーム全体で品質を作り出すことはできない。

さらに上の4手段8方式を実現するためには従業員の育成は欠かすことができない。日本企業のなかには職場内に例えば「液晶学校」(シャープ)のような機関を設けて人材育成をはかってきた。先のv)1個流し=混流生産を効率的に行うためには治工具の取り換え等「段取り替え」時間の短縮を図りながら各作業者が一定のレベルに技術・技能を高めておかなければならない。たとえばシングル段取りは10分以内に、ワンタッチ段取りは1分以内に、といったiv)「作業の標準化」が定められている。ここにもOJTの必要性がある。さらに混流生産を平準化して実施するためには、個々の従業員が柔軟に対処する能力が必要で、この点でも「多能工」としての育成が図られなければならない。

以上、多品種少量生産をムダを排して効率的に行い、かつ品質を各現場で製品に作り込んでいくうえで人材育成が不可欠であることが判明した。3件鼎立のための「ヒト的要素」といえよう。この「ヒト的要素」に関しては叙上の個々の従業員の技能向上だけでなく、3件鼎立が「チームワーク」で実現されてきた点も重要である。製造現場は「作業班」を核に構成され、さらには設計開発部、生産技術部、製造部の間でも上意下達だけでなく、ボトムアップでも情報が伝えられ共有され、さらに情報共有に関してはデザイン・イン(部品の共同設計)、受発注情報の共有等協力会社との間で情報の共有が進んでいたのである。

もちろん3件鼎立には「モノ的要素」も必要であり、日本企業のものづくりの優位性はME（Micro Electronics）技術を積極的に導入したことにも由来している。ME技術革新は半導体を中心とする電子工学を製品の改良、新製品の開発に応用し、製品のダウンサイジングと高機能化を同時に実現し、製造現場ではNC工作機械（Numerical Control Machine 数値制御工作機械）、マシニングセンター（Machining Center、複合加工工作機械）、産業用ロボットの導入により実現されるFA（Factory Automation、和製英語）化、敢えて限定すればメカトロニクス（Mechatronics 電子制御機械工学）の応用と、ラン（LAN、Local Area Network）を活用した点にその核心がある。

ME技術革新を日本企業が世界に先駆けて成功裡に実現しえたからこそ、機械系産業分野において高い競争力を持ちえたのである。ME技術革新はNC工作機械を取り揃えれば、実現できるというわけではないとはいえ、NC工作機械の普及が日本企業の競争力増強の技術的要因になったとも考えられる。事実1985年には国内で使用する工作機械のうちNC工作機械の割合（NC化率）は38パーセントに達し、90年には62パーセントに高まっている。NC工作機械と高速道路網の拡充が日本の各地に産業集積を分厚く作り出したこともここで付け加えておかなければならない。NCが普及する以前、工作機械、例えば卓上旋盤、ボール盤、フライス盤を扱う熟練旋盤工は金属の削れる音を判断して精度出しをし、熟練研磨工は「寸法公差あと数ミクロンの追い込みは、研磨時に砥石と材料にかける水の濃さで判断する」（川崎市産業振興財団［2006］50～51頁）という。そうした熟練工のカンとコツを基にNCが開発され、NC工作機械のオペレーターが高い精度を実現する。といっても作業手順・段取りの構想、機械のメンテナンス・改良等にも熟練は必要とされるので、高精度な機械加工も「ヒト的要素」と「モノ的要素」の結合によって実現されたといえよう。もちろん日本のモノづくり競争力の優位性は「ヒト的要素」の方に大きく規定されていたといってもよい。

しかしながら、ME技術革新は熟練労働であれ、不熟練・半熟練労働であれ、労働を代替する効果を元来有している。この人員削減効果はMEを進める企業の労使関係にコンフリクトを生じさせ、企業システムの不安定要因となりうる。しかし2000年代以降のような大規模なリストラは80年代のME化の過程ではみられなかった。その理由の一端には「日本型経営」があった。かつてOECDは日本企業の特徴として「多くの企業訓練システムが内部労働市場の柔軟性を維持し高水準の企業内労働移動を達成し得るようデザインされ、新たな失業者が抑制される」（OECD［1995］）ことをあげていた。確かにこうしたシステムをもっていることも、また「雇用主が安定的に雇用を確保することに資するものであった」（同上）ことも認められる。前者からみておくと、先に触れた「多能工」育成から明らかなように、多能工育成によって、不採算部門からの配置転換が進められやすい。また、電機、自動車企業の労組が加盟し、春闘相場を握っていたIMFJC（金属労協、現JCM）に典型的に示されているように、日本の大企業の労組は生産性向上に積極的に協力する協調型だったので、スムーズにＭＥ合理化が進んだとも考えられる。このように考えられると、「長期雇用」、「年功賃金」、「企業別労働組合」によって企業内システムが構成されていた「日本型経営」があったればこそＭＥ導入が可能であったといえよう。しかし、このことが日本企業がＭＥ化を導入しえたすべての要因ではない。別の角度からみるとこうなる。大平号声は１９８０年と１９９０年の産業連関表を用いた計量分析をとおしてこの間のＦＡ化、ＯＡ化を含む情報化投資によって１８７０万人の雇用が削減される一方で、生産の増加で２５１２万人の雇用が誘発され、その結果雇用が６４２万人増加したことを明らかにしている（大平号声［１９９６］）。「日本的経営」があったればこそＭＥを導入しえた日本企業がそのＭＥ化の先発性利益を輸出において実現し、輸出増に誘発された生産拡大によって雇用が確保されたのである。また後者に関して田村達也によれば、２０００年の日経連のセミナーで経営者の役割について、「アメリカ型の株主重視を貫くことが必要」と説く米倉誠一郎（当時一橋大学教授）と雇用維持を重視する代表的経営者との間で激しい論争が展開され、米倉は孤立無援であった（田村達也［２００２］１３４頁）という。今となれば、隔世の感が拭えないところである。では何故日本の機械系産業、殊に電機産業でこれまでの雇用吸収力を失い、従業員の削減が大規模にみられるようになったのであろうか。それはこれまでの脈絡からすれば、エレクトロニクス企業のＭＥ化の先発性利益が薄れてきたからにほかならない。ＭＥ合理化は元来人員削減効果を有する。90年代までこの効果が顕在化しなかったのは、ＭＥ化の先発性利益を世界市場で実現し、輸出増によって誘発された生産増大により、雇用が確保されたからである。このＭＥ化の先発性利益が逓減すれば雇用も逓減する。ではこのＭＥ化の先発性利益を逓減させ、不安定な非正規雇用を増大させた要因は何か。ＩＴ／グローバル資本主義化がその要因である。

１９９０年代以降の雇用不安定化の経済要因

図５は産業中分類別でみた産業別従業者数の推移を１９９１年を１００とする指数でみたものである。(2) 図５は３つの局面からみることができる。90年代の製造従業者数の漸減傾向、２００３年から２００７年の微増傾向と２００８年以降の減少である。製造業全体では従業者数は１９９１年から２０１１年にかけて31％減少し、電気産業では43％も落ち込んでいる。図中期の２００３年から２００７年の微増は輸出主導型の景気拡大期である「いざなみ景気」によってもたらされた。２０００年から２００７年にかけて機械系各種産業はその輸出比率を伸ばした。一般機械は36・５％から41・６％、電気機械は22・９％から32・８％、輸送機械は24・４％から32・７％へ伸ばした。ＩＴバブル崩壊と９・11から金融緩和に向かった米国で住宅バブルが始まった２００１年以降欧米向け製品輸出と欧米向け輸出生産拠点としての地位を増した中国をはじめとした東アジア向けの中間財・資本財輸出という双発エンジンで日本からの輸出が伸び、その効果で機械系産業の雇用が、殊に輸送機械、一般機械で増大した。この「い

図5　産業中分類別従業者数（従業者数10人以上）指数
（1991年＝100）

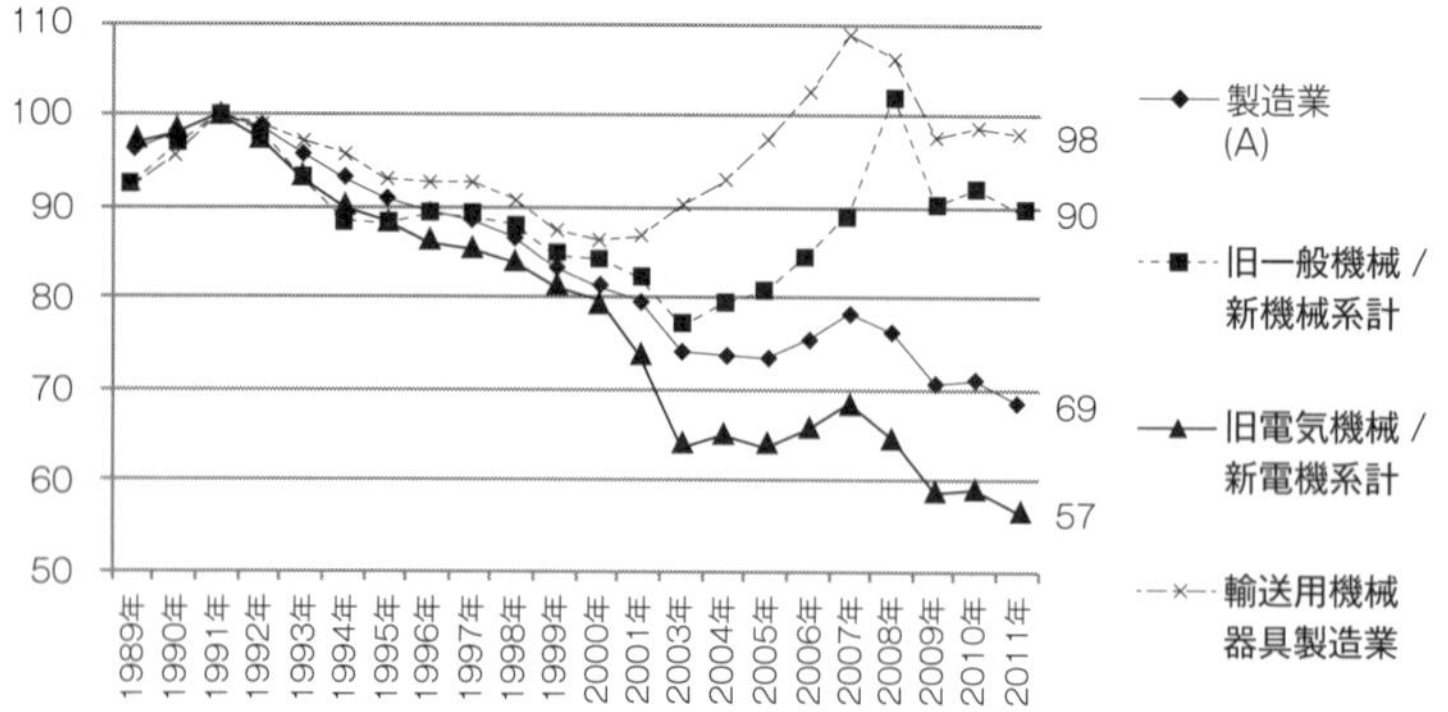

資料：経済産業省『工業統計表』、『経済センサス」、各年版より作成。

ざなみ」期にあっても電気機械の雇用は図5に示されているように2003年の64から2007年の69へと輸送機、一般機械ほど顕著に増大していない。この電機に規定され製造業全体でも雇用の伸びは74から78と大きく伸ばしているわけではない。電機産業さらに製造業全体では90年代以降雇用指数はトレンドとして下降しているとみて大過ない。

その原因は90年代以降のIT／デジタル化とグローバル資本主義化の進展にあると考えられる。グローバル資本主義は20世紀末の米ソ冷戦の終結を機に開花したITを技術的基礎に、「金融グローバリゼーション」と「産業グローバリゼーション」を実体に、「新自由主義的政策」を伴って進展した。

ITからみておこう。ITもしくはICTの核になっているのがインターネットであるといって異論はないであろう。またこのインターネットが新たなビジネスモデルを創っただけでなく、生活様式も一変させる飛躍的な技術革新（イノベーション）であることも間違いないであろう。それが可能だったのはその基となったネットワークが冷戦下米国の国家戦略として開発されたからである。１９５８年に米国防総省内にＡＲＰＡ（Advanced Research Projects Agency）が設立され、核戦争下で「生き残る通信手段」としてのコンピュータネットワークの構築が模索され、１９６９年には電話回線上でデータ転送が実現されたという。そもそもコンピュータ自身も大陸間弾道ミサイルの弾道値の計算用に開発されたのであるから、両者は同じ出自だといえる。そして１９８９年12月に米国ブッシュとソ連ゴルバチョフとのマルタ会談で米ソ冷戦の終結が宣言された直後の１９９０年にはＡＲＰＡＮＥＴは米科学財団に引き継がれ、その商業開放への道が開けたのである。そして１９９４年にはNetscapeプラウザが公開され、１９９５年にはＮＡＳＤＡＱに上場し、さらにマイクロソフトがWindows95を、インテルがPentium Proを発売し、ＰＣの使い勝手が向上し、インターネットブームを迎えることとなる。その後のインターネットの進歩、普及、その活用について触れれば枚挙にいとまがなくなるほどであるし、今後社会への影響も筆者の想像を超えるものとなろう。ここではインターネットが第２次大戦後の東西冷戦下に開発され、冷戦の終結とともにそれが商業開放されたその歴史性を強調し、グローバル化の推進エンジンになっていることを指摘しておきたい。

前者に関してもう一つの重要なことは中国が１９９５年に憲法改正し、「社会主義市場経済」を掲げてグローバル資本主義の重要な役割を担うことになった点である。その発端は１９９２

年2月の鄧小平による「南巡講和」で、これにより「改革開放」への断固たる意志を確信した台湾企業がまず中国への直接投資（現地子会社への投資）を本格化し、日本企業も1995年あたりには中国投資ブームを迎え、中国への直接投資の増大、それをチャンネルとする技術移転、さらには中国の現地子会社から零れ落ちる技術の波及効果、旺盛な起業家精神、モジュラー型オープンアーキテクチャの普及等で中国の経済成長は著しく、「世界の工場」と形容され、さらには2010年には日本を抜き第2の経済大国となった。中国を中心に東アジア全体に生産拠点が拡大している「産業グローバリゼーション」にとっても東西冷戦の影響は大きい。そして1995年4月19日に1ドル＝79円75銭のそれまでの最高値の為替相場になったことに象徴されているように、90年代前半は円高傾向が強く、その分日本企業の海外直接投資が増え、この円高を契機に日本は産業空洞化に舵を取ったと考えられる。90年代前半の円高を契機とする日系エレクトロニクス企業の東アジアを主とする海外事業展開の特徴をみて、そのように考えられるのである。

その特徴とはまず、主力量産品のみならず高付加価値品までも東アジアに生産移管された点である。この時期に生産移管された品目を紹介しておくと、25～29インチの縦型テレビ、同ブラウン管、高付加価値品では横型のワイドテレビ、同ブラウン管、その中に組み込まれる電子銃、さらに当時次期読み取りヘッドといわれたMRヘッドやMDプレイヤーが含まれている(3)。

第2には国際調達が拡大した点である。この点では、東アジア現地法人から製品が日本に逆輸入されること、また東アジア現地法人で部品の現地調達、周辺調達が増大したことに留意すべきである。当時逆輸入された品目を紹介しておくと、ワイドテレビ、インバーターエアコン、MDプレイヤー、高機能VTR、さらにミニコンポも加わり、新聞紙上で「アイワ化現象」と形容された[4]。なお、輸入に占める逆輸入の割合は92年度の6・5%から99年度には16・0%まで上昇し、地域別ではアジア現地法人からの逆輸入の比率は90年代後半に75%の高さにすでに達していた。部品の現地調達については松下グループの中国での事業展開が象徴的で、VTRの一貫生産を行い、シリンダーヘッド、IC、積層板、プリント配線基板の内製化を行い、また電子レンジの一貫生産も手掛け、基幹部品のマグネトロンも内製化した。さらにはパナソートブランドで溶接機、実装機の生産も中国で行っていた。また、この時期94年にすでにNECはASICの組み立てをICファンドリーメーカTSMC（台湾）に委託し、マザーボードを精英電脳（エリート、台湾）から調達していた。

第3には現調の増大によって現地での改良設計の機会が増えることから、設計開発の現地化が始動したことにある。

第4には仕向け先が現地、本国、第3国にバランス化した点である。

さて、第1の特徴は日本からの輸出代替効果をもたらし、その分国内の生産と雇用が縮小する。第2の効果は逆輸入効果で、これも国内の生産と雇用の縮小をもたらす。逆輸入効果は絶大で、この戦略をとればその品目の国内生産は断念せざるをえず、また高付加価値品まで生産移管され、移管元の国内工場の空いた生産ラインを埋める品目がなければ、その国内工場は閉鎖の決定が下されることにもなる。第2の現地調達の拡大は直接投資による中間財・資本財輸出誘発効果を薄めることを帰結させる。日本からの直接投資によって組立子会社を設立しても、現地あるいは周辺で部品、デバイス等の中間財、機械等の資本財が調達できなければ、日本から現地へのこれらの輸出が誘発され、この効果は国内産業の空洞化への一つの安全弁となる。したがって現地・周辺調達の増大はこの安全弁の毀損につながるのである。第3の設計開発の現地化の始動という特徴は東アジア現法において設計開発部⇕生産技術部⇕製造部の有機的連関を付けることで、生産能力の質的向上をもたらし、強力なライバルをつくり、輸出代替効果、逆輸入効果を高めることにつながる[(5)]。

表2は国際貿易投資研究所が経済産業省の『海外事業活動基本動向調査』と産業連関表を用

表2　日系企業の海外生産活動が日本の貿易・生産・雇用に与える影響（100万円、人）

	製造業	1993年度	1994年度	1995年度	1996年度	1997年度	1998年度
世界	輸出による（4）	913,895	1,150,744	2,362,420	2,348,325	1,385,107	−1,105,255
	輸出誘発による	14,585,332	17,390,471	19,978,653	24,440,492	25,555,148	23,063,996
	輸出代替による	−13,671,437	−16,239,727	−17,616,233	−22,092,167	−24,170,041	−24,169,251
	逆輸入による（5）	−3,185,234	−3,848,848	−4,140,832	−5,746,950	−7,668,254	−7,101,950
	計　（4）＋（5）	−2,271,339	−2,698,104	−1,778,412	−3,398,625	−6,283,147	−8,207,205
	雇用への影響（人）	−53,361	−2,698,104	−1,778,412	−3,398,625	−6,283,147	−8,207,205

東アジア	輸出による（4）	1,430,353	1,646,646	2,415,289	3,320,529	3,588,497	2,152,640
	輸出誘発による	4,399,552	6,358,372	7,324,160	9,746,764	9,796,267	6,877,600
	輸出代替による	−2,969,199	−4,711,726	−4,908,871	−6,426,235	−6,207,770	−4,724,960
	逆輸入による（5）	−1,755,266	−2,763,864	−3,253,382	−5,151,646	−6,696,290	−5,621,180
	計　(4)＋(5)	−324,913	−1,117,218	−838,093	−1,831,117	−3,107,793	−3,468,540
	雇用への影響（人）	−6,500	−50,044	−36,713	−73,146	−121,916	−128,087

	電気機械	1993年度	1994年度	1995年度	1996年度	1997年度	1998年度
世界	輸出による（4）	26,141	−369,816	170,253	785,613	143,249	−265,864
	輸出誘発による	3,620,279	3,976,038	5,228,354	6,933,132	7,022,104	6,270,047
	輸出代替による	−3,594,138	−4,345,854	−5,058,101	−6,147,519	−6,878,855	−6,535,911
	逆輸入による（5）	−1,269,423	−1,642,641	−2,064,412	−2,592,971	−3,498,726	−3,264,151
	計　(4)＋(5)	−1,243,282	−2,012,457	−1,894,159	−1,807,358	−3,355,477	−3,530,015
	雇用への影響（人）	−45,105	−73,599	−68,709	−65,841	−123,694	−131,084
東アジア	輸出による（4）	308,153	−55,547	276,092	722,103	531,515	206,931
	輸出誘発による	1,247,672	1,605,704	1,927,007	2,849,478	2,843,534	2,181,257
	輸出代替による	−939,519	−1,661,251	−1,650,915	−2,127,375	−2,312,019	−1,974,326
	逆輸入による（5）	−1,008,975	−1,318,559	−1,811,372	−2,538,478	−3,285,293	−2,749,131
	計　(4)＋(5)	−700,822	−1,374,106	−1,535,280	−1,816,375	−2,753,778	−2,542,200
	雇用への影響（人）	−25,510	−51,589	−57,550	−67,748	−102,962	−95,392

資料：国際貿易投資研究所『海外事業活動調査・外資系企業活動の動向データなどに基づく分析調査』（2001年）より作成

いて、日系企業の海外生産活動が日本の貿易・生産・雇用に与える影響を1993年度から1998年度まで推計したものである。まず、日系企業の海外での生産活動が日本国内に及ぼす影響について整理しておきたい。その貿易に及ぼす影響については1998年度に輸出代替効果が輸出誘発効果を超えていて、この時点で国内産業の空洞化への安全弁が効かなくなってきたことを示している。また産業空洞化に絶大な効果を発揮してしまう逆輸入効果が1993年度から4年間で2・4倍に達し、この間に逆輸入が急増した現れであろう。1997年度で見ると逆輸入効果の7兆6683億円のうちアジアからの逆輸入効果が6兆6963億円、87・3%を占めており、日系企業のアジアでの生産の影響がこの逆輸入効果に顕著に示されている。雇用への影響については、日系企業の海外生産によって、1998年度に23万8811人分の仕事が失われ、そのうち12万8087人分の仕事はアジアでの生産に代替されたことになる。日系電機企業の海外生産活動の日本国内への影響については1998年度に、製造業全体と同様に輸出代替効果が輸出誘発効果を超えている。また逆輸入効果も93年度から96年度にかけて倍増し、そのほとんどがアジアからのものといってよい。国内雇用の削減分もそのほとんどがアジアでの生産に代替されたものといってよいであろう。日系企業のアジアでの生産活動による輸出誘発効果はこの間輸出代替効果を確かに上回っているものの、90年代半ばから部品・デバイスの現地・周辺調達も増え始めるので、輸出誘発効果の超過分も1998年度でみると逆輸入効果の10分の1にも満たない。中国において各産業集積の厚みが増してきたことを考え合わせると、電子部品・デバイスの輸出誘発効果は期待できないものに漸次なっている。

中国が「世界の工場」となり、第2位の経済大国となったのには、キャッチアップするだけの国内の様々な要因があったことは言うまでもないが、最新鋭の機械、装置を導入し、新しい生産技術、生産方法を積極的に取り込んできたことも大きい。ことにモジュラー型オープンアーキテクチャは生産立地の壁を低め、中国を「世界の工場」に押し上げた生産方法といって大過ない。モジュラー型オープンアーキテクチャとは1981年にIBMが1年間の限られた製品開発期間の下で採用せざるをえなかった水平統合によるモノづくりの方法で、デジタル製品ではモノづくりがその枠組から大きく変わることとなった。アナログ型のモノづくりは、その製品の各部品から独自仕様で作り、それらを積み重ねて製造していくのであるが、開発期間1年という限られた制約ではこうした独自の積み重ね方式を採用することは不可能なので、仕様、各モジュールのインターフェース（各モジュール間の接続、通信信号の規格）を公開し、各専業メーカーから各モジュール、ソフトウエアを調達し、PC／ATの組立を実現し、1984年ごろには米国市場でトップシェアを確立したという（夏目啓二［1999］第5章）。デジタルとは情報を0、1の組み合わせで電気ビットに変えて処理するもので、モジュール間のインターフェースをデジタルで標準化し、そのモジュールを至極単純に組み立てて、PCが生産される。PCの組み立ては賃金の安価な地に収斂し、中国広東省の東莞市に集中するようになった2006年には、かつてPCのトップシェアを確保したIBMもPC部門を聯想（レノボ）

に売却せざるをえなくなったのである。

モジュールがデジタルでインターフェースが標準化されていれば系列の協力会社から調達する必要もなくなり、インターネットを活用すれば、ネット上のB2Bでモジュールを、国境を越えて調達し、サプライチェーンマネジメントもネットを用いてグローバルに展開することも可能となる。さらには、例えば光造形という手法を用いれば、切削経験のないオペレーターの入力でレーザー加工機が金型を作り上げることも可能となった。また3Dプリンターを用いれば、金型がなくともプラスチック成形、金属焼成が可能となり、こうした生産方法、新機械の出現も日本の機械加工技術を脅かすものとなりつつある。

70年代半ばから日本企業は「日本型経営」あればこそ、ME技術革新を世界に先駆けて成功裡に実現し、その先発性利益を輸出を通して獲得しえた限りで「長期雇用」も維持しえた。しかし、MEの産業活用ではNC工作機械等の「モノ的要素」だけでなく、社内人材育成による多能工的熟練形成、企業内チームワーク、企業間協力等の「ヒト的要素」が競争力の源泉になる。情報ネットワークの視点でMEの時代を考えると企業内は言うに及ばず、企業間も特定の系列のなかで、承認図のやり取り、受発注のやり取り等がFAX、LAN（Local Area Network）等で、つまり閉ざされた関係の中で行われていた。半導体工学を基礎にしている点ではITはMEと共通する。しかし両者の間には大きな違いがある。ITの核をなしているインターネットはLANをつなぐことによって、情報ネットワークをグローバルに拡大させ、B

2C（企業から消費者）、B2B（企業から企業）等の電子商取引（EDI）により新しいビジネスモデルを生み出しただけでなく、生活全般でもライフスタイルを一変させた。ME時代のサプライチェーンにしてもそれをネット上に代替し、規模をグローバルに拡大し、モジュラー型オープンアーキテクチャを発展、普及、拡大させ、新鋭の機械、装置、ソフトウエアを取り揃えれば、ME時代のように「ヒト的要素」に大きく依存することなく、製品競争力の向上を実現することが可能になった。ME時代に発揮された垂直統合型モノづくりの優位はデジタル分野ではIT時代になって水平統合型のモノづくりに取って代わられたといえよう。

1990年代以降の雇用不安定化の政策的要因

1990年代以降の雇用不安定化の原因はIT／グローバル資本主義化の影響にあり、IT／グローバル資本主義化は「産業グローバリゼーション」と「金融グローバリゼーション」を実体に、「新自由主義的政策」を伴って展開されている。前項では「産業グローバリゼーション」の側面から不安定化の原因を探った。「金融グローバリゼーション」については項を改めて触れることにし、ここでは「新自由主義的政策」との関連で雇用不安定化の原因をみていきたい。70年代終わり以降イギリスでサッチャー政権、米国ではレーガン政権、日本では中曽根政権が誕生して以来、少なくともこれら3国については「新自由主義的政策」が主流となっている。その特徴はそれまで主要先進国で取られ続けてきた福祉国家レジームの否定であり、市場経済

表3　日本における労働市場の規制撤廃

1985年；	労働者派遣法制定、ただし適用を13業務に制限（ポジティブリスト）
1995年；	日経連「新時代の『日本的』経営」で雇用ポートフォリオを提唱、雇用柔軟グループ、高度専門能力活用型グループ、長期蓄積能力活用型グループ
1996年；	日経連「政府規制の撤廃・規制緩和要望」で派遣法自由化、有料職業紹介の規制撤廃を要望
1999年２月；	経済戦略会議、「日本経済再生への戦略」で「雇用の流動化」を答申
1999年７月；	労働者派遣法改正、適用業務のネガティブリスト化（製造業は禁止）、職業安定法一部改正12月施行
2000年；	政府の総合規制改革会議、労働者派遣の拡大と職業紹介自由化を提唱
2003年６月；	労働者派遣法改正、製造業への派遣解禁、派遣期間を原則１年を３年に拡大、施行2004年３月

による資源配分の効率性を実現するためと称して、政府の介入を極力抑え、公的機関の民営化を進め、福祉国家の下でことに労働市場と金融市場にかけられてきた規制を撤廃せんとする。福祉国家否定の新自由主義的政権が支持されたのは高度経済成長の終焉で福祉国家の高負担性が顕在化し、税負担の不公平と行政の非効率が喧伝され、それが国民に刷り込まれてきたからである。日本における労働市場の規制撤廃は表３のように漸次進められてきた。

ＩＴ／グローバル資本主義化が進展し、日本企業がグローバルなメガコンペティションにさらされて、そこで労働コストを削減するために労働市場の規制撤廃を経済界が要望することから労働市場の規制緩和が進められてきた。日本の特徴は、首相の諮問機関が答申を出し、それに沿って法改正が行われた点にある。その限りで官邸主導であったということができよう。かつここで指導権を発揮したのが民間議員で、この点では議院内閣制は名ばかりになった。その結果、冒頭に示したように、非正規雇用が増大し、格差社会に突入し、格差だけでなく、貧困事態が深刻な社会問題になる状態を出来させたのである。

3　リーマンショック後の雇用の現状と規制改革

グローバル資本主義ではモノとカネが大量にクロスボーダーで取り引きされる。「金融グローバリゼーション」の下でクロスボーダー銀行取引は残高で1999年には9・9兆円の水準であったものが、2007年時点では34兆ドルに、国際市場での債券発行額も同時期に5・5兆ドルから22兆ドルに増大し、2007年の双方の額は世界のGDP（54・6兆ドル）を上回っているのである（JETRO［2009］19頁）。こうした金融肥大化は「金融の自由化」によって促進されている。「金融の自由化」の柱になっているのは金利の自由化と銀行業務と証券業務の分野規制の撤廃である。金ドル交換停止後の過剰ドルの蓄積、各国の国債大量発行と相まって、この業務分野規制の撤廃によって、金融に占める証券の比重は高まり、例えば住宅ローンもその元利返済を担保に証券化されるのが当たり前の時代となった。震源地アメリカではサブプライムショックの前年2006年のサブプライム抵当貸付6000億ドルのうち4830億ドルが証券化され、その比率は8割を超えているのである。証券業の比重が増し金融がカジノ化し、そのうえで住宅バブルが膨張し、２００６年６月には米第４位の投資銀行ベアスターンズが破綻し、８月には仏ＢＮＰパリバの傘下のファンドが破綻し、サブプライムショックさらには翌２００９年９月に米投資銀行３位のリーマンブラザーズが倒産し、米主導のグローバル資本主義の限界を画すものとなった。当時与謝野馨金融担当相はサブプライムローン担保証券の低い保有率から日本は「蚊に刺された程度」と述べていたが、生産の落ち込みは震源地アメリカより大きかった。いざなみ景気が輸出主導で展開された分、欧米市場の縮小がダイレクトに、また欧米向け輸出生産拠点中国への中間財輸出も落ち込み、生産が急減した。リーマンショックの影響を輸出面での変化からみておきたい。国別・地域別輸出総額の推移は図６で確認できるように、いずれの地域・国への輸出も２００９年第１四半期に２００８年９月の半分以下の水準に落ち込み、その後２００８年９月の水準に回復しているのは唯一対中輸出だけで、それも２０１０年10月に初めて達成された。しかしそれも２０１２年３月以降リーマンショック前の水準を下回るようになる。

機械系業種別の輸出をみておくと、一般機械については対中輸出が２０１０年10月で２００８年９月の輸出規模から１４０％を少し超えて増大しており、シェアも２００８年９月の14％から２０１０年10月には24％に跳ね上がっており、資本財の対日需要が中国において増大したことを示している。電機については世界全体で考えても、２０１０年10月の回復度は76・1％で４分の３の戻りでしかない。また対中輸出の回復ぶりが一般機械とは対照的に弱く、

図6　国・地域別輸出総額指数（2008年9月=100）

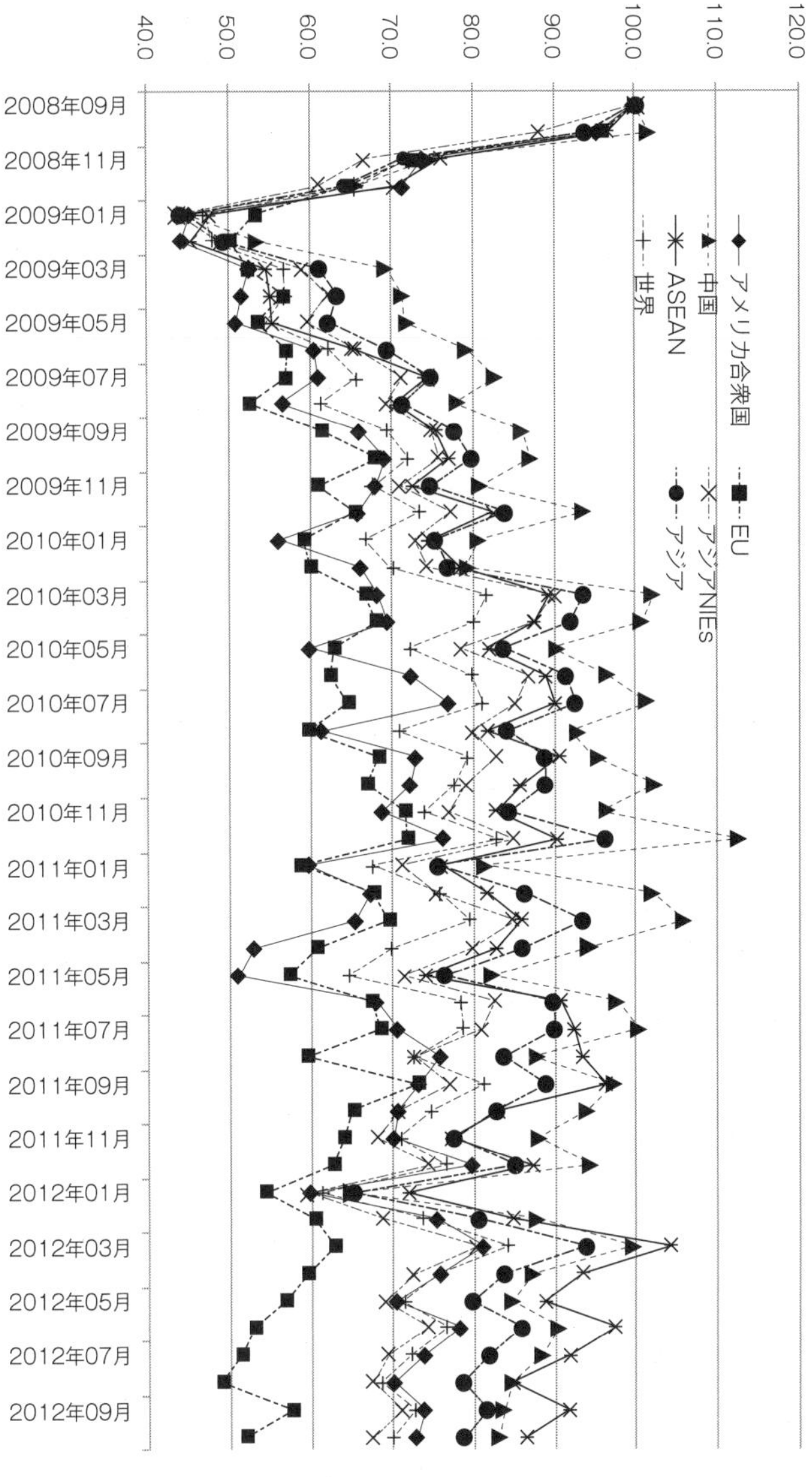

資料：財務省貿易統計より作成。

2008年9月の86％の回復でしかない。

リーマンショックによって米欧市場が縮小し、その後ターゲットゾーンは新興国の中間層市場に絞られてきた。世帯年間可処分所得5000ドル以上3万5000ドル未満の中間層はアジアにおいて2000年の2・2億人（うち中国7000万人）から2010年には9・4億人（うち中国5億人）に増大しているという（経済産業省『通商白書2010』187頁）。例えば中国の自動車販売（新車）台数は2009年の時点で前年比426万台増の1364万台を計上した(6)。同年の日本の自動車販売台数が461万だったので、この増加分は日本の販売台数に匹敵している。なお、乗用車の販売台数は1033・13万台で、うち1600cc以下の乗用車は719・55万台で、69・6％を占め、前年比71・3％増の売行きを示した。中国における自動車補助金制度の「購置税減税」と「汽車下郷」の対象となったのは排気量1600cc以下の自動車で、日産自動車はこれら補助金制度導入前からこのクラスに狙いを定めて、現地生産体制を整えていたこともあって、中国が最大の販売市場となった。新興国の中間層を狙い目にするためには、日産自動車のように現地化戦略を強化せざるを得ない。現地化戦略の当面の柱は現地生産、現地販売、現地調達、設計開発の現地化である。図7にあるように日系自動車企業のアジアでの生産台数がリーマンショック時の120万台から217万台に1・8倍増大しているのは現地化対応によるものである。その結果、自動車の国内外生産はリーマンショック直後に逆転し、その差は開くばかりである。図8に示されているように、国内生産はリーマ

図7　日本自動車企業の海外生産台数

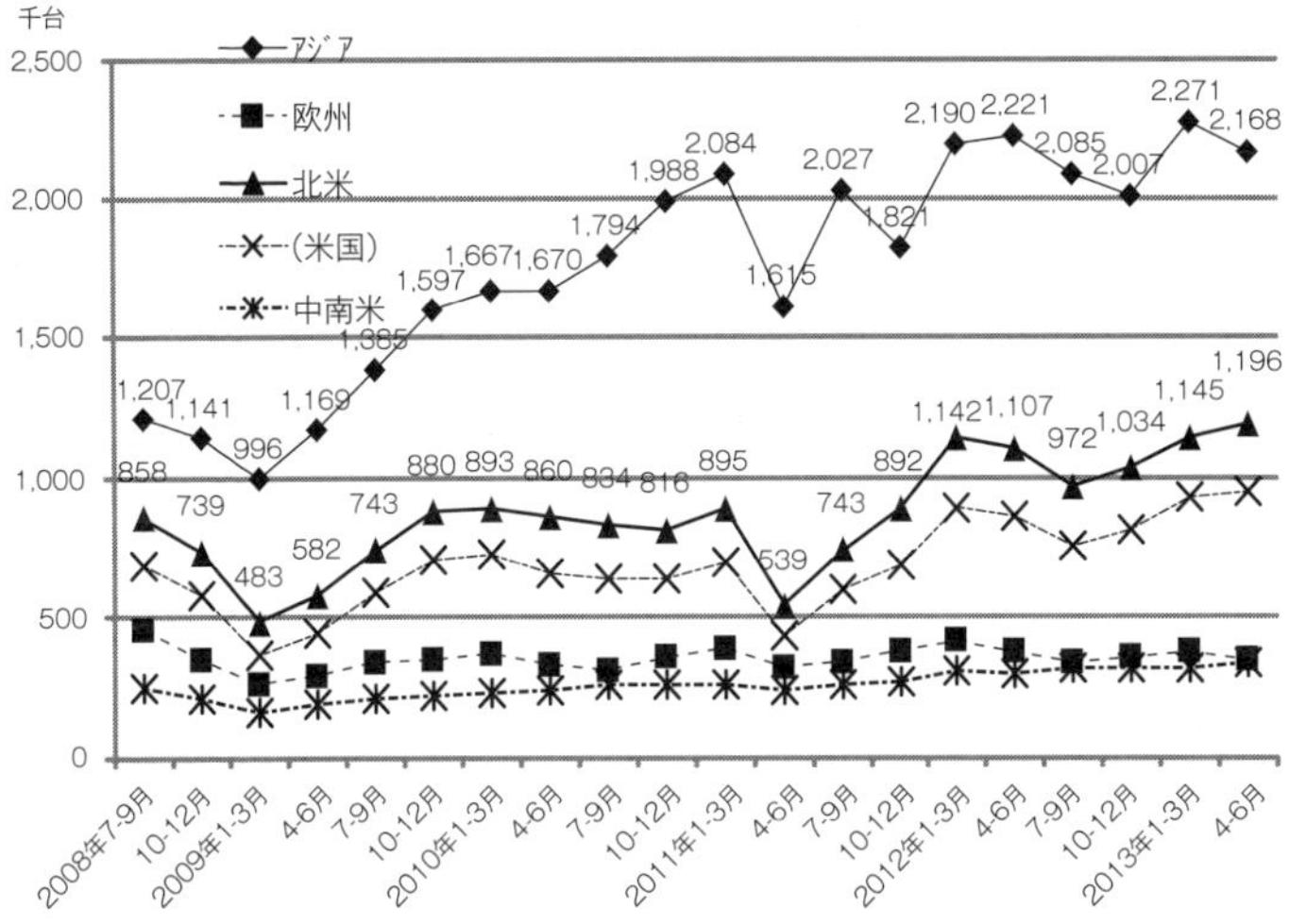

資料：自動車工業会統計速報より作成。

ンショック時から21・4%落ち込み、逆に海外生産（イタリック体）は1・44倍に増大している。リーマンショック時には僅かに上回っていた国内生産は次の第4四半期に海外生産に凌駕され、直近のデータでは海外生産規模の55・4%の水準になっている。新興国の中間層市場、とりわけ中国市場が尖閣問題発生前までは注目されてきた。ところが、対中輸出市場で伸長している機械系業種は一般機械だけである。このことは内需主導で進展している新興国の工業化の輸出誘発効果は日系機械業種では資本財部門に限定されていることを示している。これまで日本経済を牽引してきた輸送機械、電気機械産業は日本からの輸出で新興国に食い込むことは難しいことがリーマンショック後の数年のうちに明らかになっ

図8　自動車の国内外生産

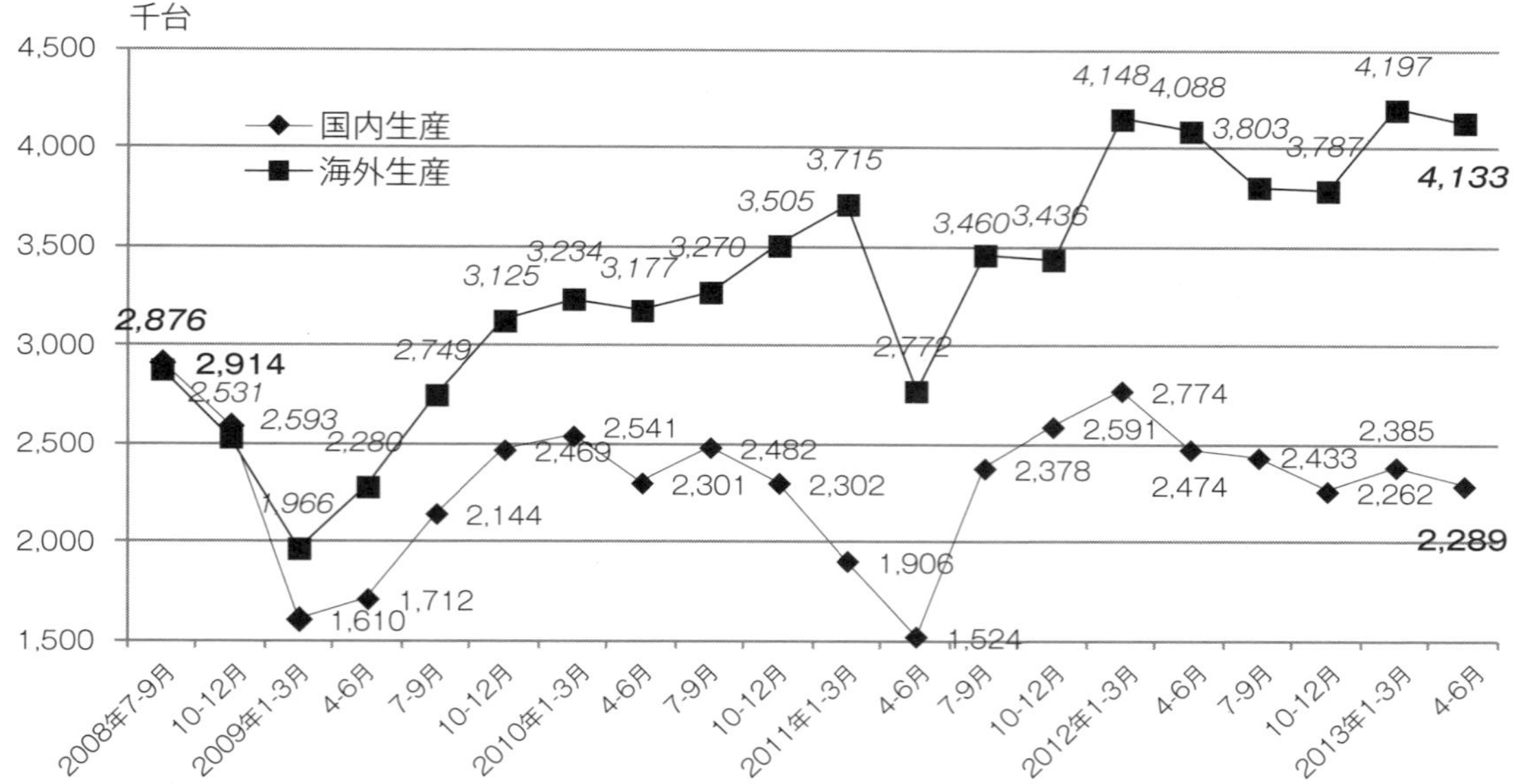

資料：自動車工業会統計速報より作成

た。このことは現地化戦略によりますます対外直接投資が増大し、生産移管が進み、輸出代替効果が増し、産業空洞化が進むことを意味する。90年代の日系電機企業の東アジアでの事業展開が国内産業の空洞化をもたらす質を持っていたことと関連させれば、リーマンショック後の日系自動車企業の新興国での現地化戦略は国内産業の空洞化をさらに一段と進めるものとなろう。アッセンブルメーカーの現地化が進めば、それだけ現地調達、周辺調達が進み、対外直接投資による中間財輸出誘発効果が減少することになる。空洞化の安全弁も機能を低下することになり、産業空洞化はさらに進み、中間財部門の中小企業も現地化に対応し、対外直接投資を増大させると考えられる。

現地化戦略によって国内産業の空洞化が進む懸念が生じている中、もっと深刻な事態が生じている。電機産業分野で近年急速に競争力を低下していることである。基底においてはデジタル化、グローバル化の進展に対応できずに厳しい状況に直面している事態がみてとれる。総務省の「2013 ICT 国際競争力指標」によると、同2009年版から2013年版の4年間で、端末・機器の日本企業の市場シェアは21・7％から17・4％に、デバイスの市場シェアは20・6％から15・7％に低下した。品目別にはノートPCが21・7％から14・9％に、液晶テレビが43・4％から25・3％に、プラズマテレビが49・9％から23・2％に、携帯電話用液晶デバイスが45・7％から26・2％に、テレビ用液晶デバイスが18・0％から10・0％に、プラズマデバイスも47・6％から21・0％に急降下している。そのことは個々のエレクトロニクス企業の窮状からも察することができる。2009年になって日本総合家電メーカーの5社東芝、ソニー、日立、三菱電機、日本ビクターがテレビのEMSへの生産委託の方針を打ち出し、かつての独壇場の生産からのフェイドアウェイを表明した。2012年になると、計画通り生産を続けてきたシャープ、パナソニックも史上最悪の赤字を計上することになった。同年3月期の連結最終損益はシャープが3800億円の赤字、パナソニックが7721億円の赤字を計上した。またソニーも5200億円の連結最終赤字を記録した。シャープは2000人の希望・早期退職者を募ったところ、2960名がこれに応募した。パナソニックも本社従業員7000人を半減することが報じられた。2013年10月には尼崎工場を売却し、プラズマテレビ事業からの撤退が発表された。またソニーも化学事業、中小型液晶事業の再編で5000人、他の事業での内外約5000人の人員削減の計画が報じられた。テレビは1980年代日本製品輸出の花形の1つであったし、その後の液晶テレビ、プラズマテレビは日本企業の技術の粋を集めた製品であると考えられてきた。その製品で韓国のサムソン電子、LG電子に大きく水をあけられる結果となった。アナログ、ME時代に優位を誇った垂直統合型の生産システムが、デジタル、IT時代では水平統合型システムの後塵を拝する結果となったのである。現在直面化している日本産業構造の苦難はこのデジタル化時代のモジュラー型オープンアーキテクチャにうまく対応できていない点にある。日本エレクトロニクス産業の苦境はテレビ業界だけではない。電子部品、デバイス分野でも明瞭に示されている。2012年5月にはエルピーダが米マイクロンに買収され、かつてはその分野からインテルを駆逐し、日本企業の独壇場となっていたＤＲＡＭから日本企業は姿を消すことになった。またルネサスエレクトロニクスも国内９工場の閉鎖、売却によって５０００人の希望・早期退職者を募集したところ、７４４６人がこれに応じた。両社の出身母体の１つのＮＥＣも２０１２年７月に募集した希望退職に２３９３人が応じた。富士通も２０１２年２月に富士通セミコンダクター（横浜市）で早期退職優遇制度の実施を発表し、１６００名の応募を募ったところ、１９６３名が応じたと報道されている。ＴＤＫも２０１１年10月に海外１万人、国内では１０００人分の業務削減、秋田県の３工場の閉鎖が発表され、翌２０１２年２月に創業者齋藤憲三の生地にかほ市の３工場の閉鎖が発表された。アップル社のビジネスモデルはファブレス化＝アウトソーシングの徹底にある。その際調達するのは標準部品・デバイスであり、「カスタマイズは組み込まれたプロセッサー上のソフトウェアで行う」（新藤哲雄［２００６］29頁）ものと考えられる。ロジック半導体の市場もこのようなパラダイム転換によって、ＡＳＩＣ（Application Specific Integrated Circuit）からＡＳＳＰ（Application Specific Standard Product）に大きく流れが変化し、ＡＳＩＣビジネスがリスクを負うことになり、ＮＥＣの混迷の原因の一端はこのあたりにありそうである。

また軽薄短小が進むことで電子部品産業自体が装置産業化し、最新鋭の機械・装置を導入すれば、技能・技術の差が埋められるようになった。かつての日本企業の独壇場のテレビ、半導

図9　従業者数

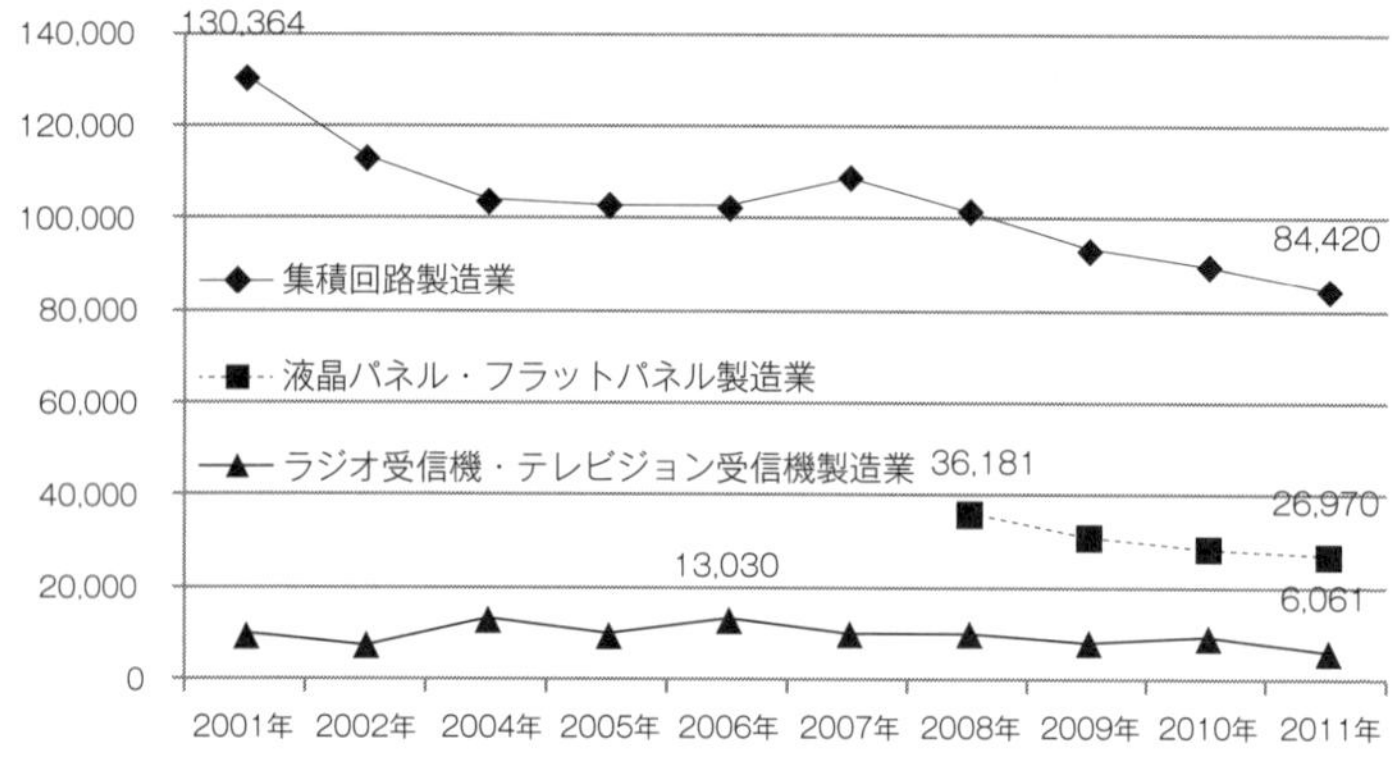

資料：経済産業省　工業統計表各年版より作成

体デバイス分野で競争力を維持しえなくなった以上、これら分野の雇用吸収力が落ちるのはもはや自明である。それは図9で確認できる。この9年間で集積回路製造業の従業者数は13万人から8万4千人に、液晶パネル・フラットパネル製造業の従業者数も2008年の3万6千人から2011年時点ですでに2万7千人に、テレビジョン受信機等製造業も2006年の1万3千人から6千人に従業員を減らしている。

以上みてきたように、日本の2大リーディング産業で空洞化のプロセスに入ってしまっている。電機は1990年代から、自動車はリーマンショック後であり、量的に雇用を確保することが難しくなっている。加えて、質の面でも雇用の不安定化が政策的に推し進められようとしている。雇用の流動化は多様な働き方に、雇用のミスマッチを解消するうえで不可欠とのお題目で主流派経済学は経済戦略会議、経済財政諮問会議等の機関でこれを進めてきた。リーマンショック後の派遣労働者の雇い止めで明らかになったことは派遣労働者が真っ先に解雇され、「多様な働き方」は企業にとって多様な働かせ方、真っ先に解雇できる働かせ方であったことである。主流派経済学はこの雇い止めを「解雇規制を残してきたまま派遣先を拡大した帰結」として規制撤廃が不十分だったことに起因していると主張している。今、主流派経済学は規制撤廃を解雇規制の撤廃まで推し進めようとしている。「小さな政府」の名のもとに行われた減税が財政破綻の主因であり、金融自由化がサブプライム・リーマンショックをもたらし、労働市場の流動化が格差、貧困をもたらした。新自由主義的政策はリーマンショックによってその限界が画されたにもかかわらず、安倍政権の下で新自由主義的政策が強化されている。政府は２０１３年10月16日に厚生労働相の反対で「解雇ルールの明確化」、「有期雇用の特例」、「労働時間ルールの特例」を見送る方針を固めた（読売新聞、10月17日）のを受けて、安倍首相は21日の衆議院予算委員会で、規制官庁の閣僚に「意見を述べる機会を与えるが、意思決定には加えない方向で検討している」と説明し（日本経済新聞、10月22日）、経済財政諮問会議と同じ「法定組織」として政府方針を定める権限を持つ「特区諮問会議」を設置し、そこで規制緩和を進める方針（朝日新聞、10月21日）のようである。１９９９年の労働者派遣法、職業安定法の改正と同じパターンが繰り返され、解雇規制の撤廃が組上にあげられているのである。

〈注〉

(1) 年収200万円に満たないワーキングプアも直近のデータでは働く人々の23%に達している。

(2) この間分類に2度変更が起きており、2002年に旧［30］電気機械器具製造業のうち（304）通信機械器具・同関連機械器具製造業と（305）電子計算機・同付属装置製造業を加えて中分類に格上げして新分類［28］情報通信機械器具産業とし、(308) 電子部品・デバイス製造業も中分類［29］電子部品・デバイス製造業に格上げした。なお、2002年の統計は従業員4人以上の事業所を対象としていて、長期的には10人以上の事業所でしか統計がとれなかったので、2002年のデータは割愛した。2度目の変更は2008年にあり、旧［26］一般機械器具製造業を新［25］はん用機械器具製造業、新［26］生産用機械器具製造業、新［27］業務用機械器具製造業に分割した。図6は新旧の統計を旧分類に含める形で合算し、時系列の統一性を持たせた。

(3) 96年4月にシャープがマレーシアに移管したMDプレイヤーは国産寿命（国産品第一号の年マイナス海外生産第1号の年）ゼロ年であった。

(4) 当時海外生産比率が圧倒的に高かったアイワがそれ故に可能だったミニコンポの逆輸入をマレーシアから92年に行った。当時10万円台のミニコンポを製品逆輸入で58000円で国内販売し、実勢価格がこの水準に落ちたため、他のオーディオメーカーも逆輸入に踏み切らなければならなくなったのである。

(5) 詳しくは宮嵜晃臣［1995］を参照されたい。

(6) 2012年には中国の新車販売台数は1930万台を数えた。さらに2013年には2000万台を超えることが確実視されている。そうなれば中国の自動車市場は世界の4分の1を占め、アメリカの1・4倍、日本の4倍の規模となる（日本経済新聞2013年11月12日）。

〈参考文献〉

大野耐一（1978）『トヨタ生産方式：脱規模の経営をめざして』ダイヤモンド社
大平号声（1996）「経済の情報化と雇用効果」溝口敏行、栗山規矩、寺崎康博編『経済統計に見る企業情報化の構図』第10章、富士通経営研修所
OECD（1995）Economic Surveys Japan 1995-1996
川崎市産業振興財団（2006）『続・川崎元気企業』日本評論社
JETRO（2009）『米国発　世界金融危機』
新藤哲雄（2006）『半導体産業のパラダイムシフトとイノベーションの停滞―戦略思考の視点から見たNECの混迷の本質』一橋大学イノベーション研究センター
日本生産管理学会（1996）『トヨタ生産方式』日刊工業新聞社
田村達也（2002）『コーポレート・ガバナンス』中公新書
夏目哲二（1999）『アメリカIT多国籍企業の経営戦略』ミネルヴァ書店
宮嵜晃臣（1995）「日本電子・電子企業（セットメーカー）の海外事業展開の現状」（現代日本経済研究会編『日本経済の現状　1995年版』学文社）

第3章　働く・働けない・働かない

高橋祐吉

1　はじめに

本章のタイトルは、稲泉蓮の『僕らが働く理由、働かない理由、働けない理由』（文春文庫、2007年）に着想を得ている。この本は現代の若者が抱えている青春時代の悩みを、「働く」という視点からルポルタージュ風に描き出した好著であり、彼はそれぞれの若者に内在している三つの理由を丁寧に描き出している。このタイトルにもあるように、世の中には「働く」人々もいるし、「働けない」人々もいるし、また「働かない」人々もいる。総務省の「労働力調査」では、こうした人々をそれぞれ就業者、完全失業者、非労働力人口と呼んで区別している。後に詳しく触れることになるが、図1と図2はこれらの三者の位置関係と2012年におけるその人数を示したものである。この二つの図は、わが国における「働く」人々、「働けない」人々、「働かない」人々の大まかな見取り図となっている。

図1　日本における労働力の構造　　（単位：万人）

（出所）総務省統計局『労働力調査年報』（2012年）

図2　就業者の内部構成

（出所）総務省統計局『労働力調査年報』（2012年）

（注）括弧無しの数字は人数（万人）であり、括弧内の数字は就業者に占める割合（%）である。

現在働いている人々の多くは、仕事に追われて日々忙しくしていることもあって、「働く」ということについてそれほど深く考えもせずに暮らしているかもしれない。アルバイトに勤しんでいる就業者としての学生諸君の場合も、おそらく似たようなものだろう。そうだとすれば、「働けない」人々や「働かない」人々について思いを巡らすことなど、尚更のこと少なくなっているに違いない。日々の仕事がそれなりに続き、平穏無事な暮らしが営まれていくのであれば、深く考えなくても一向にかまわないのかもしれないが、われわれを取り巻く現実はそれほど安穏ではない。「働く」ことが社会の基軸となっていることは間違いないにせよ、その「働く」ことが非人間的な状況にある社会では、「働けない」ことや「働かない」ことに向けられる人々の眼差しも、冷ややかなものにならざるをえない。その気になれば、「何かしら仕事はあるはずだ」し「誰でも働けるはずだ」といったそれほど根拠のない通念が、社会を広く覆いやすくなるからである。

「働く」人々もそうだが、「働けない」人々も「働かない」人々も、先々のことをあれこれと考えても不安しか募らないので、余計なことは考えないようにして遣り過ごしている、そんな状況がないとは言えまい。例えば想像を巡らせてみよう。勤め先が倒産したり自分がリストラの対象者とされたりして、40歳も過ぎてから職を失ったらどうなるのか。過大なノルマや長時間の労働に追われたあげく、身体を壊して仕事を辞めざるを得なくなったらどうなるのか。そフリーターや派遣などの非正社員として、30代の半ば過ぎまで働いていたらどうなるのか。そこに浮かび上がってくるのは、先の見通せぬ闇のなかを漂流し続けなければならない人々の姿なのではあるまいか。自分はそうした人々とはまったく無縁だと断言できる人は幸せだが、そうは断言できない人々が増えてきているように思われる。今日の日本社会は、普通に働き生きていくことが何とも困難な社会となったようである。バブル崩壊後20年にもわたって「閉塞感」を払拭できないのは、それ故なのではなかろうか。

思い返してみると、この20年ほどの間にフリーターから始まり、ニート、ネットカフェ難民、偽装請負、日雇い派遣、名ばかり店長、ワーキング・プア、そしてブラック企業（「ブラック企業2013」の栄誉に輝いたのは、過労自殺が問題となっている居酒屋チェーン「ワタミ」であった）とやたらに労働をめぐる問題がかまびすしく論じられ、世間の耳目を集め続けてきた。少子化問題が深刻化しているというのに、セクハラやパワハラに加えてマタハラ（マタニティ・ハラスメント＝妊娠者や出産者に対して行われる嫌がらせ）なども登場している。

なぜ次から次へとこうした問題が生起し続けてきたのであろうか。落ち着いて考えてみると、次のようなことは言えそうである。「働く」ということは生身の人間の大事な生きる営みであるにもかかわらず、今日の社会がそうしたことを忘れて、マネーの狂奔する社会へと変貌を遂げてきたからなのではないか。少し難しく言えば、生産の一要素としての労働力の側面ばかりが強調されてきたためなのかもしれない。問題の一つひとつは、「市場」や「競争」や「効率」を重視した現実（それは言い換えれば、分配を通じた社会の成熟よりも成長を通じた企業の発展を重視しているということでもあるのだが…）への警鐘であったのかもしれない。

一見するとキャンパスライフを謳歌しているかのような学生諸君も、就職活動の厳しさに直面するなかで、「働く」のが厭になったり怖くなったりもしている。闇が深ければ、ひとは身構えて萎縮し内向きになるに違いない。若者たちが将来の安定を求めて就職活動に多大の時間とエネルギーを割き、大学までもがキャリア教育に気を取られるあまり、学問の世界の落ち着きを失いつつあるのも、それ故であろう。こうした状況が生み出されたのは、われわれ自身が、働くということに、もう少し正確に言えば人間らしく働くということに、きちんと向き合ってこなかったことも一因なのかもしれない。ＩＬＯ（国際労働機関）がいうディーセント・ワーク、すなわち「働きがいのある人間らしい仕事」に対する関心の薄さである。

そうした社会に根を張りはびこってきたのが、世にいうブラックな企業なのではあるまいか。こんな言葉が流行るところを見ると、働く人々とりわけ働く若者を使い潰すような企業が珍しくないということなのだろう。こうした暗鬱な現実があるにもかかわらず、他方では、仕事の「やりがい」に対する過剰な期待が膨らんでいたりもする。若者の世界において、選ぶなら労働条件かそれとも「やりがい」かといった不毛な二者択一の議論が真顔で交わされたあげく、「やりがい」が選ばれたりするのは、それ故である。働くルールが十分に確立されていない社会において、「働く」ことの意味のみを追い求めた結果であろう。さらに言えば、労働条件を軽視した「やりがい」論の横行が、ブラックな企業を跋扈させる背景となっている可能性もある。ブラックな企業の蔓延と仕事の「やりがい」に対する過剰なまでの期待は、両者一対のものと見るべきなのかもしれない。

昨今世間では、「世界で一番企業が活動しやすい国」をめざすアベノミクスが、やたらにもてはやされたりもしている。安倍政権が描く「成長戦略」にとっては、労働分野の規制緩和が不可欠であるとされ、解雇規制を緩やかにした限定正社員制度の導入や派遣労働の恒常的な活用のための動きが急である。だが果たしてそうした国で、あるいはそうした改革で、人間らしく「働く」ことが可能となるのかどうか。そうしたこともあらためて考えてみなければなるまい。「働く」ことをその根本に遡って考えながら、この間生じてきたさまざまな問題を俯瞰してみるのも大事なことであろう。本章の問題関心は、言ってみればそんなところにある。

2　「働く」ということ――仕事、職業、雇用

いまさらではあるが、人間が生きていくためには、さまざまな財やサービスを消費し続けなければならない。たとえば、「清貧」を愛し物欲にまみれた世界を嫌悪している人物であったとしても、生きていくうえではそれなりの消費が不可欠である。聖書には「人はパンのみにて生くるにあらず」とあって、物質的な欲望の充足を超えて宗教的な世界においても生きることが人間の証であるとされているが、経済学において重要となるのは、人間はパンなしでは生き

ていくことができないというささか身も蓋もない現実である。では、パンすなわち日々消費し続けている財やサービスはどこから生まれてくるのか。それは、さまざまな人がさまざまな職業について「働く」ことを通じて生み出されるのである。言い換えると、消費の前提となるのは生産であり、その生産活動は労働によって支えられているということになる。

その意味では、労働とは、人間が自らの生活を維持し発展させるために、すなわち生存のための必要にもとづいて、外界に働きかけ財やサービスを生み出す活動だということになる。この労働という人間の活動は、生存のための必要にもとづいているという点では「遊び」とは区別されるし、また外界に働きかけて財やサービスを生み出すという点では「消費」とも区別される。また人間は、生存を維持するために必要な財やサービスを、すべて一人でつくりだすことはできない。孤立無援で生きていくわけにはいかないのである。したがって、労働は人間一人ひとりの活動であるとともに、社会的分業の網の目に組み込まれて人間全体に関わる活動ともなっており、社会の維持とその歴史的な発展に深くかかわっているのである。

こうしたきわめて重要な人間の活動である労働は、日本国憲法においてはどのように規定されているのであろうか。そこでは「働く」ことは、戦前さんざん言い古された「勤労」と意図的に意訳され、27条1項では、「すべて国民は、勤労の権利を有し、義務を負う」と定められている。学生諸君は、勤労から「勤労感謝の日」ぐらいしか思い浮かべないかもしれないが、戦前は勤労動員、勤労奉仕などとやたらに「勤労」が愛用されたのである。ナチスドイツの時代には、「労働は神聖なり」がスローガンとして叫ばれたが、それと通底するものも感じられる。19世紀末に『日本の下層社会』を著した横山源之助は、「生活は人生の第一義なり」との立場から、「日本の労働の如き生計だも支え得ざる廉価にして品位なき労働は、決して形而上の意を含める神聖てふ文字を入るべき余地あらざるなり」と批判したが、「廉価にして品位なき労働」が広がっている今日、あらためて省みられるべき主張なのかもしれない。

そうした話はともかくとして、労働法学者の見解によると、先の27条1項で重要なのは「勤労の権利」すなわち労働権の方であって、後半の勤労の義務に関する規定にはさほど重要な意味はないとのことである。というのは、「意に反する苦役」を禁止する憲法18条との関係からいっても、国が国民に法的な意味で労働を義務付けることはできないからだという。労働権が国民の国に対する具体的な請求権を意味するものではないのと同様に、ここでいう義務は、それによって国に、国民に対して、「働く」ことを請求する権利が生ずるといったものではないとのことである。それ故、人はすべからく働くべきであるという一種の精神規定と解されているようなのだが、そうした精神規定の背後には、「働く」ことが社会の維持とその歴史的な発展に深くかかわっているという無視しえない現実が存在しているからであろう。

このように、人間にとってきわめて重要な活動であるからこそ、労働はじつにさまざまに表現されることになる。労働というといささか抽象的で固い表現になるが、働き方に着目すれば仕事ということになる。主に長くてきつい仕事は *labor* であり、頭脳を使った仕事は *work*、課せられてする仕事は*task*、骨の折れる仕事は*toil*などと言うわけである。ところで、人々の働き方も多様であるが、仕事の内容も職業によってかなり違っている。多くの人々は日々なんらかの仕事をし、それによって報酬をえて生活を支えているのであるが、そこでの仕事の具体的な内容に着目したのが職業という表現である。職業とは、通常は生計を維持するためにおこなわれる、社会的な分業にもとづいた継続的で有用な活動と定義されているようなので、毎日仕事をするといっても、家事や育児、ボランティア活動などの収入をともなわない仕事は、人間が生きていくにあたって重要な仕事であったとしても、普通職業とは言わない。

職業は一般には*occupation*だが、手による熟練を要する場合は*trade*、知識を要する場合は*profession*となる。*occupation*と言うのは、ある職業に従事して「働く」ことによって時間とエネルギーが占有されるからであろう。*profession*は医者や弁護士、学者などに代表される知的で自己裁量の領域が大きな職業をさし、*trade*は手による熟練を必要とする職業をさすことが多い。そのほかに*vocation*や*calling*といった表現もある。これらの表現には、神から授けられた使命＝天職という意味が込められており、芸術家やスポーツ選手などの場合に使われることが多いが、余人を持って代え難い職業であり本人が強い使命を感じていれば、どの職業もそうなるだろう。一応完結した仕事が職業であるが、それよりも小さな範囲の仕事は職務としての*job*となる。仕事が細分化され単純化されればされるほど、いつでも誰とでも代替可能なものとなっていくので、「職業に貴賤はない」とは言っても、代替可能性の高い職業の社会的な評価は低くならざるをえない。

また今日では、多くの人々は収入を得るために他人に雇われて「働く」ことが多いので、雇用 *employment*（雇う者＝経営者は *employer* であり、雇われる者＝労働者は *employee* である）という概念がきわめて重要となる。そうなれば、労働者は雇われた先で経営者の指揮・命令・監督のもとで「働く」ことになるわけだが、これは *duty* あるいは *service* と表現される。日本語のサービスとはだいぶ意味が違っているが、雇う—雇われるという雇用関係自体が、形式上は対等・平等ではあっても、支配—被支配や管理—被管理の関係をともない、その結果雇われる側にサービスを強制すると考えれば、まんざら理解できなくもない。

言うまでもないことではあるが、われわれが遂行する労働が *work* や *profession* さらには *vocation* となることが望ましいには違いない。しかしながら現実はなかなか厳しく、世の中には長くてきつい仕事である *labor* の方が多い。この *labor* によって社会が支えられているという大前提は揺るがないが、しかしそうした側面しかないのであれば、われわれは必要に迫られてやむを得ず働いているだけだということにならざるをえない。やむを得ず働くだけの働き方も勿論存在する。日雇い派遣で働く人々が就いている仕事の多くは、スポット的で細切れの肉体作業であり、人の出入りが激しいこともあって名前を知ることもないし、仕事の場での会話さえも成立しないのだという。そこにあるのは、苦痛に満ちた生きるための労働であり、それを職業などと呼ぶこともためらわれるような世界である。

だが、すべての労働がやむを得ず働くだけの労働なのかと問うてみるならば、それだけに尽きるものではないという現実にも突き当たる。比較的安定した雇用関係があり、そこに人々の人間関係が成立し、そこそこの労働条件の下で、少しは幅や深みのある仕事内容であるならば、人々は労働を通して、人と人や人と社会のつながりを持つことが可能であるし、さらには、「働く」ことを通してやりがいや達成感を感じることもできるであろう。濃淡や深浅の差は大きかったとしても、それが働く人々が抱いている現実の感覚でもあり、そしてまたささやかな希望でもある。

難しく言えば、「働く」ことによって社会的承認を獲得するとともに自己実現を図ってもいるのであり、労働が内包するこうした側面を否定しきるわけにはいかないだろう。そうなると、「働く」ことは収入を得るための「手段」でもあり、社会的承認を受けるための「契機」でもあり、自己実現のための「領域」でもあるということになる。「働く」ことは、上記のような三つの側面をあわせ持った多面的な人間の行為として存在しているようにも思われる。この三つの側面の組み合わせはさまざまで、労働条件や仕事内容、職場の人間関係などによって、バラエティーに富んだものとなる。

3　支払われて「働く」こと――ペイドワークの世界

　ところで、働くという場合の働き方には、収入を得ることを目的として働く有償労働（ペイドワーク）と、収入を得ることを目的とはしないで働く無償労働（アンペイドワーク）があり、両者の違いを理解しておくことも重要である。普段あまり意識していないのは、後者のアンペイドワークの方である。この収入をともなわない無償の労働とは、どのようなものなのか。そこに含まれるのは、家事（炊事、掃除、洗濯、買い物などからなる家事全般）、介護・看護、育児、社会的活動（ボランティア活動、消費者や地域の住民としての活動など）といったものである。しかしながら、後にふれる雇用者社会においては、「働く」ことによって収入を得て、経済的に自立するのが当然であるといった観念が支配的となる。こうした社会においては、多くの人々は「働く」ことをペイドワークとして認識しているために、アンペイドワークもまた人間にとって「働く」ことの一側面をなしているということが見失われがちになる。

　では今日の日本においては、いったいどれぐらいの人々がペイドワークに従事しているのであろうか。それを知るためには就業者の数を調べればよい。「労働力調査」では、「調査週間中に賃金、給料、諸手当、営業収益、手数料、内職収入など収入（現物収入を含む）になる仕事を少しでもした人」を就業者と呼んでいるからである。就業者は、調査期間中実際に働いていた従業者と、支払は受けていても仕事を休んでいた休業者に分かれる。直近の2012年のデータ（以下特別のことわりがないかぎり、データはすべて総務省統計局の『労働力調査年報』からのものである）を見ると、就業者は6270万人でそのうち休業者は127万人である。

休業者のなかには、不況により雇用調整助成金を受けて休業している人々や、育児休業や介護休業で仕事を休んでいる人々も含まれているが、近年注目されているのは、うつ病などを中心としたメンタルヘルス不全で休業している人々が増大していることである（世界企業「ユニクロ」の新入社員の半数は3年で離職しており、休業者の4割はうつ病だという）。そうした休業者の現実などから浮かび上がってくるのは、わが国の厳しい労働環境である。すなわち、職場におけるリストラの増大や働き過ぎの蔓延、さらにはパワーハラスメントの広がりなどである。

こうした休業者の状況にも興味深い問題が含まれてはいるのだが、彼らは就業者の2%程度しか占めていないので、就業者のほとんどは実際に働いている従業者である。2012年の総人口は1億2751万人であるが、わが国では児童労働が禁止されており、特別なケースを除けば15歳未満の者を働かせることはできない。そうなると、「働く」ことが可能な人々は15歳以上の1億1098万人ということになる。こうした人々を生産年齢人口と呼んでおり、生産年齢人口に占める就業者の割合を就業率と呼んでいる。同年の就業率は56%ということなので、15歳以上人口の6割弱の人々が収入をともなう仕事に就いていたわけである。今日のわが国では、広く「働く」ことが求められており、また多くの人々も働きたいと願ってもいるので、もしかすると、読者にはこの数字は予想外に低いと感じられるかもしれない。しかし、よく考えてみれば、義務教育を終えてからも高校や大学で学ぶ若者は多いし（アルバイトをすれば就業者となる）、結婚や出産を機に「働く」ことをやめて専業主婦となる女性もいる。病気や怪我などで「働けない」人々もいるし、高齢となって労働市場から引退する人々もいるだろう。それ故、就業率の低いことが直ちに問題となるわけではない。

しかしながら、就業率が低いということは、働きたいと思っていても「働く」ことができない人々がかなり存在することも想像させる。それ故、平成24年版『労働経済白書』が指摘しているように、「若者・女性・高齢者・障害者をはじめ、あらゆる人の就業意欲を実現していく」ことは、これからの重要な政策課題となるだろう。この点でとりわけ注目されるのは、第一子の出産を機に、働いていた女性の６割が仕事を辞めていることだろう。ＯＥＣＤの「雇用アウトルック２０１３」によれば、わが国の25～54歳の女性の就業率は69％にとどまっており、加盟34カ国中24位だったという。こうしたデータを見ると、不本意な選択による出産退職がかなりの程度存在するのではないかと考えられる。女性の就業率を高めていくためには、ワーク・ライフ・バランス政策によって仕事と家事・育児との両立を支援していくことが鍵となるだろう。

ところで、就業者の働き方というのは一様ではない。大きく分けるならば、まずは他者に雇われて働くのか、それとも雇われないで働くのかという違いがある。他者に雇われて働けば雇用となり、雇われないで働けば非雇用となる。現実には、就業者6270万人のうち5504万人は雇用されて働き、739万人は非雇用で働いている（どちらなのか不明の者も23万人ほどいる）。就業者の88%を占める雇用されて働く人々は、統計上は雇用者と呼ばれている。世間の感覚からすると、雇用者と言えば雇用する者すなわち雇い主のように思われがちだが、統計上は違っている。

「労働力調査」においては、雇用者とは「会社、団体、官公庁又は自営業主や個人家庭に雇われて給料、賃金を得ている者及び会社、団体の役員」となっている。ここからもわかるように、雇用者には他者に雇われて働く労働者と、彼らを雇う立場にいる役員がともに含まれているのである。雇う側と雇われる側の関係である労使関係を抜きにして労働問題を論ずることはできないので、本来両者は区別されるべきであるが、統計上はそうなってはいない。役員を除いた雇用者は5154万人なので、役員の数は350万人にも達する。わが国には法人企業数は167万社もあるので、それにともない役員の数も多くなるのである。それはさておき、就業者の9割弱が雇用者となっているのであるから、現代の日本は雇用者社会と呼んでもいいだろう。

雇用者社会は俗に言うところのサラリーマン社会なので、われわれは「働く」ことをサラリーマン化することとしてイメージしやすい。あるいは、サラリーマン化することとしてしかイメージできない。だが日本は昔からそうした社会であったわけではない。過去を振り返ってみると、就業者に占める雇用者の割合は1970年には65%であった。その後雇用者の割合が増大して、1980年72%、1990年77%、2000年83%と推移した。ここからもわかるように、しばらく前までは非雇用で働く人々が結構いたのである。農林漁業に従事する人々が急速に減少したり、地元の商店街が衰退してシャッター通り化していくなかで、わが国社会は雇用者社会へと純化されてきたとも言えるだろう。雇用者社会では、雇われなければ「働く」ことはできない。就職とそのための就職活動が学生にとって大きなプレッシャーとなるのは、就職氷河期だということに加えてこうした事情もある。もちろん、起業して非雇用で働く人々も生まれるし、そうした動きをやたらに持ち上げる向きもあるが、現実を見れば、喧伝されるほどのものとは言えない。

4 雇われないで「働く」こと――個人請負の世界

雇用者については次節で詳しく論ずるので、まずは、減少したとは言っても今日でも739万人もいる非雇用で働く人々について取り上げてみよう。いったいどんな人々が非雇用で働いているのであろうか。非雇用で働く人々は、自営業主と家族従業者からなる。自営業主とは、法人を設立せずに自ら事業を行っている人、つまり個人事業主のことであり（株式会社や有限会社などの法人組織の経営者は、事業規模が小さくても自営業主とは言わない)、家族従業者とは、自営業主の家族で自営業主の営む農業や商店などで働いている人々のことである。その数は自営業主559万人、家族従業者180万人である。「労働力調査」では、非農林業の自営業主455万人についてのみ内訳が示されているが、それによれば、有給の働く人を雇って個人経営の事業を営んでいる雇有業主が126万人、そうした人を雇わず自分だけで、あるいは自分と家族だけで個人経営の事業を営んでいる雇無業主が329万人となる(ここには内職者14万人も含まれている)。

近年非雇用の働き方で注目されているのは、雇っている人のいない自営業主すなわち雇無業主のなかに、従来の自営業主とは異なったいわゆる「個人請負」(委託契約や業務委託などと呼ばれることもある)で働く人々が含まれるようになり、その数が近年増加してきていることである。こうした働き方が問題となるのは、使用者が「個人請負」という形式を濫用して、実態としては労働力の提供を行っているだけのような場合でも、労働者ではない人々として仕事をさせて、雇用者責任を免れようとしているからである。

その名称に契約などと付くといわゆる契約社員と混同されやすいが、両者はまったく別者である。労働基準法第9条では、「この法律で労働者とは、職業の種類を問わず、事業又は事務所に使用される者で、賃金を支払われる者をいう」と規定されていることからもわかるように、雇用者である契約社員は労働者であるが、「個人請負」で働く人々は法的には自営業主となるので労働者とは見なされないからである。その結果、労働者には適用される労働法や社会保険法が、「個人請負」で働く人々には適用されないことになり、彼らからは法的な保護が奪われているのである。

こうした「個人請負」という働き方は、ＳＯＨＯ（スモールオフィス・ホームオフィス）や在宅ワーク、テレワーク、フリーランスなどと、その実態を覆い隠すかのように今様に表現されたりするが（日雇い派遣で働いた人の手記を読んでいたら、パチンコ屋のティッシュ配りが、アミューズメント施設の広報宣伝活動と称されていたという笑える話が登場していた）、そこには大きな不安定性が潜んでいることを忘れるべきではない。「個人請負」で働く人々は、労働時間も規制されず（時間外、休日、深夜労働手当がなく、有給休暇もないのである）、雇用保険にも加入できないので失業しても手当は受けられない。業務上の災害による病気や怪我でも一部を除いて労災保険給付はないし、年金や健康保険を受けるには、全額自己負担で国民健康保険や国民年金に加入しなければならない。つまり、企業にとっては労働者を雇えば社会保険への加入義務が生じ、その結果法定福利費の支払いが義務付けられるのであるが、「個人請負」で働かせるのであればその必要がまったくなくなるのである。

正規雇用者を非正規雇用者に切り替える場合でも、賃金や一時金、退職金の削減に加えて、法定福利費の削減が意図されていることも多いのだが、「個人請負」ではそれがゼロになってしまうために、風間直樹の『雇用融解』では「非正社員に輪をかけた無権利状態」と評されたり、あるいはまた脇田滋の『ワークルール・エグゼンプション』では「究極の非正規雇用形態」と呼ばれたりもしている。非正規雇用の拡大と「個人請負」の拡大は、これまでの雇用概念を融解・風化させたという点では共通の現象のように思われるし、「個人請負」という働き方が内包している危うさを考えれば、先の評価は当然の指摘であると言うべきではなかろうか。

「個人請負」に関する公式の統計は存在しないため、そうした働き方の人々の数を正確に把握することは難しいが、労働政策研究・研修機構の試算によれば（２００７年の「多様な働き方の実態と課題」）では１２５万人ほどになるという。先の非農林業の雇無業主３２９万人の４割弱にも及ぶ数である。そうした人々の多くは、一つの会社や企業グループからの受注に依存しているため、特定の企業に縛られずに、働く時間も仕事の進め方も自分で決められるといった働き方をしているわけではないとのことであるから、雇われないで「働く」ことのメリットを享受しているとは思えない。一方での雇用者社会の広がりのなかで、他方ではそれとは一見逆の動きにも見える「個人請負」という働き方が広がっていることにも注目しておかなければならない。

5　雇われて「働く」こと――非正規雇用者の世界

今度は、雇われて働く人々である雇用者の方に目を転じてみよう。ここで注目されるのは、俗に言う「就業形態の多様化」の動きである。正規の職員・従業員以外に、パート・アルバイト、労働者派遣事業所の派遣社員、契約社員、嘱託などさまざまな就業形態で働く人々が増えてきているからである。「労働力調査」におけるそれぞれの働き方の定義を見ると、「正規の職員・従業員」（勤め先で一般職員あるいは正社員などと呼ばれている人）、「パート・アルバイト」（就業の時間や日数に関係なく、勤め先でパートタイマー、アルバイトまたはそれらに近い名称で呼ばれている人）、「労働者派遣事業所の派遣社員」（労働者派遣法にもとづく労働者派遣事業所に雇用され、そこから派遣される人）、「契約社員」（専門的職種に従事させることを目的に契約にもとづき雇用され、雇用期間の定めのある人）、「嘱託」（労働条件や契約期間に関係なく、勤め先で嘱託職員またはそれに近い名称で呼ばれている人）ということになる。派遣で働く人々を除けば、名称だけは違っているさまざまな就業形態に、そもそも厳密な定義などはないということなのかもしれない。このように融通無碍なところがいかにも日本的ではある。

そうなると、一般職員や正社員と呼ばれる「正規の職員・従業員」と、それ以外の人々すなわち非正社員に区分されていると理解した方が話はわかりやすい。では、正規雇用と非正規雇用は何を基準に区分されるのであろうか。これまでは、正規雇用は雇用契約期間に「定めのない」雇用であり、非正規雇用は「定めのある」雇用であるとされてきた。しかしながら、雇用というものを歴史的に見てみると、長期の継続性だけではなく、労使間における人的関係の存在やフルタイムの労働といった要素も備えていたと考えられる。そうであれば、伝統的な雇用からの乖離は、①臨時的な雇用（無期雇用→有期雇用）、②パートタイム雇用（フルタイム雇用→パートタイム雇用）、③使用者の分離（直接雇用→間接雇用）の三面からとらえることができる。

近年いわゆる人材ビジネスを介して活用されている派遣労働者や請負労働者などは③や①と、直接雇用されていてもパートやアルバイト、契約社員、嘱託などは②や①と深い関わりを持つことになる。わが国の場合、歴史的に見た出現の順序は、①の臨時工が１９５０年代に急増し、②のパートタイム労働者が１９６０年代以降今日まで増大し続け、そして③の派遣労働者が１９８５年の労働者派遣法の成立によって登場したのである。しかもこれら三面は、独立しても存在するが二重、三重に重なり合ってもいる。たとえば短時間の日雇い派遣で働くとすれば、①、②、③のすべてがあてはまることになる。極限にまで行き着いた非正規雇用と言えるだろう。

このように見てくると、「就業形態の多様化」とはじつは非正規雇用の多様化に過ぎないようにも思われるのであるが、にもかかわらず、非正規雇用に対する批判を内在させた正規―非正規の枠組みでは人材活用の実態を見誤るといった見解も存在する。労働法の世界では、非正規雇用は非典型雇用として論じられているのであるが、典型―非典型の枠組みであれば、わが国における人材活用の仕組みがもたらしている問題点が誤りなく認識されるというわけでもなかろう。役員を除く雇用者の４割にも及ぼうとする非正規雇用の野放図な拡大は、まぎれもなくコスト削減のためなのであり、非正規雇用が非典型雇用に包摂されえない日本的な現実こそが、直視されなければならないのではあるまいか。

非正規雇用の増大を批判する議論に対するもうひとつの反論は、非正規雇用の多くが労働者サイドの自発的な選択によって増大しているというものである。確かに、「働く」のかそれとも「働かない」のかを選択できる立場にいて、自発的に非正規雇用を選択している人々がいることを否定はしない。しかしながら、生きるために仕事を求めている人であれば、それがどれほど仕事に値しないようなものであったとしても、それしかなければその仕事に飛び付く。そしていったん働き始めれば、そうした仕事でさえ失うことに不安を感じるようになる。ネットカフェに寝泊まりし、日雇い派遣で生きる人々の場合などは、まさにそうであろう。だがそうした状況を、彼らは日雇い派遣を自発的に選択し、日雇い派遣という働き方を維持したいと考えているのだと解釈するのであれば、何をか言わんやである。研究者としての退廃であると言う他はない。

多様かつ大量に出現した非正規雇用の実態を、直近のデータで確認しておこう。役員を除く雇用者総数5154万人のうち、正規雇用者が3340万人を占め、残りの1813万人が非正規雇用者である。役員を除く雇用者総数に占める非正規雇用者の割合である非正規雇用者比率は35・2％となっているので、よく知られているように雇用者の3人に1人を超える人々が非正規雇用で働いていることになる（2012年の「就業構造基本調査」によれば、非正規雇用者数は2000万人を超え、非正規雇用者比率は38・2％に達している）。この非正規雇用者数と非正規雇用者比率は、当時の日経連が「新時代の『日本的経営』」を提唱した1995年には874万人、18・9％であったので、その後20年ほどの間に人数にして939万人、率にして16・3ポイントも増加したことになる。「長期蓄積能力活用型」や「高度専門能力活用型」と並んで、「雇用柔軟型」をこれからの雇用のあるべき姿の一つとして位置づけ、新たなビジネス・モデルのもとでふんだんに活用してきた結果でもあろう。そこから浮かび上がってくるのは、以下のような興味深い現実である。

まず第一に言えることは、男性の非正規雇用者比率や若年層の非正規雇用者比率が高まってきていることであろう。非正規雇用者比率は、性や年齢によって大きく異なっていることはよく知られている。非正規雇用者総数に占める女性の比率は68・8％であるから、現在でも非正規雇用者が女性に集中していることは間違いないが、1995年時点では78・1％であったので、この間の変化という点では、非正規雇用者総数に占める男性の比率の上昇が注目される。また年齢別の非正規雇用者比率を見ると、男性の15～24歳層では先の35・2％を大きく上回って41・6％にも達している。若者の場合、男女とも非正規雇用者のほとんどはフリーターで働いている。こうした現実からもわかるように、中卒や高卒の若者たちの多くは、初めから非正規雇用者として労働市場に参入していくのである。

第二に指摘できることは、非正規雇用者の内部構成が大きく変化したことである。「労働力調査」によれば、パート・アルバイトが1241万人（役員を除く雇用者全体に占める割合は24・1％、以下同じ）、派遣労働者が90万人（1・7％）、契約社員・嘱託が354万人（6・9％）、その他が128万人（2・5％）なので、非正規雇用者の68・5％をパート・アルバイトが占めており、依然として多数派であることに変わりはない。だが非正規雇用者に占めるパート・アルバイト比率は、1995年には82・4％にも達していたことからすると、この間パート・アルバイト以外の非正規雇用者が急増して、そのタイプ（正確に言えば名称）が多様化したことは明らかである。パートは主婦、アルバイトは学業途上の若者の仕事としてイメージされてきたため、それ以外の非正規雇用者が個々の企業ごとに多様な名称で呼ばれているのであろう。契約社員や嘱託もそうだが、その他が128万人もいるのはそのためである。

第三の特徴としては、不本意（あるいは非自発的）な選択の結果非正規雇用者となった者、つまり、正規雇用で働きたかったが長期のデフレ不況で正規雇用者に対する労働需要が減少したために、やむを得ず非正規雇用者として働いている者が増えているということである。そのような非正規雇用者はいったいどのくらいいるのであろうか。2013年の「労働力調査」（1〜3月期平均）によれば、非正規雇用者のうち、非正規雇用で働いている理由として「正規の職員・従業員の仕事がないから」と答えた不本意型の人々は348万人に達し、非正規雇用者の19・9％を占めている。「労働力調査」にこうした調査項目が盛りこまれ、結果が公表されたのは今回が初めてであるが、それだけ不本意な非正規雇用者の増大が注目されているからであろう。こうした人々は、男性では171万人で31・1%を占めたが、女性の場合は自発的なパートタイム労働者が比較的多いこともあって14・8%にとどまっている。しかしそれにしても、これだけの人々がやむをえず非正規雇用で働いていることを忘れてはなるまい。

6 「働けない」こと——失業者の世界

雇われて働くのか雇われないで働くのかは別として、就業者という働いている人々のことをみてきたので、次に「働けない」人々のことを取り上げてみよう。ここで「働けない」人々というのは、働きたいと思っているにもかかわらず「働く」ことができない状態にいる人々をさしている。誰もがすぐに思い浮かべるのは失業者であろう。毎月月末には前月の失業者数や失業率が公表されるが、その数字は完全失業者や完全失業率と呼ばれる。というのは、仕事をしていない人々が失業者なのではなく、職探しをしているにもかかわらず仕事を見つけられない人々のみが失業者とされ、失業率が算定されているからである。そのために、公表されている数字は完全失業者であり完全失業率と称されることになる。もう少し正確に紹介しておくと、完全失業者の定義は次のようになる。①仕事がなくて、②調査期間中（月末の1週間）に少しも仕事をしなかった者のうち、③就業が可能で、④これを希望し、⑤かつ仕事を探していた者および、⑥仕事があればすぐつける状態で、⑦過去におこなった求職活動の結果を待っている者（このうち主要な指標となっているのは①と③と⑤である）のことである。

現に働いている就業者は、たとえいやいやながら働いていたとしても、働く意志を持っているとみなされているのであるが、完全失業者も職探しをしているのであるから、就業者と同様に働く意志を持っている人々ということになる。この両者を合わせた人々は労働力人口と呼ばれており、労働力人口に占める完全失業者の割合が完全失業率ということになる。２０１２年の完全失業者数は２８５万人であり、完全失業率は４・３％である。この完全失業者のなかには、長期にわたって失業している者もいる。失業期間が1年以上に及ぶ完全失業者を長期失業者と呼んでいるが、その数は１０７万人にも達する。いったん「働けない」状態になると、働きたいと思っていても再び「働く」ことがなかなか簡単ではないことがわかる。

この２８５万人もの職を求めている人々は、いったいどのようにして職を失ったのであろうか。求職の理由を見ると、「非自発的な離職による」者は１１３万人（このうち「勤め先や事業の都合」による者が80万人、「定年または雇用契約の満了」による者が33万人）、「自発的な離職による」者（自分または家族の都合により前職を離職した者）が１０１万人、「学卒未就職」者（学校を卒業して新たに仕事を探し始めた者）が16万人などとなっている。非自発的な離職か自発的な離職かを問わず、「仕事を辞めたため」に新たな仕事を探している人々は２１４万人にのぼるのであるが、彼らが前職を離職した理由を見ると、そのなかには、「人員整理・退職勧奨のため」が27万人、「会社倒産・事業所閉鎖のためが21万人、「事業不振や先行き不安のため」が15万人いる。何とも厳しい現実である。

２０１２年の労働政策研究・研修機構の調査によれば、最近5年間で正規雇用者に「退職勧奨」（経営側が、労働者に自ら退職するよう求めること）を実施した企業が16・4％あり、その割合は企業規模が大きいほど高く、１０００人以上規模では30・3％にのぼったという。非正規雇用の拡大が長期雇用慣行を揺るがせただけではなく、この間拡がってきた正規雇用者への「退職勧奨」もまた、その揺らぎに拍車をかけているようにも思われる。「追い出し部屋」に押し込められて企業内では「働く」ことができなくなった人々が、やむをえず「自発的」に会社を辞めて、完全失業者という眼に見える「働けない」人々へと移行していくのである。「自発的な離職による」失業者のすべてを、何か本人の自由な意思にもとづいて離職した人々ででもあるかのようにとらえるのは危険である。

ところでもしかすると、「自発的な離職」によって完全失業者となった人々は、雇用保険を当てにして仕事を辞めたり、仕事を選り好みしている人々なのではないかと考える人がいるかもしれない。だが果たしてそうだろうか。無味乾燥な仕事内容、劣悪な労働条件、見えない将来展望などが、「働く」人々を「働けない」人々にしている可能性は十分にある。完全失業者は仕事を失っても雇用保険を受給しているはずだと思っている人が多いかもしれないが、実際はまったく違う。厚生労働省の「雇用保険事業年報」によると、２０１２年度の雇用保険の実受給者数は62万5千人であるから、完全失業者に占める割合は22％にとどまり、完全失業者の

8割近くの人々は、雇用保険を受給することができないまま職を探していることになる。非正規雇用者として働いていて現在職を探している人々の多くは、そのような人々なのである。

「働けない」人々の数の大小は経済活動の現況を示す一指標であるが、同時に、そうした人々を少なくしていくことは経済活動の最終的な目標（政策目標としての完全雇用）でもある。そのために、完全失業率の動向には大きな関心が払われるのであるが、この完全失業率とともに、労働力の需給バランスを示すもうひとつの大事な指標となっているのが有効求人倍率である。この数値は、公共職業安定所（ハローワーク）をつうじて仕事を探している求職者一人について、企業側からの求人数がどれだけあるかを示したものである。したがって、求人数を求職者数で除した値が、1より大きければ求職者よりも求人数の方が多く、1より小さければ求職者数よりも求人数の方が少ないということになる。ちなみに、「有効」の意味は、求人や求職の申し込みには有効期限（通常2カ月）があるので、その効力が存続しているもののみに限定して倍率を算定しているからである。

この有効求人倍率についても、完全失業率とともに毎月月末に前月の数値が公表されている。2012年平均の有効求人倍率は0・80倍であったが、この倍率には注意が必要である。何故かというと、ここでの求人数には正規雇用者だけではなく非正規雇用者も含まれており、後者の人数の方がかなり多いからである。2013年7月の有効求人倍率が0・94倍となったことを受けて、安倍首相はアベノミクスの大きな「成果」でもあるかのように語ったが、「正社員有効求人倍率」（正規雇用者の有効求人数をパートタイムを除く常用の有効求職者数で除して算出したもの）は０・54倍にとどまっており、この倍率は内閣発足時の昨年12月には０・53倍であったから、ほとんど動いていないのである。先にふれたように、不本意ながら非正規雇用で働いている人々が３４８万人もいることを踏まえると、非正規雇用者を込みにした有効求人倍率の動向でもって雇用環境の改善を喧伝するのは、何とも早計に過ぎるだろう。それと同時に、非正規雇用の求人も含めて０・93倍だということは、「その気になって探せば何かしら仕事はあるはずだ」といった巷の俗説が、思い込みに過ぎないことをも示している。

完全失業者となった人々がなかなか仕事を見つけられないでいることは先にふれたが、では彼らはどんな理由で仕事を見つけることができないのであろうか。「希望する種類・内容の仕事がない」と答えた者が81万人ともっとも多く、「求人の年齢と自分の年齢とがあわない」が47万人、「条件にこだわらないが仕事がない」が30万人と続いている（この他には、「勤務時間・休日などが希望とあわない」が28万人、「自分の技術や技能が求人要件にあわない」が22万人、「賃金・給料が希望とあわない」が19万人などとなっている）。完全失業者２８５万人のうち、正規雇用の仕事を探している人々が１５６万人（男性１１０万人、女性46万人）もいるし、いても当然なのであるが、そうした仕事はなかなか見つからないのである。

過去1年間に離職した完全失業者１０９万人のうち、前職が正規雇用者であった人々は47万人おり、こうした人々は再び正規雇用の仕事を探そうとするのであるが、それが見つけられない場合は、不本意ながら非正規雇用へと向かっていかざるをえない。こうした不本意ながら非正規雇用で働く人々は、統計上の完全失業者には数えられていないのだが、実質的には半ば失業者とみなすべきなのかもしれない。これらの人々は潜在失業者とも呼ばれており、働いているが故に、統計上は完全失業者からは除外されているのであるが、こうした人々の存在によって、わが国の失業率が低められていることを忘れてはならないだろう。非正規雇用者が増えていけば、完全失業率は下がる（あるいは上がらない）のである。わが国の失業率はそれほど高くないといった言説は、何とも危ういのではなかろうか。

7 「働かない」こと——非労働の世界

「働く」人々と「働けない」人々のことを見てきたので、最後に「働かない」人々のことを取り上げてみよう。先に見たようにわが国の総人口は1億2751万人であるが、そのうち「働く」ことが可能なのは、15歳以上の1億1098万人である。この1億1098万人は、働く意志を持った人々（働いている就業者と職を探している完全失業者）と、そうした意志を持たない人々に分けられる。働く意志を持った人々のことを労働力人口と呼び（15歳以上人口に占める労働力人口の割合が労働力率である）、そうした意志を持たない人々、つまり、仕事もしていないし探してもいない人々のことを非労働力人口と呼んでいる。２０１２年の非労働力人口は4534万人であるが、男性が1531万人なのに対し女性が2975万人なので、「働かない」人々は大きく女性に偏っていることがわかる。

「働かない」人々の多くは、学業に専念する学生や家事・育児・介護に専念する主婦、病気や怪我などで「働けない」人々、高齢化して労働市場から引退した人々なので、非労働力人口は一見自発的に「働かない」ことを選択している人々ばかりのように見える。もしもそうであれば「働かない」ことに特段の問題もないのだが、現実はそう単純ではない。非労働力人口4534万人のうち、就業を希望していない人々（就業非希望者）は4029万人で9割近くを占めているが、417万人もの人々は、求職活動はしていないものの「働く」ことを希望している人々（就業希望者）なのである。つまり、「働かない」という選択をしたように見える人々のなかに、働きたいという希望を持った人々が含まれていることに注目すべきだろう。

ではなぜ彼らは働きたいという希望を持っていたにもかかわらず、求職活動をしなかったのであろうか。就業希望者417万人のうち、「適当な仕事がありそうにない」という理由をあげた人が142万人おり、「家事・育児のため仕事が続けられそうにない」が98万人、「健康上の理由」が66万人となっている。ここで気になるのは、「適当な仕事がありそうにない」という理由の中身であろう。内訳を見ると、「勤務時間・賃金などが希望にあう仕事がありそうにない」が51万人、「近くに仕事がありそうにない」が26万人、「自分の知識・能力にあう仕事がありそうにない」が19万人、「今の景気や季節では仕事がありそうにない」が14万人という結果である。

「適当な仕事がありそうにない」という理由で求職活動をしなかった就業希望者142万人のうち、「仕事があればすぐつける」と答えた人は54万人おり、さらにそのうち「過去1年間に求職活動をしたことがある」人は37万人いる。この37万人（もう少し広くとれば54万人）の人々は、求職活動をしていなかったので、統計上は非労働力人口にカウントされているとはいうものの、かなりの程度完全失業者に近い人々だと言わなければならない。「働く」ことを希望しながらも、適当な仕事がみつかりそうもないことから求職活動を諦めた人々を、「求職意欲喪失者」と呼んでいるが、こうした人々も潜在失業者に加える必要があるだろう。学生諸君の中にも、就活という求職活動を続けても就職先が決まらないために、一時就活を中断したりすることも見受けられるが、求職意欲喪失者とはそうした人々なのである。「働かない」人々のすべてが働きたくない人々なのではない。

それともう一つ、非労働力人口の動きで注目されるのは、俗にニートやひきこもりと呼ばれたりする若年無業者の動向である。「労働力調査」では、15〜34歳の非労働力人口のうち、家事も通学もしていない人々を若年無業者と呼んでいるが、その数は63万人にも達する。これらの人々は、当該年齢層の人口2733万人の2・3％を占めている。年齢別の内訳を見ると、15〜24歳層が26万人なのに対し、25〜34歳層は37万人と多い。彼らの加齢が進行した結果である。こうした人々に対して、就業意欲を失ったやる気のない若者であるとの批判的な眼差しが向けられがちであるが、そうした批判はいったいどこまで当たっているのであろうか。

紙幅の関係で詳しくはふれられないが、関連の調査を眺めれば次のことは言えそうである。働いている若者と比較すると、ひきこもりやそれに近い若者の職業観が「働く」ことに対して否定的な傾向を示していることは間違いないものの、その違いはあくまでも相対的なものにすぎず、働いている若者のなかにも「働く」ことに対して否定的な回答が、逆にひきこもりの若者のなかにも「働く」ことに対して肯定的な回答が、ともに無視できない割合で存在するのである。加えて指摘しておけば、正規雇用で働いた経験のある者は少ないものの、ひきこもりの若者の約7割は過去に働いた経験がある。こうしたことからもわかるように、ひきこもりの若者は就労意欲を喪失している、あるいは最初から持っていない、などとはとても言えないのである。

厚生労働省の「ニート調査」(2007年)や内閣府の「ひきこもり調査」(2010年)も明らかにしているように、彼らは早期に離学したり、低所得家庭の出身者であったり、心身の疾病や障害を抱えていたり、社会的孤立の状態にあるなど、さまざまな困難を抱えている若者なのであり、中核部分は社会との関係性を断ち切られ、活動のレベルの低い状態にある若者であるが、多くは非正規雇用と失業と無業の間を行き来しているのである。彼らはフリーターとして「働く」若者でもあり、転職に失敗して「働けない」若者でもあり、求職意欲を失って「働かない」若者でもあるが、こうした若者にこそ手厚い支援の手が差し伸べられなければならないだろう。もしも彼らを放置すれば、貧困は固定化しさらには拡大して、社会的な統合は脅かされていくようにも思われる。「働かない」若者の実像から浮かび上がってくるのは、彼らに対する適切な就労支援の必要性である。社会的排除ではなく、パーソナル・サポートを通じての社会的包摂が求められていると言えよう。

8　まとめにかえて

「働く」ことを考えるためには、就業者、完全失業者、非労働力人口といったカテゴリーで人々を区分することが、最初のきわめて重要な作業となるはずである。こうした重要なカテゴリーの意味を理解しやすくするために、「働く」、「働けない」、「働かない」といった区分に置き換えつつ、それぞれの状態の内部に孕まれている雇用問題のあれこれを、思い付くままに俯瞰してみた。そんななかで浮かび上がってきたのは、人々にとって、「働く」、「働けない」、「働かない」といった状態は、思われているほど画然と仕切られているわけではなく、動いたり重なり合ったりずれたりしているということである。我が身に置き換えてもらえばわかりやすいはずであるが、現在働いていても、将来働けなくなったりあるいは働かなくなったりしないとも限らない。そうであるならば、どのような状態においても安定した生活が保障されてしかるべきであるようにも思われるが、現実はそうなってはいない。「働く」ことにも、「働けない」

ことにも、「働かない」ことにも、解決しなければならない問題が存在するからである。

働いている人々が生き生きと「働く」ことができない社会が不幸なだけではなく、働きたい人々が「働けない」社会も不幸であるし、さらに言えば、さまざまな事情で「働く」ことが困難な人々までもが、やむなく働かなければならない社会もまた不幸であろう。こうした三重の不幸を解消していくことによって、たとえどのような状態にあっても、差別されたり抑圧されることなく生きていくことのできる社会に接近していくことが重要なのであり、そうした視点こそが、これからの雇用と生活をめぐる政策に求められているものなのではなかろうか。そのためにも、「働く」こと、「働けない」こと、「働かない」ことを対立した関係のなかでとらえるのではなく、「働く」ことを基軸にしながら、相互に変動し浸透し合う関係としてとらえることが重要になってくるのである。

上述したことを言い換えてみよう。今日のように、長時間の慢性的な残業や過大なノルマをともなった働き方が「普通」の働き方になって、働き方のハードルが高められていくと、それ以外の働き方は「特殊」な働き方とされ、どうしても差別的にとらえられるようになる。それどころか、「働けない」人々や「働かない」人々に対しても冷ややかな眼差しがむけられたり、バッシングが行われるようにもなる。だとするならば、こうしたわが国における働き方をめぐるきわめて硬直的な二元構造を、ＩＬＯが提唱するディーセント・ワークの実現という視点から、あらためて見直してみなければなるまい。もうひとつの働き方としてのほどよい働き方が許容されるならば、「働けない」人々や「働かない」人々に向けられた社会の眼差しも変化していくかもしれない。そうした「社会の質」の変化こそが重要であり、そうした変化に媒介されて、人々の「生活の質」は改善されていくに違いない。

〈参考文献〉

小川登（1973年）『労働経済論の基本問題』ミネルヴァ書房

風間直樹（2007年）『雇用融解』東洋経済新報社

佐藤忠男（2006年）『映画が語る働くということ』凱風社

総務省統計局『労働力調査年報』2012年版

高橋祐吉（2013年）『現代日本における労働世界の構図』旬報社

田中萬年（2013年）『「職業教育」はなぜ根づかないのか』明石書店

西谷敏（2008年）『労働法』日本評論社

西谷敏（2011年）『人権としてのディーセント・ワーク』旬報社

横山源之助（1949年）『日本の下層社会』岩波書店

労働法制中央連絡会他編（2013年）『安倍「雇用改革」を切る！』学習の友社

脇田滋（2011年）『ワークルール・エグゼンプション』学習の友社

第4章　日本のワーク・ライフ・バランスの実情

——2007年以降の動向

鈴木奈穂美

1　ワーク・ライフ・バランスに対する関心の高まり

「イクメン」が流行語大賞にノミネートされ、「イクジイ」「ケアメン」といった次なる言葉まで登場している。育児や介護・看護を含む家事労働は女性が行うものという性別役割分業規範が根強いとされていた日本では、大きなトピックスといえる。「イクメン」とは、「子育てを楽しみ、自分自身も成長する男性のこと」[1]である。2010年度には厚生労働省雇用均等・児童家庭局で「イクメンプロジェクト」がスタートし、その年のユーキャン新語・流行語大賞のトップ10にも選ばれるほど、時代を標榜する言葉となった。この「イクメン」が派生して、「孫育てや地域の子どもと触れ合って地域貢献している元気な男性」[2]のことを「イクジイ」、家族の介護に積極的に取り組む男性を「ケアメン」（津止2013）というようになった。

このような動向がなぜ生じたのだろうか。従来、育児や介護は女性が行うという考えが根強く残っていた日本で、子や孫の育児や老親の介護をする男性が増えてきていることに対し、積極的に評価しようと社会的価値が変化したためである。2008年に実施したニッセイ基礎研究所「今後の仕事と家庭の両立支援に関する調査」によると、約3割の男性が育児休業の取得を希望している。これまで、育児をはじめとするインフォーマルケアへの日本人男性の関わり方をふまえると、低い割合とは言えないだろう。しかし、実際の育児休業の取得率は1・89%（2012年度雇用均等基本調査）にすぎず、希望と現実は大きく乖離している。そこででてきたのは、男性の育児休業取得を推奨する動きである。2010年6月に閣議決定された「新成長戦略」に、男性の育児休業取得率に関する数値目標を2020年までに13%に引き上げることが示され、国を挙げて取り組んでいるところである。さらに、企業が経営戦略の一環としてWLB支援施策に取り組むようになった点も、その充実の後押しをしている。事業主がWLB支援を「社員に意欲的に仕事に取り組んでもらうために不可欠な人材活用上の施策」として捉え、「時間生産性を向上させて、『メリハリのある働き方』への転換を目指す」という「人材マネジメントと働き方の改革」と位置付けるようになった（佐藤・武石2011）。

内閣府は、2007年に策定した「仕事と生活の調和（ワーク・ライフ・バランス）憲章」（以下、WLB憲章という）及び「仕事と生活の調和推進のための行動指針」（以下、WLB行動指針という）に基づく取り組みを加速するため、2008年度を「仕事と生活の調和元年」

図１　ワーク・ライフ・バランスに対する認知度

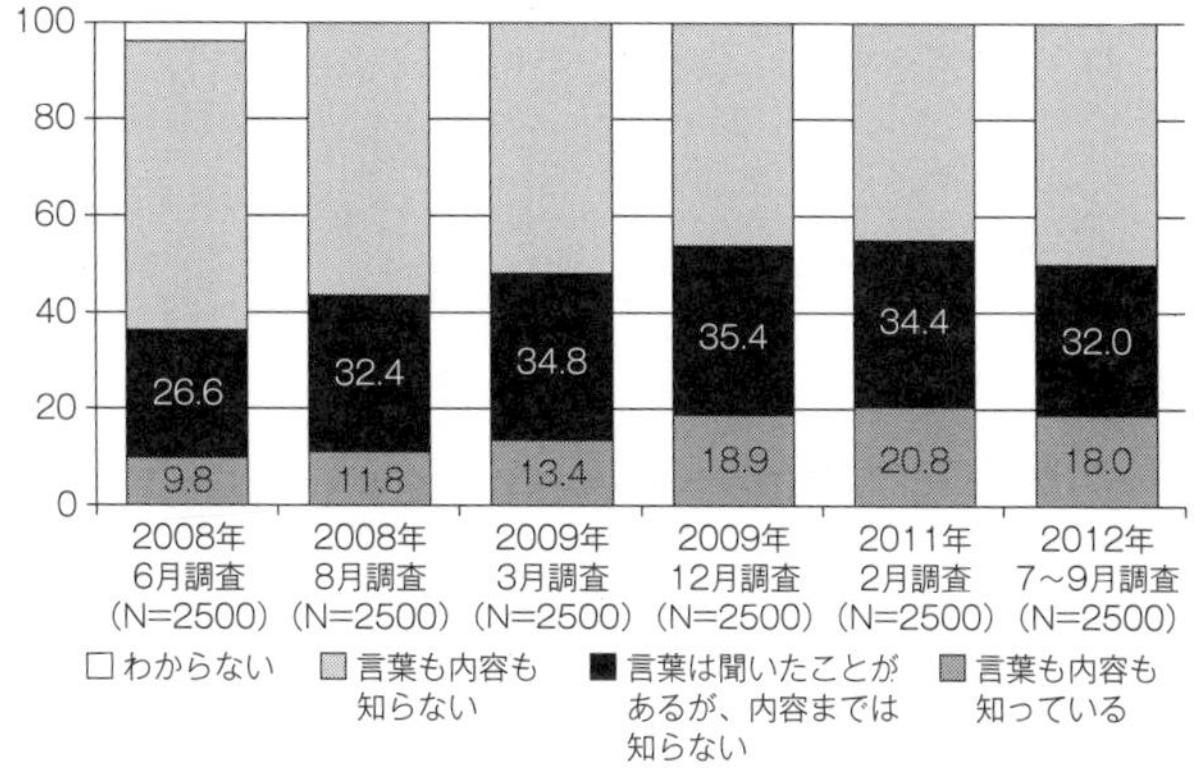

注：2008年６月調査では、「名前も内容も知っている」「名前は聞いたことがあるが、内容までは知らない」「名前も内容もしらない」「わからない」の４つの選択肢が設定されていた。

資料：

内閣府（2008ａ）「仕事と生活の調和（ワーク・ライフ・バランス）に関する特別世論調査」（平成20年６月調査）。

内閣府（2008ｂ）「仕事と生活の調和（ワーク・ライフ・バランス）に関する意識調査」（平成20年８月調査）。

内閣府（2009ａ）「仕事と生活の調和（ワーク.・ライフ・バランス）と顧客ニーズに関する意識調査」（平成21年３月調査）。

内閣府（2009ｂ）「仕事と生活の調和（ワーク・ライフ・バランス）と最近の経済情勢の影響に関する意識調査」平成21年12月調査）。

内閣府（2011）「仕事と生活の調和（ワーク・ライフ・バランス）の実現に影響を与える生活環境に関する意識調査」（平成23年２月調査）。

内閣府（2012）「東日本大震災後の『仕事と生活の調和（ワーク・ライフ・バランス）』に関する調査」（平成24年７～９月調査）。

とし、社会全体でのＷＬＢの推進に取り組んだ。２００８年１月に内閣府に仕事と生活の調和推進室を設置し、６月には「個々の取組の支援とそのネットワークの構築を推進するとともに、『憲章』と『指針』を一人でも多くの方」が理解し、社会全体での取組を推進すべく国民運動として一層効果的に推進するため、「カエル！ジャパン」キャンペーンを開始した。[3] このキャンペーンをはじめ、現在に至るまで国、地方自治体、企業などの取組の成果もあって、WLBの認知度は徐々に上がっている。2011年2月に内閣府が実施した調査結果では、WLBについて「言葉は聞いたことはあるが、内容までは知らない」が35％程度、「言葉も内容も知っている」が2割程度であった（図1）。

WLB憲章では、WLBが実現した社会を「国民一人ひとりがやりがいや充実感を感じながら働き、仕事上の責任を果たすとともに、家庭や地域生活などにおいても、子育て期、中高年期といった人生の各段階に応じて多様な生き方が選択・実現できる社会」と位置づけている。その上で、具体的に①就労による経済的自立が可能な社会、②健康で豊かな生のための時間が確保できる社会、③多様な働き方・生き方が選択できる社会を目指すべきとしている。これら3つの項目が1年前と比較してどのように変化したかと質問したところ、「良くなったと思う」と回答した割合はいまだ低い状況にある（図2）。また、「仕事」と「家庭生活」、「仕事」と「地域・個人の生活」、「家庭生活」と「地域・個人の生活」、「仕事」「家庭生活」「地域・個人の生活」をともに優先するというWLB型を希望する者が、男女ともに50％を超えているのに対し、現実となると男性は「仕事」優先、女性は「家庭生活」優先の割合が拡大している（図3）。したがって、WLBが実現した社会への途は半ばといえるだろう。

以上のように、現代の日本では、WLBに対し多くの人びとが関心を持ち、社会全体でWLBの推進に取り組んでいるにもかかわらず、その実現にまで至っていないのはなぜだろうか。

図２　ＷＬＢが実現した社会に向けての変化

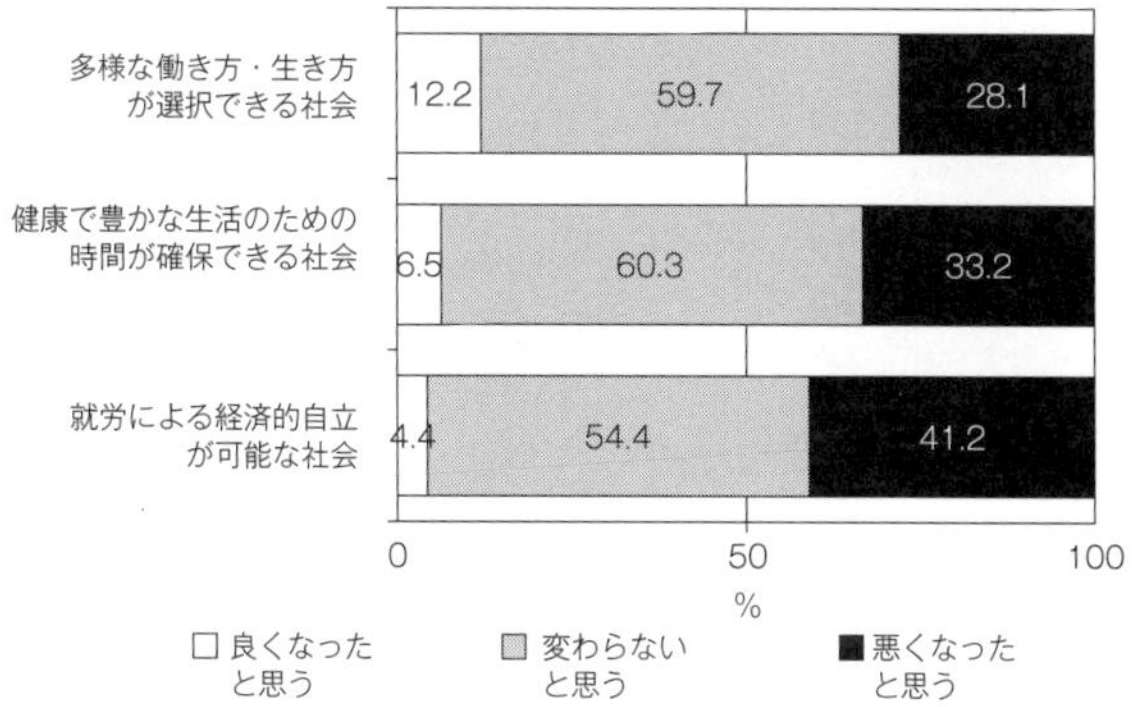

資料：内閣府（2012）「仕事と生活の調和（ワーク・ライフ・バランス）の実現に影響を与える生活環境に関する意識調査」。

図３　仕事と生活の調和に関する希望と現実

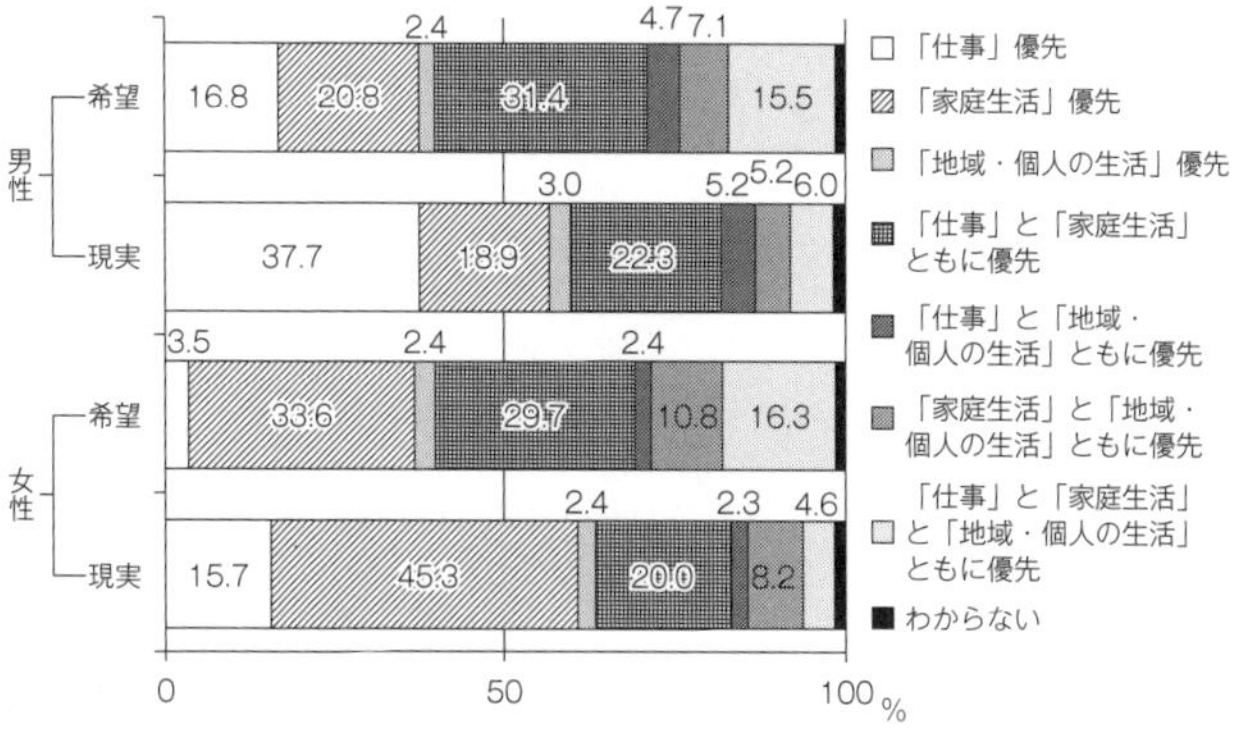

注：「生活の中での、「仕事」「家庭生活」「地域・個人の生活」（地域活動・学習・趣味・付き合い等）の優先度についてお伺いします。まず、あなたの希望に最も近いものをこの中から１つだけお答えください。」「あなたの現実（現状）に最も近いものをこの中から１つだけお答えください。」への回答。

資料：内閣府（2012）「男女共同参画社会に関する世論調査」。

この疑問に答えるため、本章では、２００７年以降のＷＬＢ推進施策の動向と事業主や労働者の取り組みとともに、ＷＬＢの実情とその実現を阻む障壁について把握していくことを目的とする。その上で、今後求められるＷＬＢ支援施策を検討していく。

本章の構成だが、まずＷＬＢがなぜ必要なのかを考えるべく、ＷＬＢが求められている理由を、人口減少時代の労働力の確保、非正規雇用者の増大がもたらした雇用劣化、各自が望む生活の実現に阻む障壁という3つの視点から考えていく。続いて、ＷＬＢに関するどのような支援施策が充実したかを検討するため、ＷＬＢ憲章及びＷＬＢ行動指針の概要をまとめた上で、改善された主たるＷＬＢ支援施策とＷＬＢ行動指針に定めている目標値の達成度を整理していく。最後に、今後のＷＬＢ分野で急務な施策について、どのような視点から求められているのかを検討する。

2　人口減少時代の労働力確保

イクメン、イクジイ、ケアメンの拡大や政府によるキャンペーンなど、固定的性別役割分業規範の強い日本で、性別を超えてＷＬＢを進めていこうという動きは、大きな変化といってもよい。このような変化が生じた社会的背景は何であろうか。

日本はグローバリゼーションの進展、経済の成熟化、低成長、財政の逼迫、人口の少子高齢化、人口の減少といった多数の課題に直面している。この折に、多くの人が仕事以外の生活を犠牲にせずに働き続けられ、企業は彼ら・彼女らの活躍で国際競争力を拡大していけるような労働力確保の方策を実践する時期を迎えている。これらの問題に総合的に取り組むには、これまでの社会的な規範（男性は仕事、女性は家庭など）にとらわれていては、抜本的な改善は望めない。そこで、育児や介護をしている者が就労との両立がはかれるよう、労働時間の削減や短時間勤務などの制度活用を促す両立支援を推進したり、仕事以外の生活を通じて多様な経験や知識を身に付けることで、成熟した経済の持続的成長につながる多様性（ダイバーシティ）をとり入れた創意工夫がなされるようになった。また、財政的な課題を抱えている社会保障制度や社会福祉サービスを安定的に運営していくため「共助」「互助」が活性化するよう地域・社会的活動のための時間を確保するなど、ＷＬＢの視点が求められる場面も拡大している（みずほ情報総研２０１３）。

日本の人口は２００５年の1億２７２９万人をピークに人口減少時代に突入した（図４）が、今後、労働力人口の激減が見込まれている。（独）労働政策研究・研修機構の推計によると、経済成長と労働参加が適切に進まない場合、働き盛りの世代（30～59歳）が２０１０年の４０７９万人から、２０２０年に３９０８万人、２０３０年には３５１４万人まで減じるという（図５）。また、働き始める世代（15～29歳）は２０１０年の１０８０万人から、９６０万人、８７３万人となる。一方、「日本再生戦略」を踏まえた高成長が実現し、かつ労働市場への参

図4　日本の人口の推移

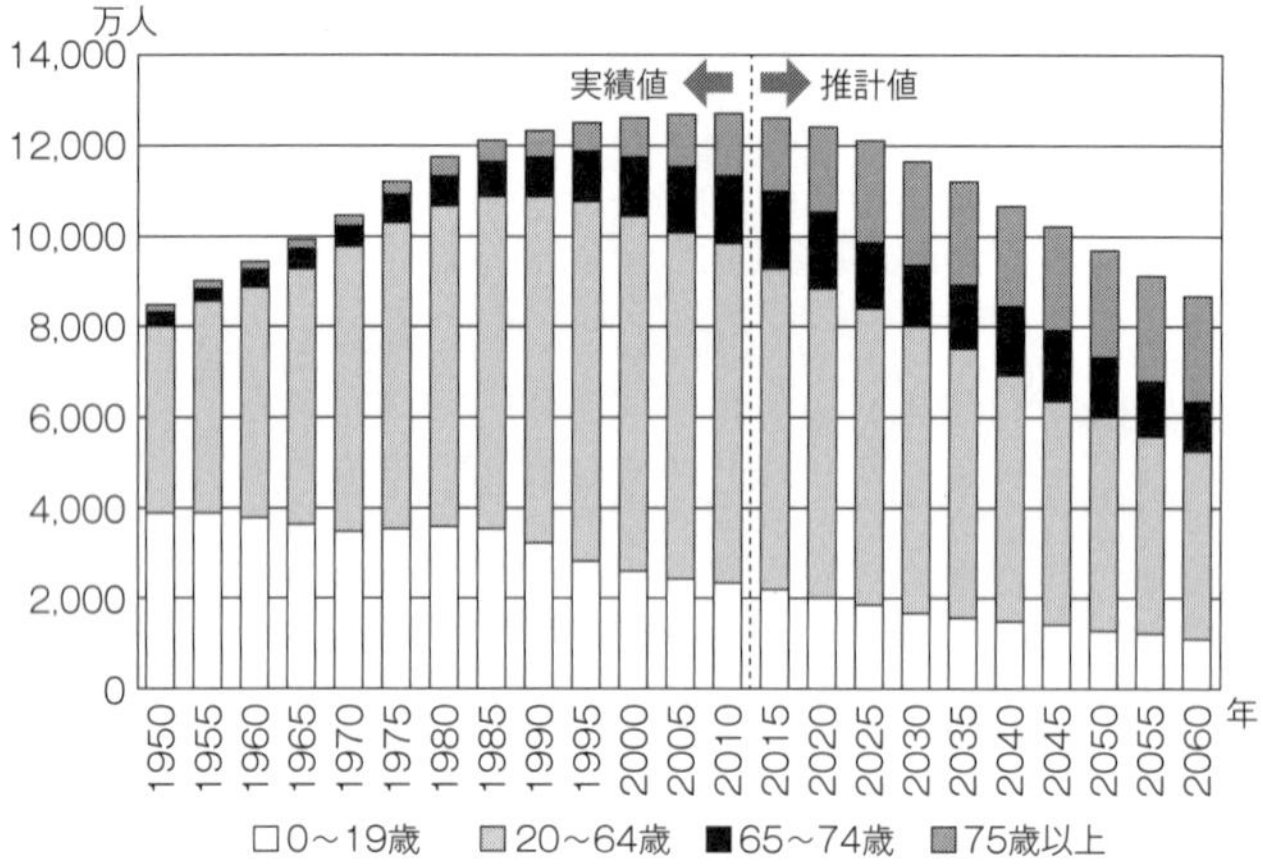

資料：1950～2010年…総務省「国勢調査」。
　　　2015年以降…国立社会保障・人口問題研究所「将来推計人口（平成24年１月推計）」の出生中位・死亡中位の仮定によって算出された推計結果。

加が進んだ場合、働き盛りの世代は４０５８万人、３７６３万人、働き始める世代は１００９万人、９６８万人と減少幅が抑制される。その上、これまで一般に退職時期とされていた60歳を超えて働き続けている人が増えていき、１２３０万人、１３５４万人となる見込みである。このような経済成長を維持しながら、労働市場への参加を進めるには、世代や性別などを超えて働き続ける環境を整えることが不可欠であり、最優先事項として取り組むべき課題であると考えられるようになった。このような考え方の拡大が、ＷＬＢ論への関心を高めている。

　では、労働力人口の減少を抑制するには、どのような対策が必要なのか。労働

図５　日本の労働力人口の推移

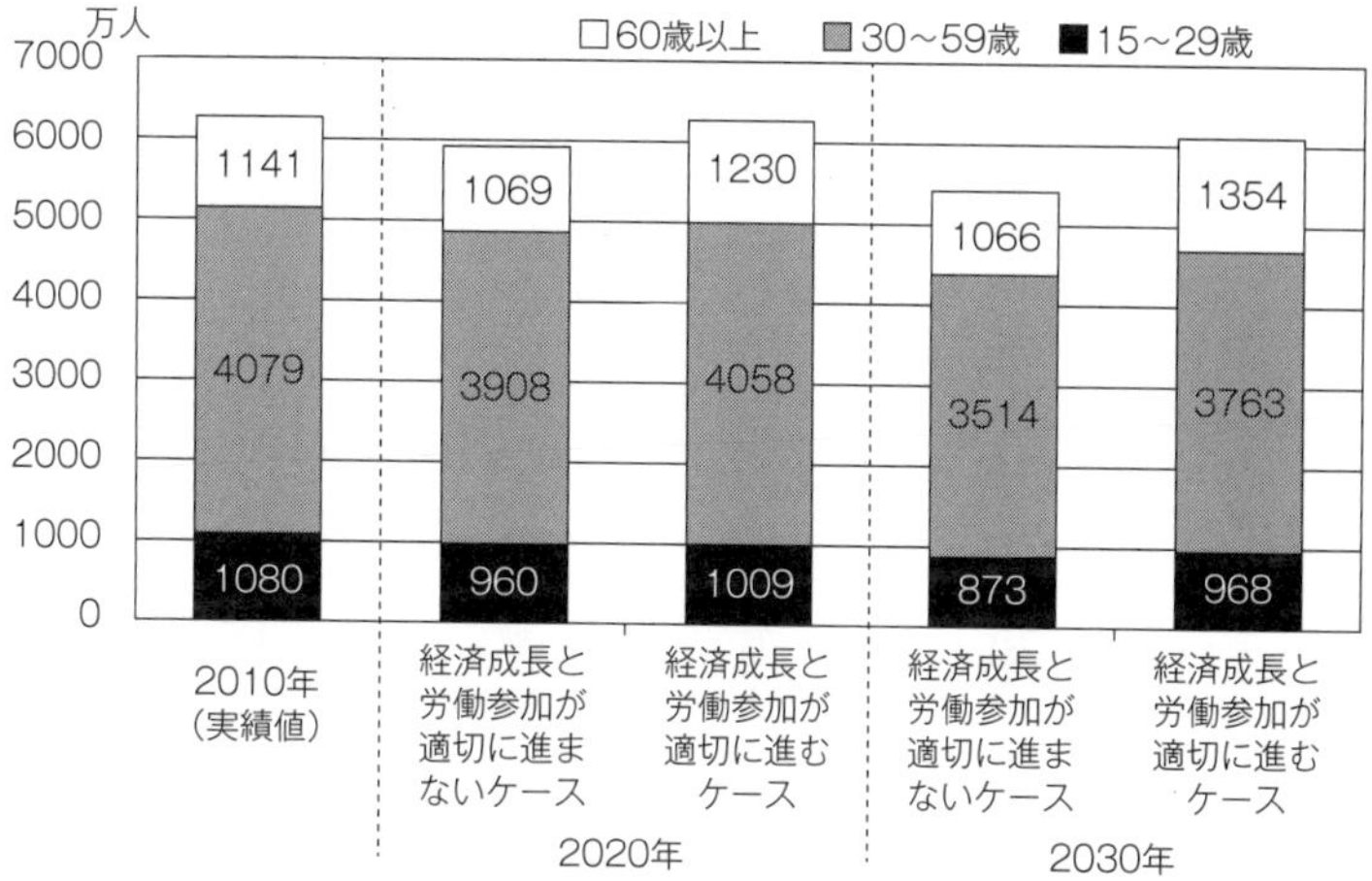

注：１）推計は、（独）労働政策研究・研修機構が、国立社会保障・人口問題研究所「日本の将来推計人口（平成24年１月推計）」等を用いて行ったもの。
２）経済成長と労働参加が適切に進むケース：「日本再生戦略」を踏まえた高成長が実現し、かつ労働市場への参加が進むケース。
３）経済成長と労働参加が適切に進まないケース：復興需要を見込んで2015年までは経済成長が一定程度進むケースと同程度の成長率を想定するが、2016年以降、経済成長率・物価変化率がゼロかつ労働市場への参加が進まないケース（2010年性・年齢階級別の労働力率固定ケース）。
資料：2010年実績値：総務省「労働力調査」（平成22年（新）基準人口による補間補正値）、2020年・2030年は（独）労働政策研究・研修機構推計。
出典：雇用政策研究会（2012）。

力人口減少の原因を中期と長期という時間軸に分けて説明していこう。

まず、中期的な労働力人口減少は、現在の労働市場に何らかの参入障壁があるため、現役世代が労働市場に参入できない、もしくは参入していても仕事以外の生活との折り合いがつかず、退出してしまうことで生じる。そこで、現在、労働力となりうる世代に対し、労働意欲の増進や昇進・昇格・登用などの機会の拡大などを図り、参入障壁を取り除くことが中期的な取組と考えられる。具体的には、女性や高齢者、障害者といったこれまで労働力市場への参入障壁が大きく、就労したとしても周辺労働者とされてきた人々を積極的に活用していくことがあげられる。男女共同参画社会やダイバーシティといった視点を盛り込んだ施策や、経営者と労働者双方がＷｉｎ－Ｗｉｎ関係を形成できるような業務の見直し、生産性の向上といった個別企業の取組などが行われている。

一方、長期的な労働力人口減少は、将来の労働力となる世代が減少することで生じるものである。そこで、将来の労働力となる世代の減少に歯止めをかける施策が必要となる。具体的には、少子化対策や次世代育成推進施策などが挙げられる。少子化対策は、「１・57ショック」以後、積極的に進められてきた領域であるが、制度上は男女の労働者を対象にしていたものの、利用者のほとんどは女性であり、女性の仕事と子育ての両立支援という意味合いが強かった。それが、男性の働き方の見直しを含めて論じられるようになり、さらに、次世代の労働力確保にむけ「子育ての社会化」を推進すべく、次世代育成推進施策としてその内容が拡充されている。そして、「子育ての社会化」を支えるため、地域社会が有している互助の力を活用しようと、ＮＰＯ法人や協同組合など民間非営利組織による保育サービスの提供を可能にするよう、国や地方自治体などが制度改正を行い、活動の活性化を図ろうとしている。

3　非正規雇用者の拡大がもたらした「雇用劣化」

１９９０年代後半以降、日本では非正規雇用者が拡大し、それと共にワーキングプアの存在が問題視されるようになった。また、正規雇用者の割合が低下していく中、彼ら・彼女らの職務が量・質ともに拡大していく一方で、非正規雇用者の基幹化も進んでいった。このような労働環境の変化を「雇用劣化」と表現されている（竹信２００９）。本来、労働の民主化が保障されていれば、雇用主と労働者が対等な関係で労働条件等の交渉が行われるものである。しかし、この労使間の対等な関係のほころびが拡大していく中で「雇用劣化」の進んだ。バブル経済崩壊後、経済成長の維持が困難となり、デフレ経済が進行したため、コスト削減や雇用柔軟性の確保など雇用主の事情が優先された。また、それを後押しするような制度改正（たとえば、１９９９年と２００４年の労働者派遣法の改正）やリーマンショックなどの経済情勢のあおりを受け、労働者にとっては、労働の量・質共に劣悪なものになってしまった。

「雇用劣化」の実態は、具体的にどのようになっているのであろうか。まず労働時間からみてみよう。厚生労働省「毎月勤労統計調査」によると、２００７年までの過去10年超、男性の総実労働時間は２０００時間前後で推移、女性は１９９６年の１７３０時間をピークにおおむね減少傾向にあったが、リーマンショック後の景気低迷のため、２００７年以降大きく減少

図６　週間就業時間が60時間以上の雇用者比率（年間就業日数が200日以上の者）

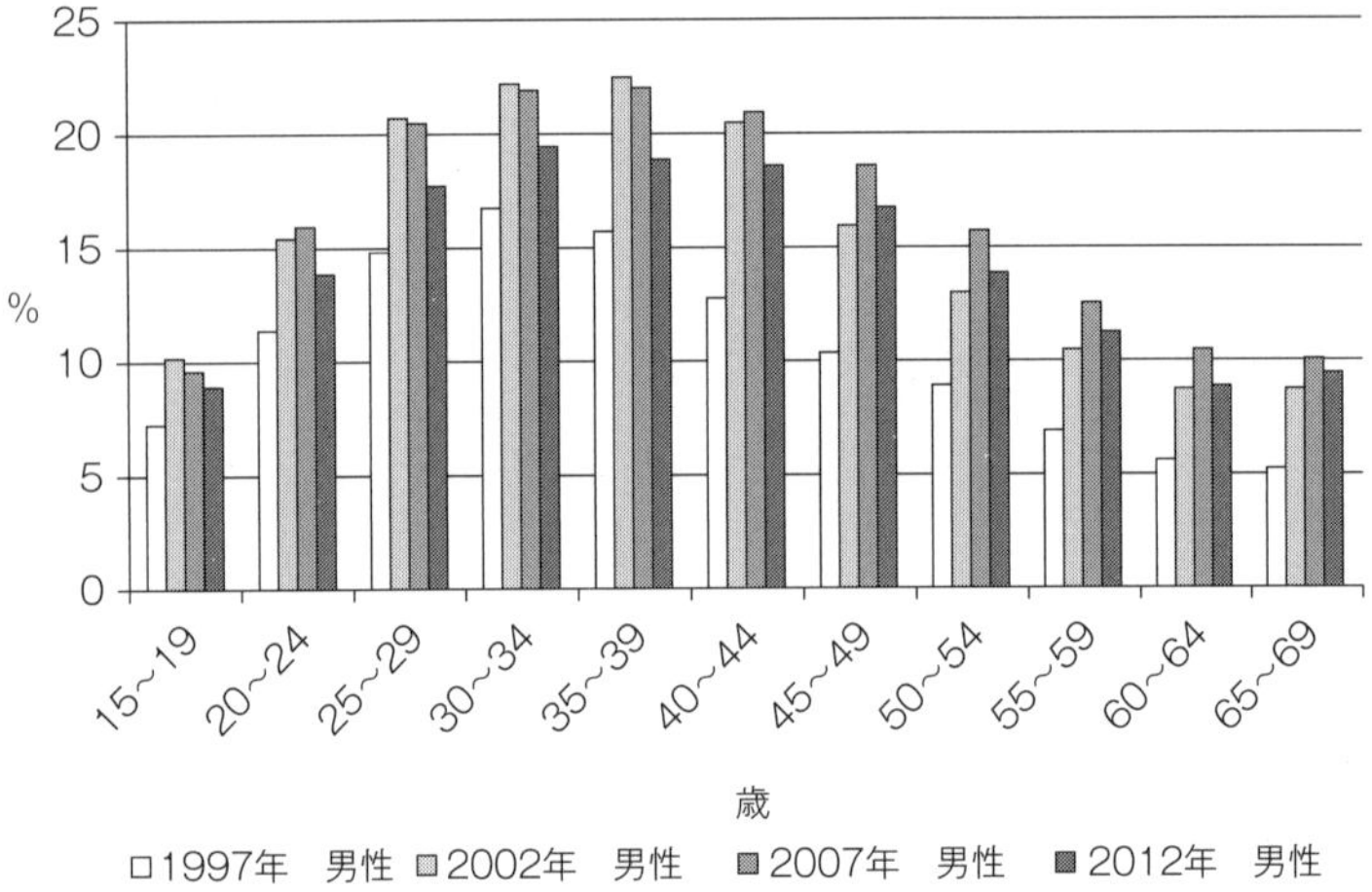

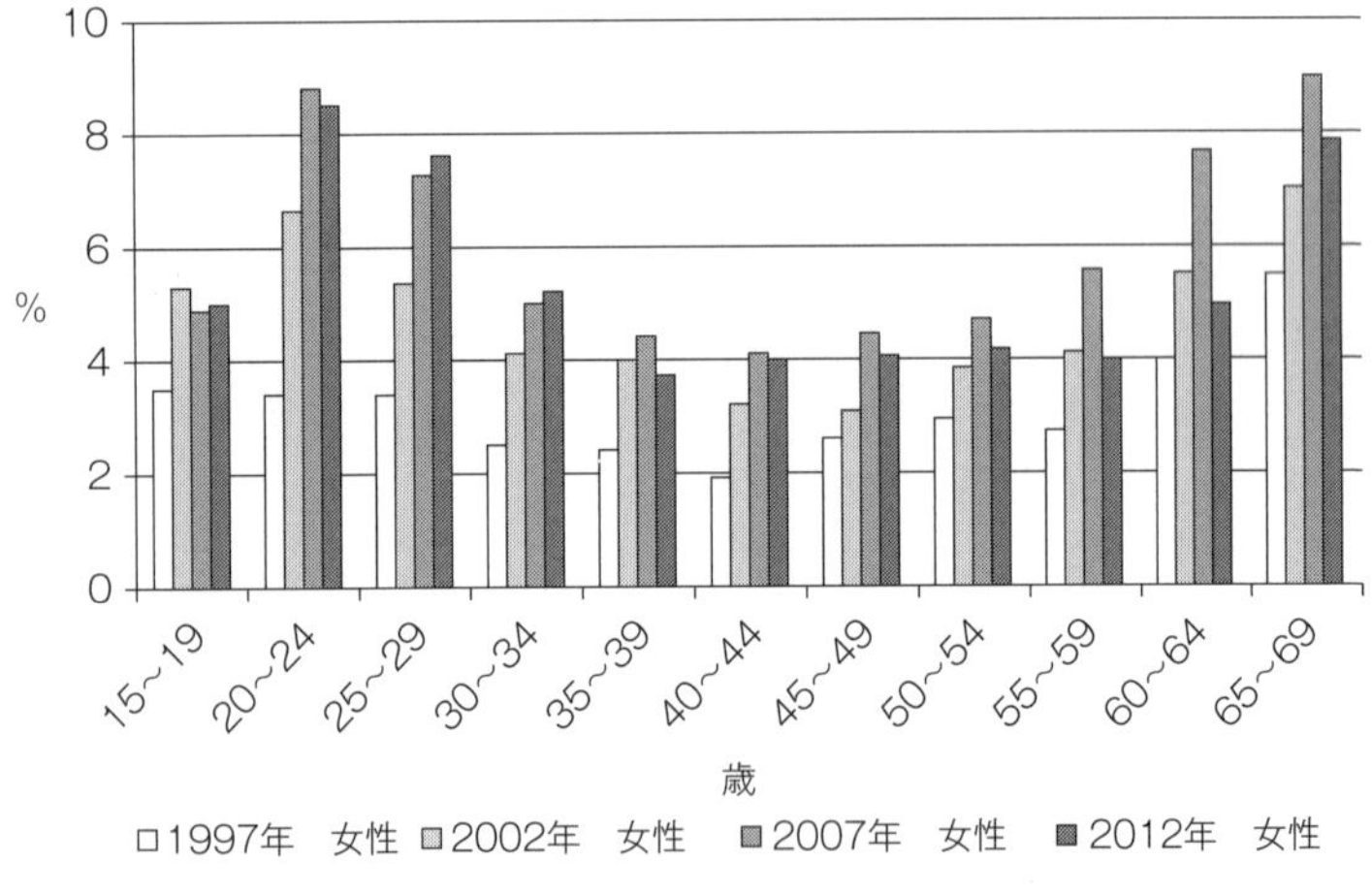

注：雇用者には「会社などの役員」を含む。
資料：総務省「就業構造基本調査」各年。

に転じた。男性もパートタイム労働者の割合が増加傾向にあるものの、週60時間以上就労している雇用者の割合が一定程度いるため、労働時間の二極化が進んだと考えられる。２００２・２００７年では、20歳代後半から40歳代前半にかけて、２割を超える男性雇用者が週60時間以上働いていたが、２０１２年にはその割合が減少している（図６）。一方、２００７年まで20歳以上の女性雇用者に占める週労働時間60時間以上の割合が増加していたが、さらに20歳代後半から30歳代前半では週60時間以上働いている雇用者の割合が２０１２年も増加していた。男性雇用者と比較すれば女性の長時間労働者の割合は少ないものの、パートタイム労働者の割合が高い女性において長時間労働者の割合が増加していることは、雇用形態に関わらず女性雇用者にも長時間労働が徐々に拡大していると考えられる。

女性のパートタイム労働者について話がでてきたので、ここで、非正規労働者の現状を概観しておこう。１９９０年代の後半から日本企業を取り巻く環境は急速な変化を遂げた。この間、企業はコスト削減の一環として非正規雇用者を積極的に活用したことで、非正規雇用者が急増した。２０１２年の就業構造基本調査では、会社などの役員を除く雇用者約５３５４万人のうち、非正規雇用者は約２０４３万人と、初めて２０００万人を突破した。その割合も38・２％と過去最高であり、男女ともに増加している（図７）。特に、パートやアルバイトとして働くことの多い女性では、非正規雇用者の割合が57・５％と半数を超えている。また、正規雇用者であった者が転職後に非正規雇用者になる割合も増加傾向にある。過去５年間に転職した者の

図7　雇用者（会社などの役員を除く）に占める非正規の職員・従業員比率の推移

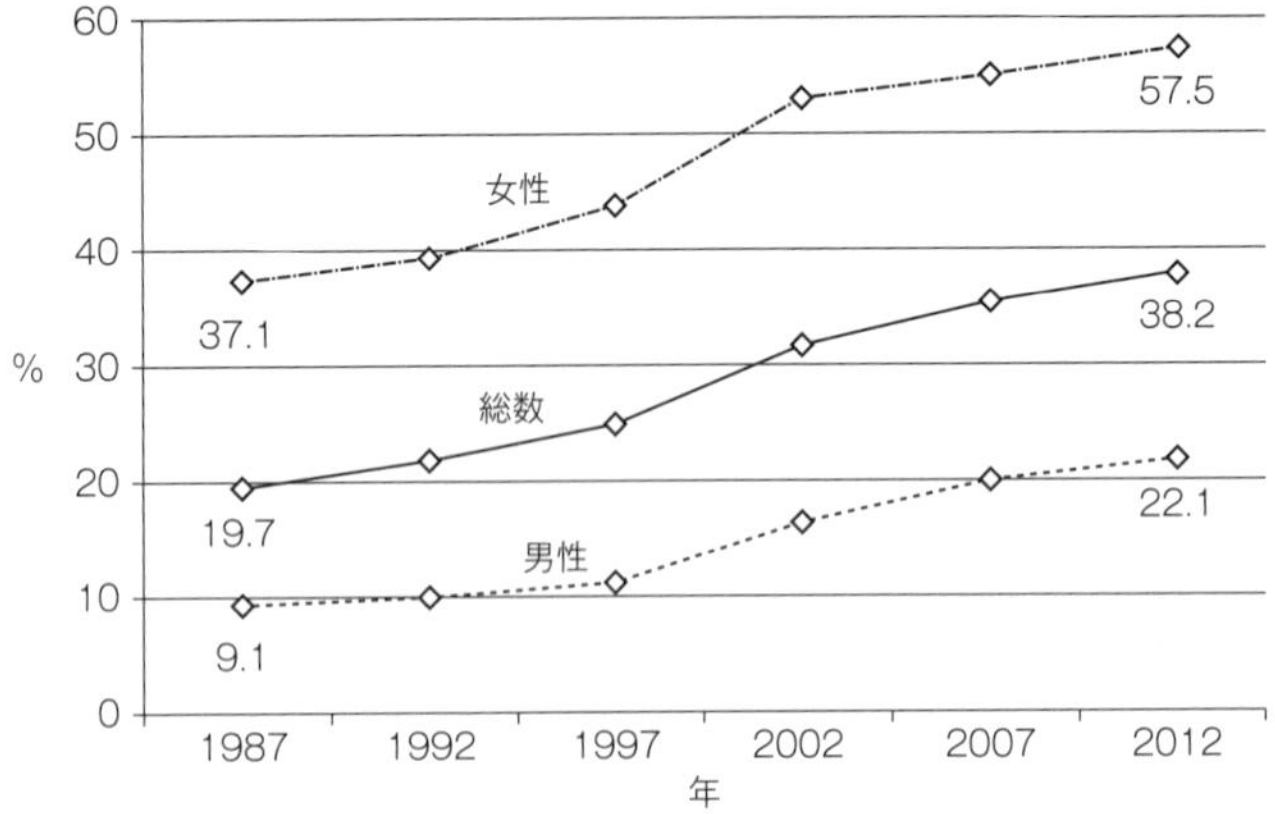

資料：総務省「就業構造基本調査」各年。

図8　転職前後の雇用形態の変化

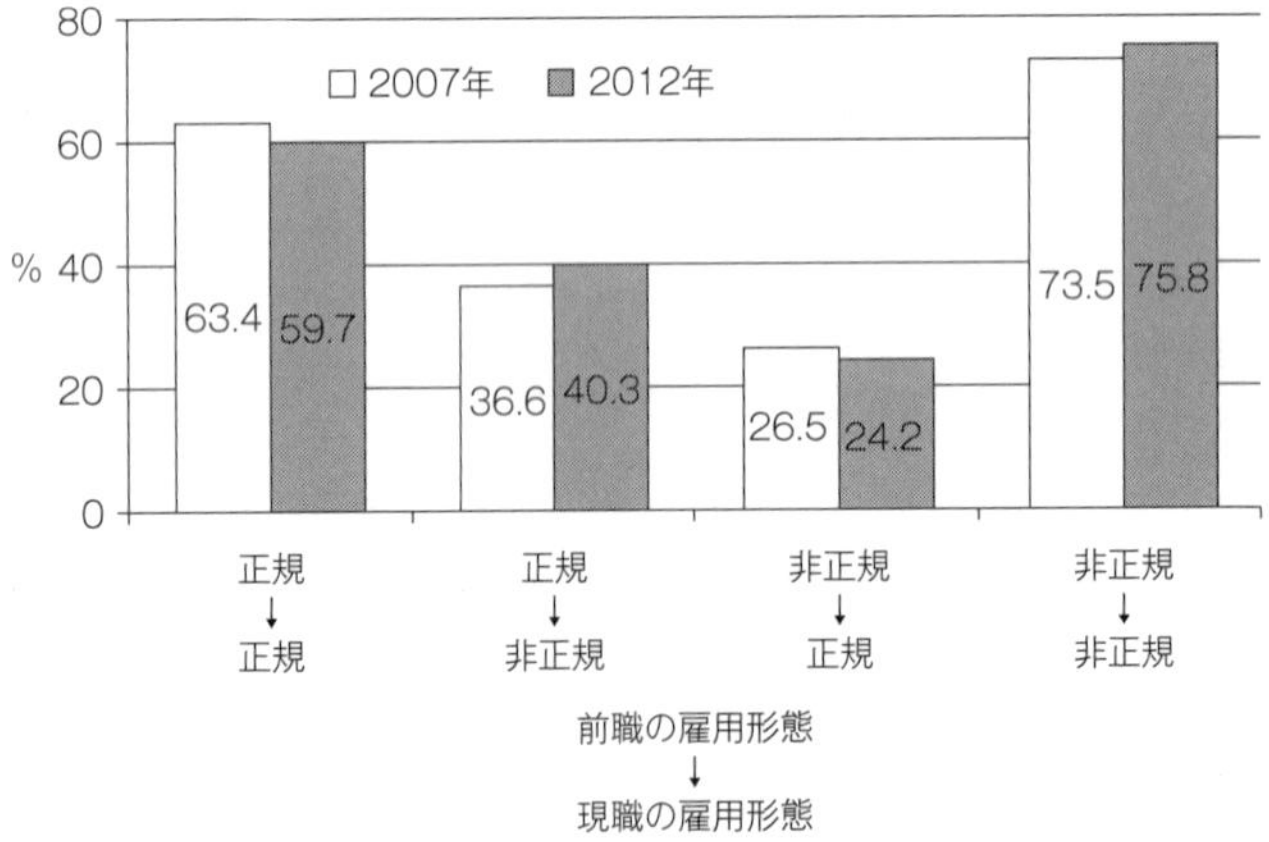

資料：総務省「就業構造基本調査」各年。

うち、転職前に「正規の職員・従業員」であった者の40・3%が「非正規の職員・従業員」になっていた（図8）。2007年調査と比較して、3・7ポイント上がっている。一方、「正規の職員・従業員」から「正規の職員・従業員」へ、「非正規の職員・従業員」から「正規の職員・従業員」への転職は減少している。

雇用の非正規化と共に、正規雇用者の割合が低下していくことは、非正規雇用者の基幹化という新たな傾向を生み出すことにもなった。非正規雇用者の大半はパート・アルバイトと短時間勤務を前提とした働き方である。特に女性は、雇用者全体の約4割がパート・アルバイトである（図9）。にもかかわらず、週間就業日数200日以上の雇用者のうち、週間労働時間43時間以上のパート・アルバイトは男性31・9%、女性11・1%となっており、法定労働時間である週40時間を超えて働いている者がいることがわかる（図10）。また、雇用主が非正規雇用者に任せる仕事内容について、量・質共に増加（「増加した」と「どちらかというと増加した」の合計）した企業も一定程度あった（図11）。

さらに、雇用者の貧困化という現象も進んでおり、特に女性雇用者の貧困問題が顕著となっている。国税庁「民間給与の実態調査」（2012年）によると、年間の給与所得が200万円以下の給与所得者（1年を通じて勤務した者）は男性10・8%、女性43・5%であった。ワーキングプアの明確な定義はないものの、一般に年収200万円というラインが用いられる（日本労働組合総連合会2011など）。便宜的にこの年収以下の労働者層をワーキングプアとし

図9　雇用者（役員を除く）に占める非正規の職員・従業員の割合の推移

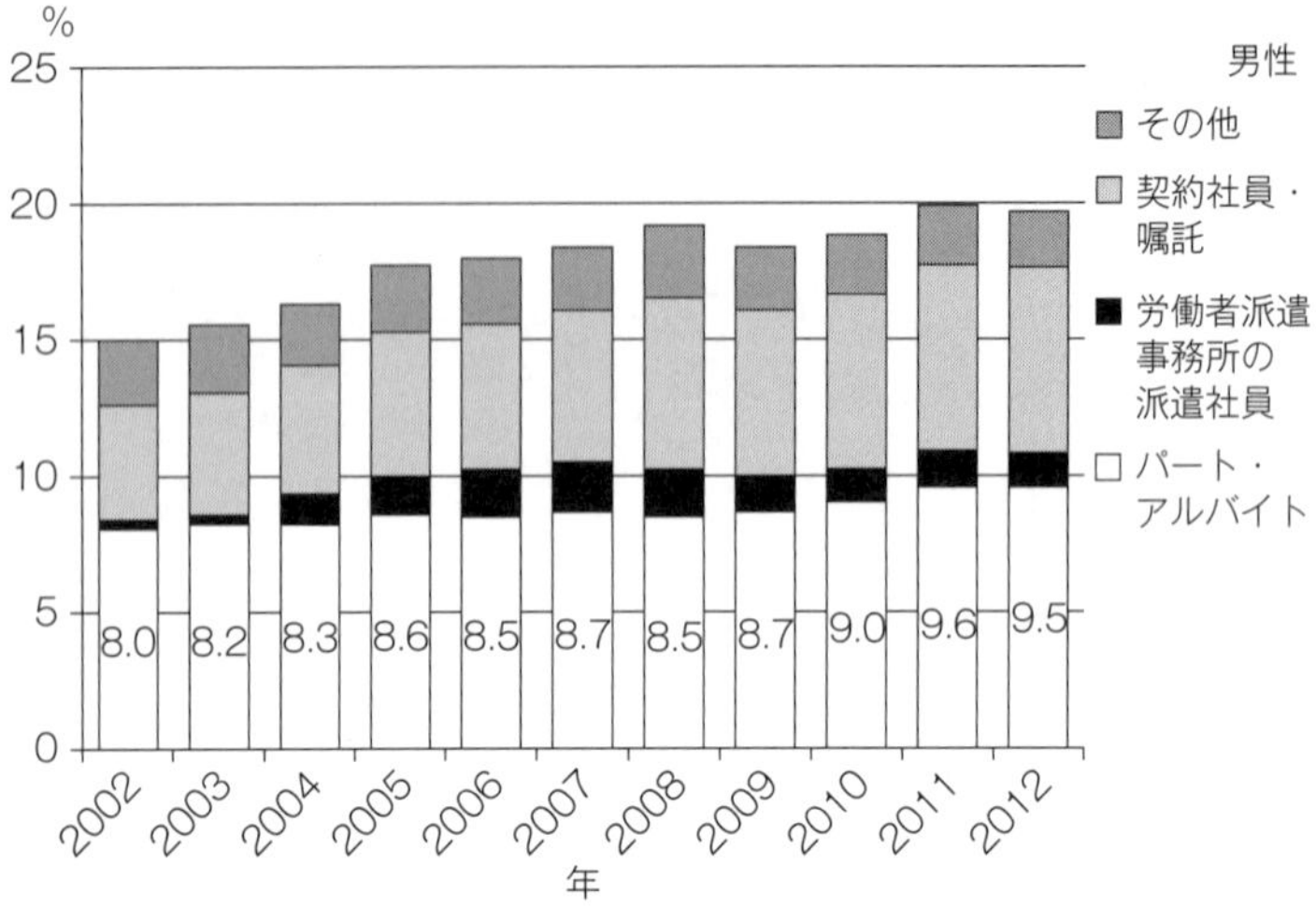

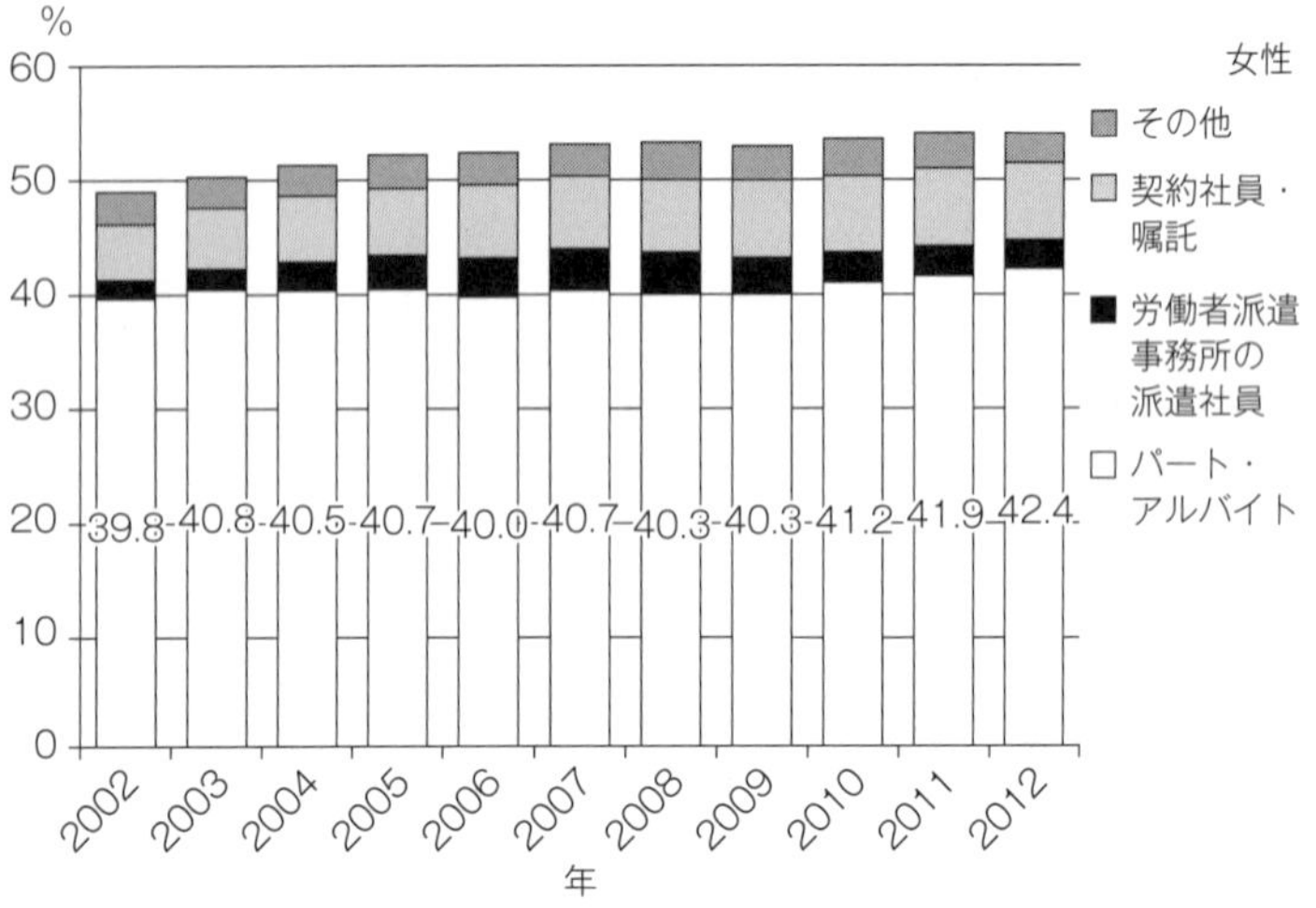

資料：総務省「労働力調査」（各年）。

図10　雇用形態別にみる週間就業時間階級の構成比（年間就業日数200日以上）

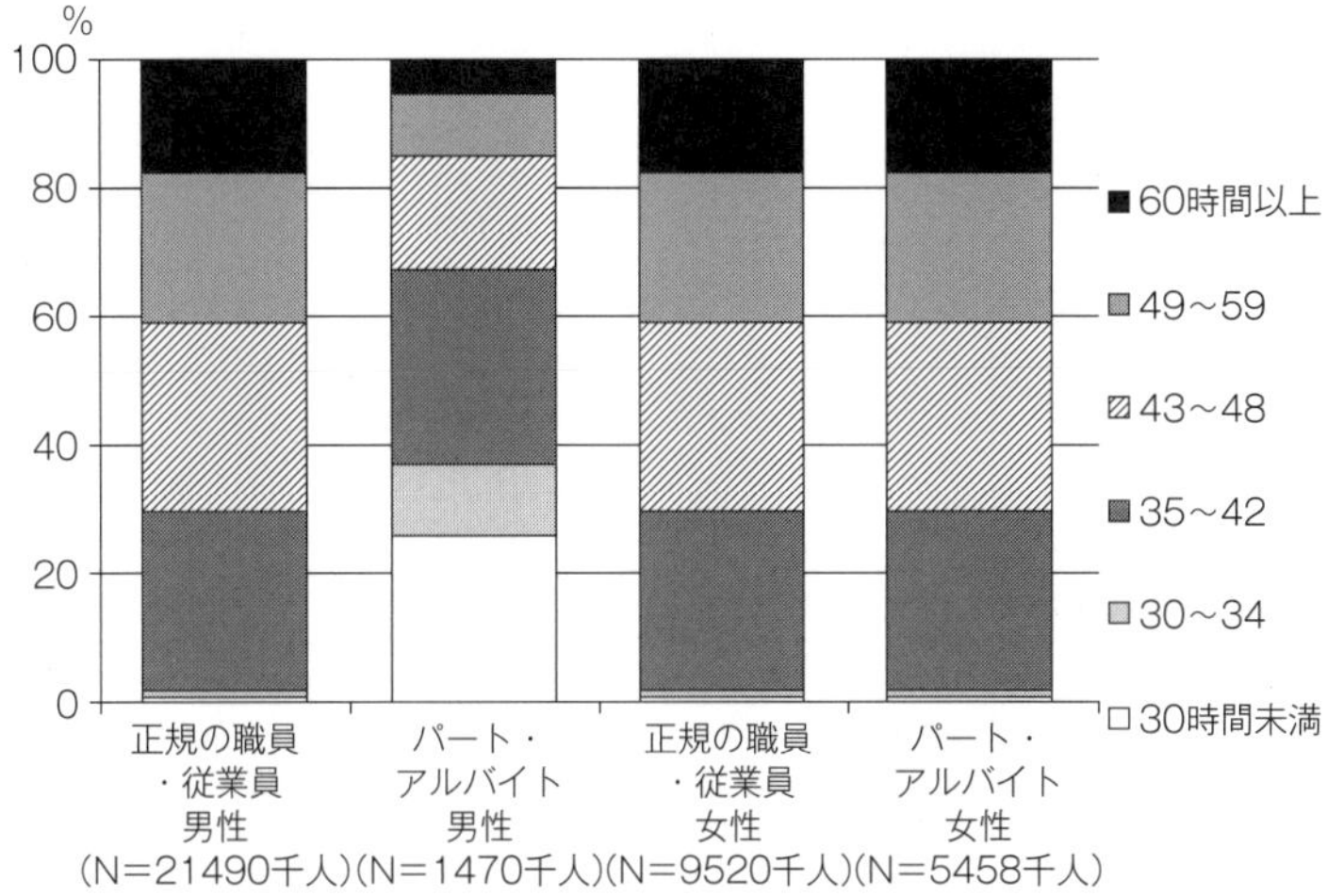

資料：総務省（2012）「就業構造基本調査」。

図11　非正社員に任せる仕事（量・質両面）の近年の推移

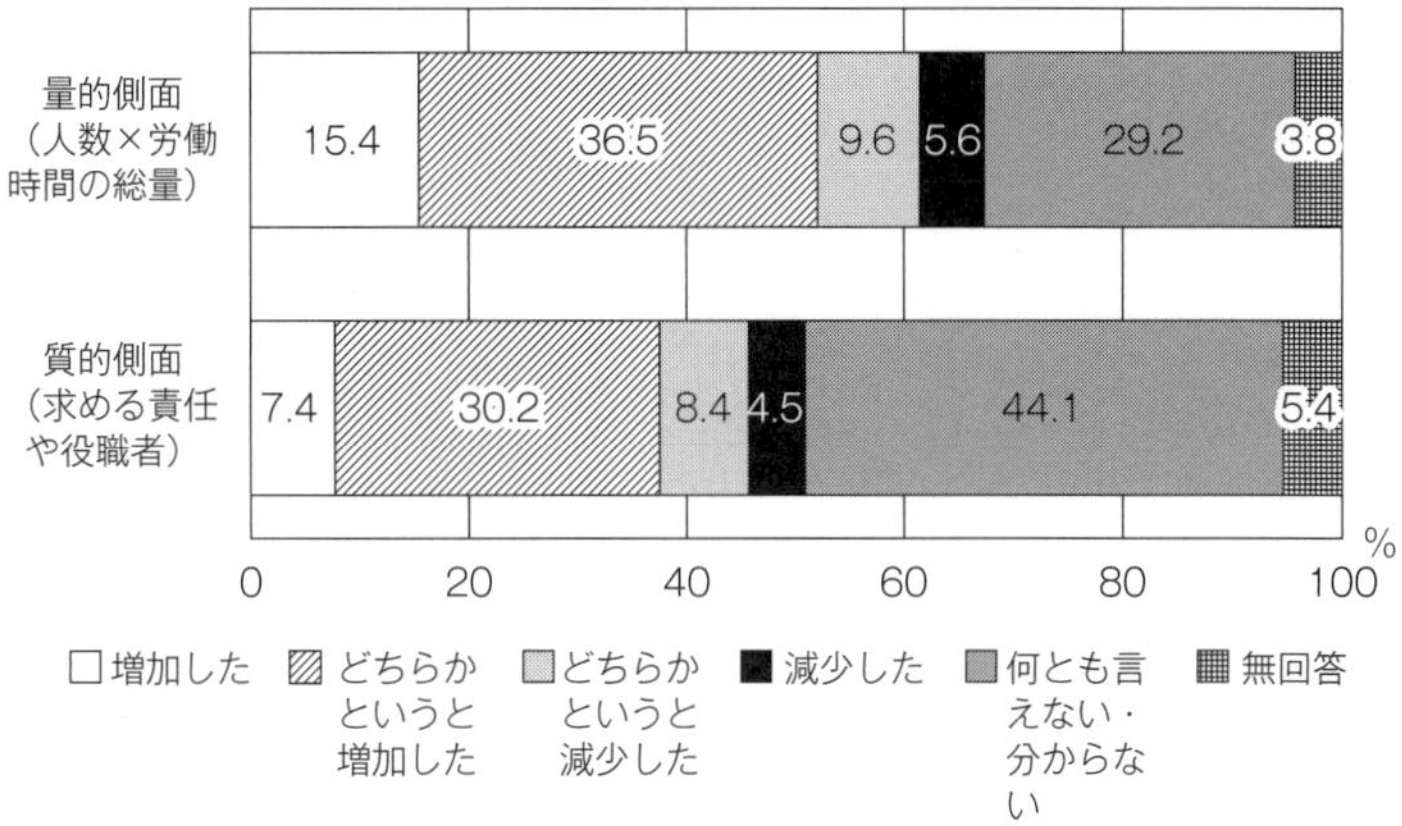

資料：独立行政法人労働政策研究・研修機構（2013）。

図12　雇用形態別年収200万円未満の雇用者比率

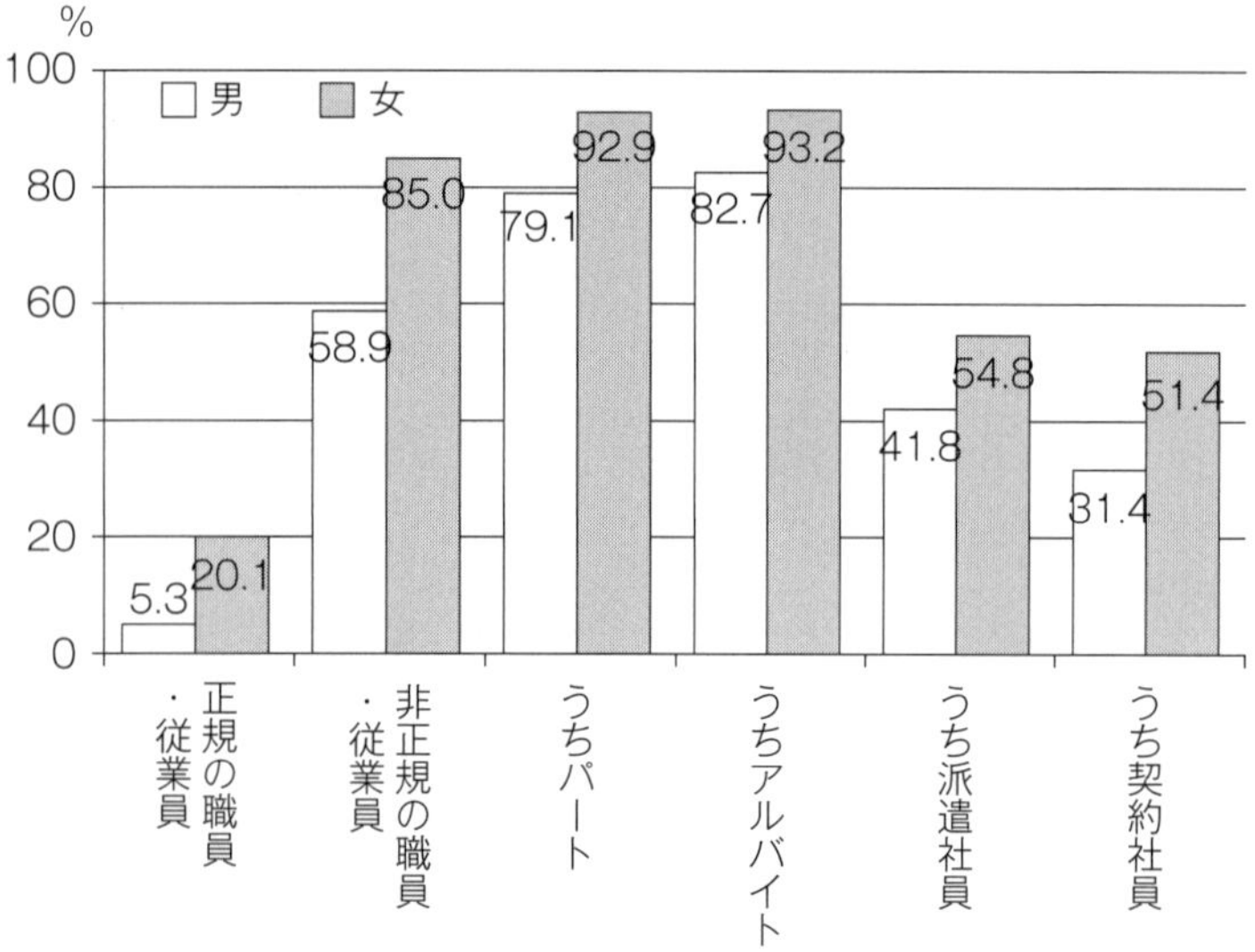

資料：総務省（2012）「就業構造基本調査」。

た場合、多くは女性であることがわかる。また、ワーキングプアは非正規雇用者に限らず、正規雇用者にも生じており、女性では約2割の正規雇用者が年収２００万円以下となっている（図12）。

以上のように、雇用の非正規化、労働時間の長時間化、雇用者の貧困化、非正規雇用者の基幹化、雇用者の貧困化が同時並行しながら雇用劣化が進んでしまったと考える。雇用劣化は、生活全般のゆとりをなくすことにもつながり、結婚、健康管理などの就労以外の生活を犠牲にする雇用者を生み出してしまう。そのため、ＷＬＢ施策には正規雇用者・非正規雇用者を含めた「働き方の見直し」や「ディーセント・ワーク」という労働市場で生じている課題の解決に向け、多様な取組が盛り込まれるようになった。

４　各自が望む「生活」の実現を阻む障壁

これまで、ＷＬＢを社会全体で取り組みようになった代表的な背景を整理してきたが、各自の「生活」に合わせて就労を継続することができず、退職を余儀なくされている人々がいることも忘れてはならない。子育て中の労働者、家族の介護をしている労働者、精神疾患を患っている者などである。

まず、子育て中の労働者についてだが、「１・57ショック」の後に少子化が社会問題となりはじめた１９９１年に育児休業法が制定され、１歳未満の子を養育する男女の労働者が育児休業や勤務時間の短縮などを請求する権利が保障されるようになった。近年の育児休業取得率の推移をみると、男性は２００４年と比較して増加傾向にあるものの、２０１１年度の２・63％が最高といまだ低水準である。一方、女性は２００８年度の90・６％をピークに８割台と高い水準で推移しているようにみえる（表１）。しかし、家事・育児を理由に離職している20歳代後半から40歳代前半の女性は未だに多い（表２）。また、出産前に就業している女性のうち第１子出産前後に就業を継続する女性の割合は、１９８５〜１９８９年の39・０％から２００５〜２００９年の20％超で推移しているが、出産退職は37・７％から43・９％と増加傾向にある

表１　育児休業取得率の推移

（%）

	出産した女性労働者に占める育児休業取得者の割合	配偶者が出産した男性労働者に占める育児休業取得者の割合
2004年度	70.6	0.56
2005年度	72.3	0.50
2006年度	88.5	0.57
2007年度	89.7	1.56
2008年度	90.6	1.23
2009年度	85.6	1.72
2010年度	83.7	1.38
2011年度	87.8	2.63
2012年度	83.6	1.89

注：2011年度は岩手県、宮城県及び福島県を除く。
資料：厚生労働省「雇用均等基本調査」（各年）。

表２　非求職理由別就業希望者の構成比

（%）

		非労働力人口（万人）	就業希望者（万人）	適当な仕事がありそうにない（%）	家事・育児のため仕事が続けられそうにない　（%）	健康上の理由（%）	その他（%）
男	15～24歳	369	44	31.8	0.0	4.5	52.3
	25～34歳	38	13	30.8	—	23.1	38.5
	35～44歳	33	10	30.0	0.0	50.0	20.0
	45～54歳	33	8	25.0	0.0	50.0	12.5
	55～64歳	146	18	44.4	0.0	33.3	22.2
	65歳以上	939	21	61.9	0.0	19.0	14.3
女	15～24歳	349	46	28.3	6.5	4.3	47.8
	25～34歳	200	70	18.6	58.6	10.0	11.4
	35～44歳	283	91	29.7	48.4	11.0	9.9
	45～54歳	200	46	45.7	15.2	23.9	15.2
	55～64歳	426	34	50.0	5.9	23.5	17.6
	65歳以上	1,517	15	53.3	0.0	26.7	20.0

資料：総務省（2012）「平成24年労働力調査年報」。

図13　第１子出生年別にみた第１子出産後の妻の就業率

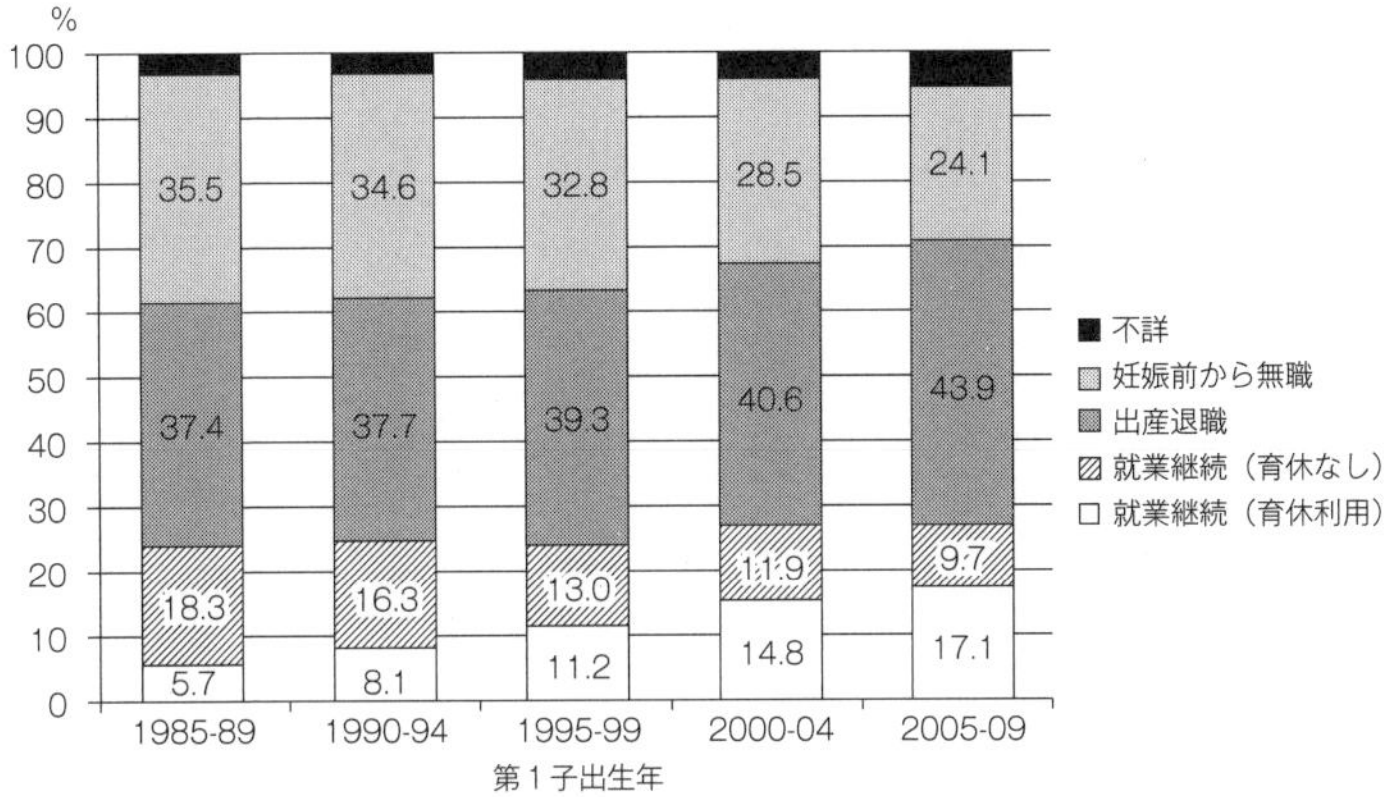

注：第１子が１歳以上15歳未満の子を持つ初婚同士夫婦について集計。出生前後の就業経歴の分類は以下の通りである。

就業継続（育休利用）：妊娠判明時就業➞育児休業取得➞子ども１歳時就業

就業継続（育休なし）：妊娠判明時就業➞育児休業取得なし➞子ども１歳時就業

出産退職：妊娠判明時就業➞子ども１歳時無職

妊娠前から無職：妊娠判明時無職➞子ども１歳

就業継続率＝出産前後の就業変化が「妊娠判明時就業～育児休業取得（または取得なし）～子ども１歳児就業」である妻／出産前有職の妻×100。

資料：国立社会保障・人口問題研究所「第14回出生動向基本調査（夫婦調査）」。

（図13）。さらに親と同居している世帯と比べ、核家族世帯の妻は、末子の年齢に関わらず、就業率が低くなっていること（図14）からも、現在もなお仕事と子育ての両立には家族によるインフォーマルな支援が大きな意味を持っていると考えられる。したがって、日本ではいまだに仕事と子育ての両立には障壁があるといえる。この事態をうけ、日本再生戦略では、第1子出産前後の女性の継続就業率を、２０１０年の38％から２０２０年には55％まで引き上げることを目標に掲げてい

図14　末子の年齢・親との同別居別妻の就業率

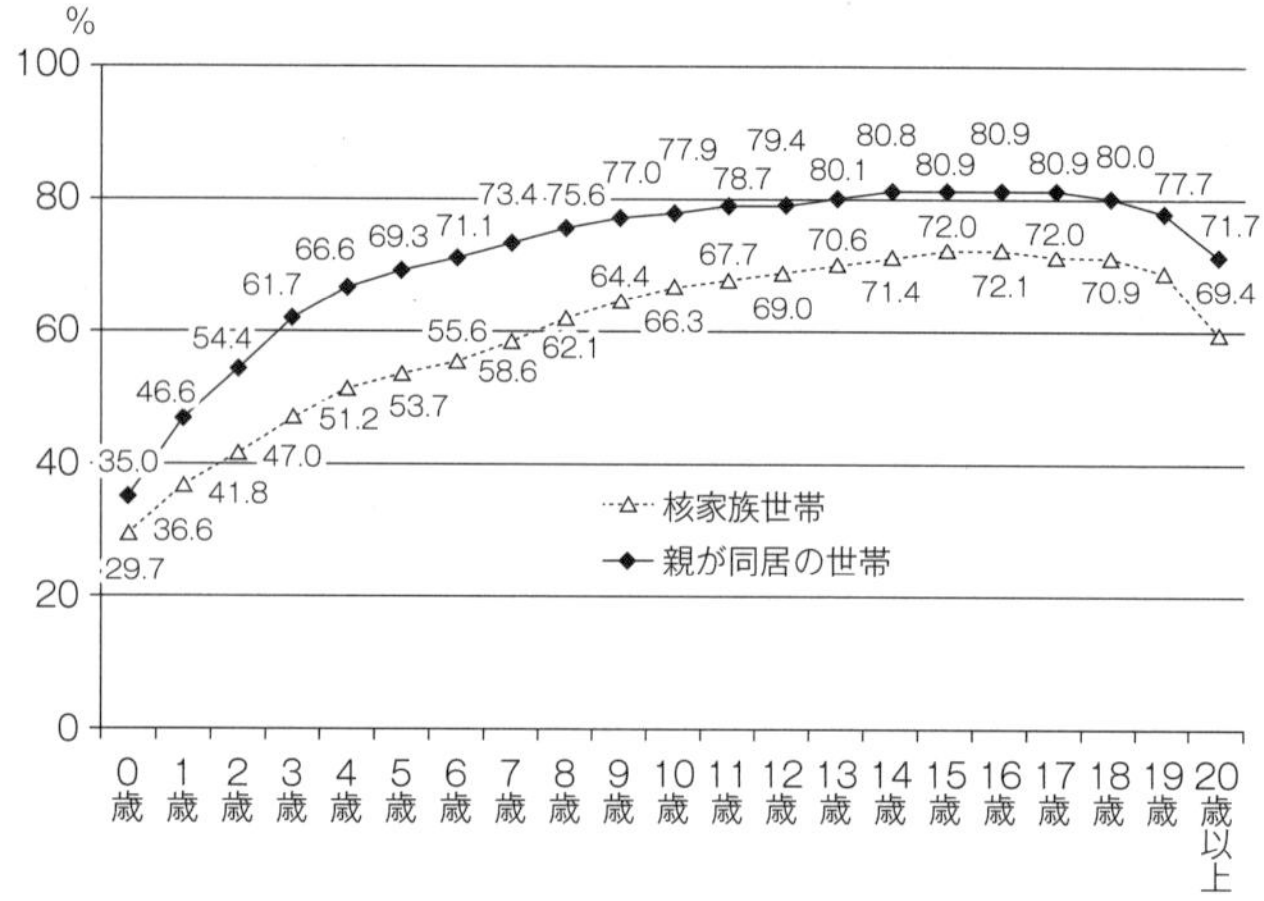

注：いずれも、「夫が就業者」の世帯の妻の就業率を示している。
資料：総務省（2010）「平成22年国勢調査」。

る。

続いて、家族の介護をしている労働者についてである。高齢化のさらなる進展と共に、在宅介護・地域福祉の推進によって要介護者が地域社会で暮らせるための施策に転換されて久しい。最新の介護保険制度改正では、地域ケアシステムの創設を主要なテーマに掲げている。従来、高齢者介護の分野では、要介護者等への支援策の充実を図ってきた。しかし、ここにきて地域包括ケアシステムの中に、家族介護者への支援を位置づけている。「重度な要介護者や認知症の人を支える家族等が、要介護者の生活を支えるうえで引き続き大きな役割を果たしている」ため、「今後、介護の社会化がさらに進展したとしても、介護者の身体的・精神的負担を完全に取り除くことはでき」ないととらえ、介護者自身の直接的な支援の必要性を求めている（地域包括ケア研究会2013）。具体的には、介護の「燃え尽き」や過度な負担などから生じる健康管理の支援、学業や仕事等の社会生活の両立支援、介護の仕方や介護器具などの相談、レスパイトサービスと、多岐にわたる支援があげられる（三富2010）。

このような家族介護者の仕事などの社会生活、健康維持と介護との両立に関する議論が活発になってきたのは、2010年頃まで待たなければならず、WLBの議論のなかでは新しい分野といえる。なぜかといえば、高齢者介護の分野では、公的介護保険を創設したことで、「介護の社会化」が実現したとされ、以前と比べて家族介護者の負担が軽減されると考えられていたからである。しかし現実は、平均寿命の伸長と医療水準の高度化に伴い、介護期間の長期化が進み、その間、介護全てを公的介護保険や民間の福祉サービスの組合せだけでは、要介護者の生活を支えることが困難な場合もある。また、家族介護者自身が、介護サービスを利用しながら介護をしたいという希望を持っていることも見逃せない（図15）。

家族介護者は介護の役割を担うことで、それまでとは異なる生活を送ることになる。2012年の介護保険法の改正によって、単身や重度の要介護者等への支援の拡充を図るため、24時間対応の定期巡回・随時対応型サービスが創設されたり、デイサービスの提供時間区分を見直し、最大12時間まで延長が可能になるなど、長時間のサービスが提供される環境も少しずつ整ってきている。しかし、介護保険制度には要介護度に応じて利用できるサービスに上限が

図15　介護が必要になった場合の介護の希望（本人の希望と家族の希望）

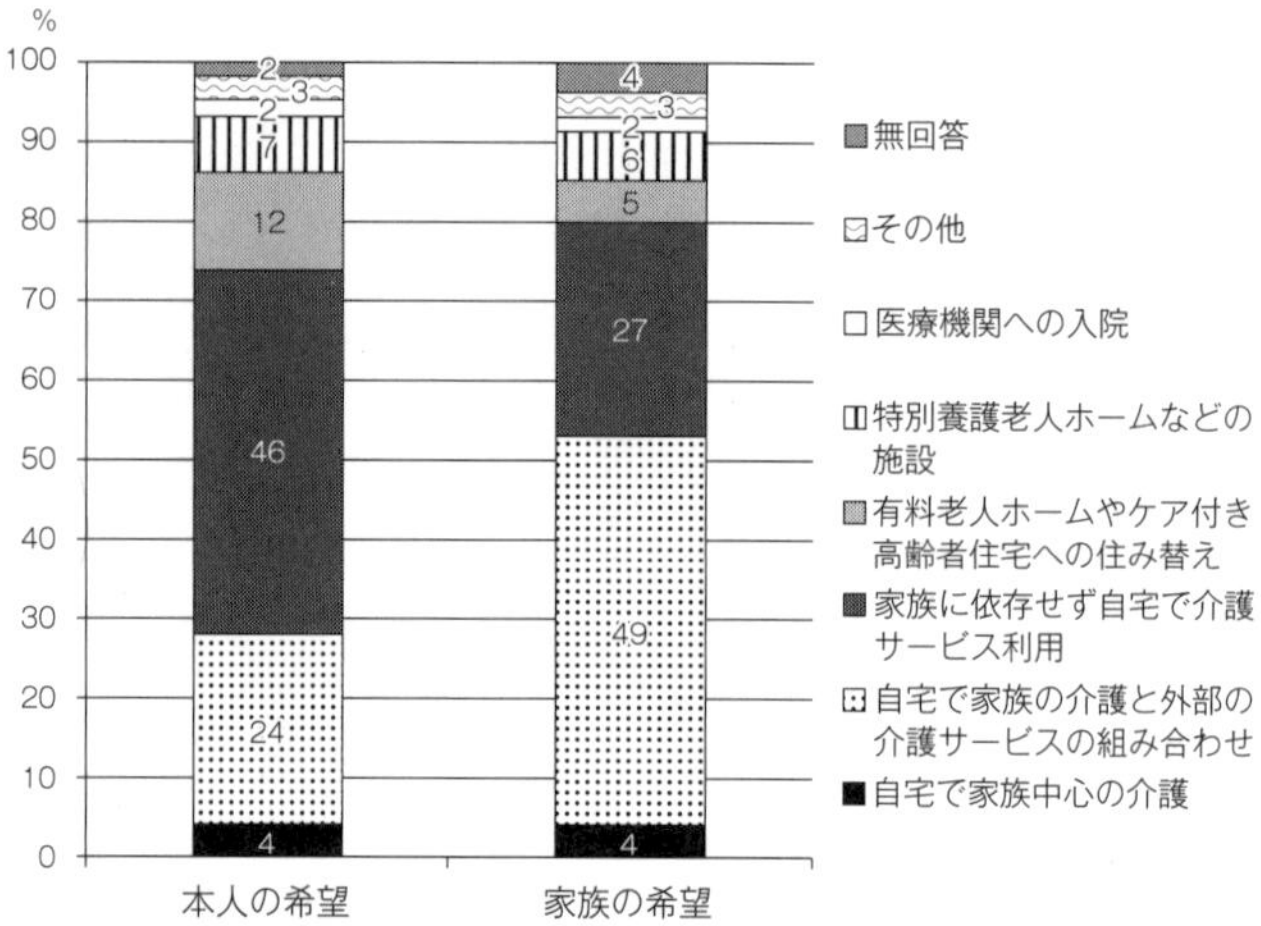

資料：厚生労働省老健局（2010）「介護保険制度に関する国民の皆さまのご意見募集（結果概要について）」。

あり、事前に利用契約を結ぶ必要があるため、介護者の勤務や学校の時間に応じて柔軟に介護保険サービスを決められるとは限らない。そのため、家族介護者は、介護と介護以外の生活とのバランスをどのようにとっていくかに悩まされることになる。

総務省統計局「就業構造基本調査」（２０１２年）によると、介護をしている有業者は全国で２９１万人、その大半は働き盛りである40歳以上で２５９万である。内訳は、男性１１７万人、女性１４２万人で、介護をしている者の有業者率は、男性65・3％、女性44・9％と、介護をしていない者（男性69・2％、女性48・7％）より低くなっている。

２０１０年国民生活基礎調査によると、

近年、男性介護者が増加しており、介護者全体の約3分の1が男性と、働き盛りの世代でも男性介護者が増加傾向している。1994年に改正された育児・介護休業法には、介護をしている労働者の介護休業制度などが盛り込まれた。この制度は、要介護状態にある家族を介護するために最大93日まで休業を認めている。育児休業の1年間と比べ、93日を上限とする介護休業は短期間といえる。介護休業取得者自らが介護に専念することを念頭においた休業ではなく、入退院、介護保険サービス、成年後見制度等の利用過程に発生する家庭管理的なことを想定しており、直接介護を行うことを念頭においているわけではないためである。その利用状況は男女ともに1％に満たないもの（表3）で、多くは有給休暇などを活用し、介護を継続している。また、子育て中の労働者よりも介護中の労働者は、要介護者の状況によって介護の軽重が変わってくるため、介護者の理解や支援を複雑なものにしている。

仕事と介護の両立が困難になると、介護者は離職・転職を選択することになる。就業構造基本調査によると、2007年10月～2012年9月までに介護・看護を理由に離職・転職した者は524，400人であった。これは働く者全体の1％にも満たないものの、団塊世代が75歳になる時期を間近にひかえ、今後増加することが想定される。介護・看護を理由に離職・転職した人数を年齢階級別にみると、30歳代後半から離職者の数が増加し、60歳代前半がピークとなり、その後減少していく（図16）。公的年金の支給開始年齢を段階的に引き上げに伴い、定年の引き上げや継続雇用制度の導入などにより60歳を超えても働く者が増えている一方で、

表3　介護休業取得率の推移

（%）

	女性常用労働者に占める介護休業取得者の割合	男性常用労働者に占める介護休業取得者の割合
2002年度	0.08	0.03
2005年度	0.08	0.02
2008年度	0.11	0.03

資料：厚生労働省雇用均等・児童家庭局「女性雇用管理基本調査」(2002年度、2005年度)。
厚生労働省雇用均等・児童家庭局「雇用均等基本調査」(2008年度)。

図16　年齢階級別介護・看護を理由に離職・転職した人数

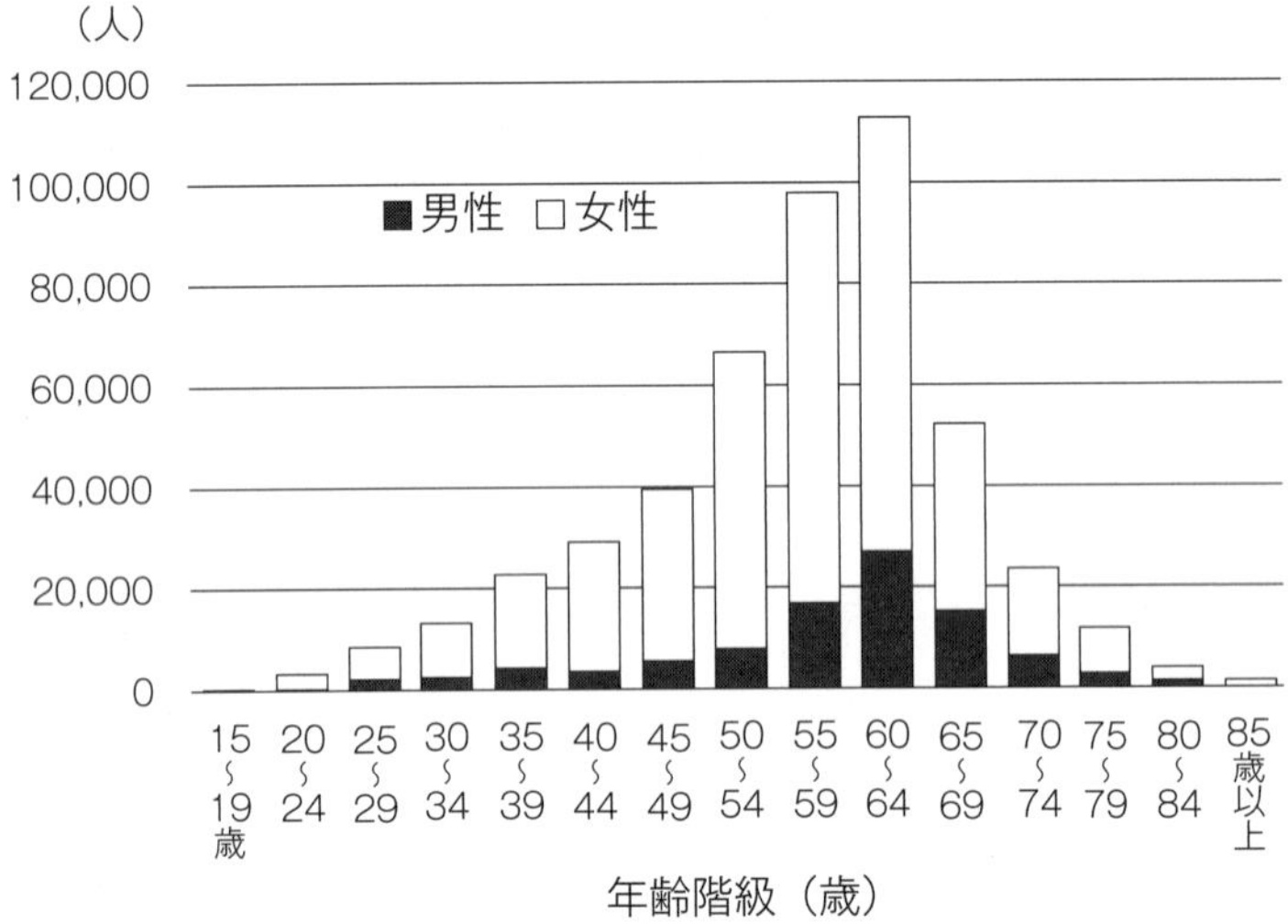

資料：総務省統計局「就業造基本調査」(2012年)。

50歳代～60歳代前半に介護・看護を理由に離職・転職する者が増えているのも現状である。三菱ＵＦＪリサーチ&コンサルティングが介護を理由に離職者を対象に実施した調査によると、男性56・9％、女性55・7％が離職時に仕事を「続けたかった」と回答しており、多くの者が就業継続を希望していながらも離職を余儀なくされている。

最後に精神疾患についてである。近年、仕事によるストレス（業務による心理的負荷）が原因となった精神障害の労災請求が増大傾向にある。厚生労働省によると、仕事によるストレスとは、上司や部下との対立、パワーハラスメントやセクシャルハラスメントといった人間関係のトラブル、長時間労働や人事異動などによる仕事の質・量の変化、昇進・昇格・配置転換などによる役割・地位の変化、仕事上の事故や失敗による過重な責任の発生などが含まれる。電通事件（１９９６年）を契機に、このようなストレスから生じる精神障害に対し「心理的負荷による精神障害等に係る業務上外の判断指針」（１９９８年）が策定され、これに基づき労災認定が行われるようになった。この指針に基づいて認定すると、精神疾患の労災認定は平均8・6か月かかっていた。このことを受け、審査を迅速かつ効率に行うことが求められるようになった。また、認定基準を客観的かつわかりやすいものにする必要もあった。そのため、２０１１年12月に指針が改められ、「心理的負荷による精神障害の認定基準」が策定された（厚生労働省２０１１）。

厚生労働省によると、新基準によって認定された２０１２年度の労災認定件数は４７５件で、

図17　精神障害の労災決定件数と認定率の推移

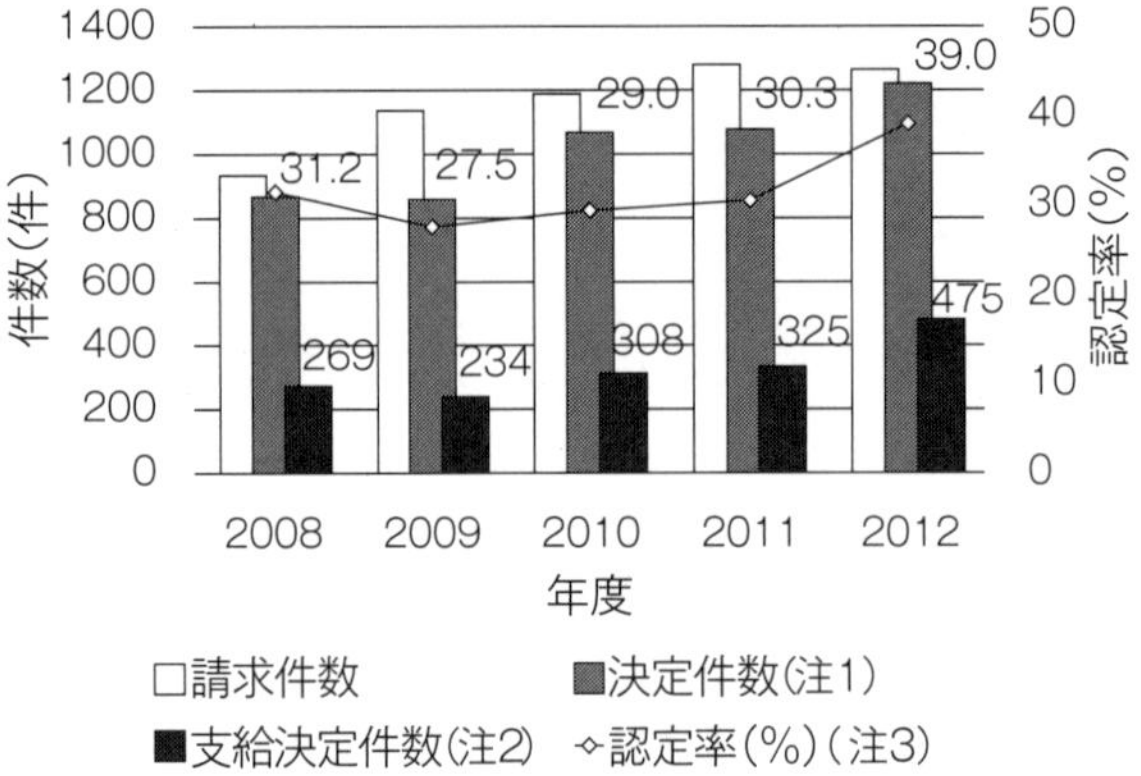

資料：平成24年度脳・心臓疾患と精神障害の労災補償状況。
注：1）決定件数は、当該年度内に業務上又は業務外の決定を行った件数で、当該年度以前に請求があったものを含む。
2）支給決定件数は、決定件数のうち「業務上」と認定した件数である。
3）認定率は、支給決定件数を決定件数で除した数である。

前年度比150件増と過去最高となった。労災認定率も39％と過去最高で、およそ2・5人に1人が労災認定されている（図17）。労災認定された475件を原因別にみると、「仕事内容・仕事量の変化」59件（12・4％）、「嫌がらせ、いじめ、暴行（パワハラを含む）」55件（11・6％）、「悲惨な事故や災害の体験・目撃」51件（10・7％）が上位であった。また、前年度調査を比較すると、「上司とのトラブル」が19人増、「セクハラを受けた」が18人増、「嫌がらせ、いじめ、暴行」が15人増で、職場での人間関係によるトラブルが影響した認定が増加していた。また、「時間外労働が月80時間以上」という者が200人超であり、過重労働と精神障害での労災認定との関わりが深いことがうかがえる。

２００３年に実施した「精神障害者社会復帰サービスニーズ等調査」では、外来の精神障害者の精神科初診時年齢に関する設問がある。これによると、20歳未満が41・０％であり、40歳以上は20・１％であった。疾患別にみると、統合失調症では20歳未満が56・２％を占め、40歳以上になると６・２％まで低くなる。これに対して、統合失調症以外のうつ病等の疾患は、20歳未満が29・３％、40歳以上には30・７％であったことから、「社会生活上の実績を築き上げてきた後に社会生活への適応に困難が生じている」といえる（内閣府２０１３）。就労をはじめとする社会生活での過度なストレスが健康を悪化させ、労働市場から退出を余儀なくされている。これではＷＬＢの実現とは真逆の事態に陥ってしまう。

以上、ＷＬＢがなぜ必要とされたのかについて、３つの視点から整理してきた。続いて、現在のＷＬＢ推進の核となっている、仕事と生活の調和（ワーク・ライフ・バランス）憲章と仕事と生活の調和のための行動指針（以下、ＷＬＢ憲章、ＷＬＢ行動指針という）の概要を捉えながら、ＷＬＢの実現に向けた目標などをまとめていこう。

5　ワーク・ライフ・バランス支援施策の充実がもたらした効果

２０００年代の半ば頃、厚生労働省や内閣府にＷＬＢの実現に向けた政策提言をする会議・

研究会の報告書が立て続けに出された。とりわけ2007年度は政府の審議会等ではWLBの実現に向けた検討が積極的に行われた年である。労働市場改革、男女共同参画、少子化という視点からWLBの推進の必要性が唱えられ、それが自民党政権の「骨太方針2007」にも反映された（経済財政諮問会議労働市場改革調査会、男女共同参画会議仕事と生活の調和に関する専門調査会、「子どもと家族を応援する日本」重点戦略検討会議、経済財政諮問会議）。同年7月に「ワーク・ライフ・バランス推進官民トップ会議[4]」が設置され、その下に「働き方を変える、日本を変える行動指針」（仮称）策定作業部会がおかれ、WLB憲章及びWLB行動指針の議論・検討が行われた。この結果を受け、同年12月の官民トップ会議で同憲章及び同行動指針が決定した。WLB憲章及びWLB行動指針の内容は、同日にまとめられた「子どもと家族を応援する日本」重点戦略にも反映された。

その後、「リーマン・ショック後の経済情勢等の変化、労働基準法や育児・介護休業法等の改正等の施策の進展を受け」、WLB憲章及びWLB行動指針の見直しの必要性が認識された（仕事と生活の調和連携推進・評価部会他2012）。また、政権交代の影響もあり、2010年6月29日に、WLB憲章及びWLB行動指針が改定され、新たな視点や取組が追加されることとなった。新WLB憲章では、多様な働き方を進めるにあたって、「ディーセント・ワーク（働きがいのある人間らしい仕事）」の実現と、労働者の健康を確保し、安心して働くことのできる職場環境の実現のための取り組みの重要性が追加された。さらに、WLBは多様な選択肢を可能にする社会もめざしているため、「新しい公共」[5]への活動等への参加機会を拡大することが地域社会の活性化や人や地域とのつながりを得ることにもつながるとし、「新しい公共」概念も追加された。これは、ＷＬＢの実現に向け、個人の自助努力だけではなく、職場や地域社会の支援、公的な制度の充実などの個別サービスの整備とともに、社会全体がＷＬＢを許容する意識の醸成をさらに進めることを明示している。

ＷＬＢ行動指針では、「数値目標の設定や『仕事と生活の調和』実現度指標の活用により、仕事と生活の調和した社会の実現に向けた全体としての進捗状況を把握・評価し、政策への反映を図ること」としている（仕事と生活の調和連携推進・評価部会他２０１２）。この指針では、「新成長戦略」（２０１０年６月18日閣議決定）、「新しい情報通信技術戦略行程表」（２０１０年６月22日高度情報通信ネットワーク社会推進戦略本部）、「子ども・子育てビジョン」（２０１０年１月29日閣議決定）と整合性をとり、数値目標を設定している。数値目標は、社会全体で達成することを目指すもので、政策によって影響を及ぼすことのできる14項目について２０２０年時点の目標を挙げている（表４）。「仕事と生活の調和」実現度指標とは、１節で示したＷＬＢが実現した社会の姿にあげた３つの状況の進捗度合を測定するものであり、「個人の実現度指数」と「環境整備指標」に大別できる（図18）。「個人の実現度指数」は、「仕事・働き方」「家庭生活」「地域・社会活動」「学習や趣味・娯楽等」「健康・休養」の５分野から構成されている。14項目の数値目標をみると、⑦⑩⑫⑬⑭以外は労働分野の指標であり、ＷＬＢ行動指針は「ワー

表４　ＷＬＢ行動指針における数値目標

		数値目標設定指標	現状（直近の値）	2020年
Ⅰ　就労による経済的自立が可能な社会	①	就業率（Ⅱ、Ⅲにも関わるものである）	20～64歳　74.6％	80％
			15歳以上　56.9％	57％
			20歳～34歳　73.6％	77％
			25～44歳女性　66.0％	73％
			60～64歳　57.0％	63％
	②	時間当たり労働生産性の伸び率（実質、年平均）（Ⅱ、Ⅲにも関わるものである）	17％（2000～2009年度の10年間平均）	実質GDP成長率に関する目標（２％を上回る水準）より高い水準（※）
	③	フリーターの数	約178万人（2003年にピークの217万人）	124万人 ※ピーク時比で約半減
Ⅱ　健康で豊かな生活のための時間が確保できる社会	④	労働時間等の課題について労使が話し合いの機会を設けている割合	52.1％	全ての企業で実施
	⑤	週労働時間60時間以上の雇用者の割合	10.0％	５割減
	⑥	年次有給休暇取得率	47.4％	70％
	⑦	メンタルヘルスケアに関する措置を受けられる職場の割合	33.6％	100％
	⑧	在宅型テレワーカーの数	330万人	700万人（2015年）

表4　ＷＬＢ行動指針における数値目標（つづき）

Ⅲ　多様な働き方・生き方が選択できる社会	⑨	短時間勤務者を選択できる事業所の割合（短時間正社員制度等）	（参考）8.6％以下	29％
	⑩	自己啓発を行っている労働者の割合	42.1％（正社員） 20.0％（非正社員）	70％（正社員） 50％（非正社員）
	⑪	第１子出産前後の女性の継続就業率	38.0％	55％
	⑫	保育等の子育てサービスを提供している割合	保育サービス（３歳未満児） 24％ （平成21年度末見込み）	44％ （2017年度）
			放課後児童クラブ（小学１年～３年） 20.8％	40％ （2017年度）
	⑬	男性の育児休業取得率	1.23％	13％
	⑭	６歳未満の子どもをもつ夫の育児・家事関連時間	１日当たり60分	２時間30分

http://wwwa.cao.go.jp/wlb/government/20barrier.html/20html/pdf/besshi01.pdf（2013/10/25閲覧）

注：数値目標の設定に当たっては、以下の数値目標との整合性を取っている。

・①～③、⑤～⑦、⑩～⑬：「新成長戦略」（2010年６月18日、閣議決定）

・①、③、⑤～⑦、⑩、⑪、⑬：「2020年までの目標」（2010年６月３日、雇用戦略対話）

・⑧：「新たな情報通信技術戦略工程表」（2010年６月22日、高速情報通信ネットワーク社会推進戦略本部）

・⑫：「子ども・子育てビジョン」（2010年１月29日閣議決定）

※「新成長戦略」（2010年６月18日、閣議決定）において、「2020年度までの平均で、名目３％、実質２％を上回る成長を目指す。」、「２％を上回る実質成長率を実現するためには、それを上回る労働生産性の伸びが必要である。」とあることを踏まえたもの。

資料：「仕事と生活の調和推進のための行動指針」の「５．数値目標」。

調和」実現度指数の全体図
実現度指数

目指標を行動指針における「仕事と生活の調和が実現した社会」で整理することにより、その状況を把握することが可能
ることにより作成する。

働き方·生き方が選択できる社会	3つの社会の実現度は、I「仕事・働き方」分野の構成要素から算出。
	左記の指標を作成するための構成要素（標準化※1した各構成要素を合成・指標化する）
人生の各段階における応じて、柔軟に働き方できているか	**テレワーカー比率**、出勤時間の多様性、正社員に占める短時間雇用者比率、育児のための勤務時間短縮等の措置の利用状況、**育児休養取得率**※2、**自己啓発を行っている労働者の割合**、非正規から正規への稼働率、「仕事を優先したい」と希望する人の割合と現実に「優先している」人の割合の差
同　左	正社員とそれ以外の労働者の賃金格差、男女間の賃金格差、管理的職業従事者及び専門的・技術的職業従事者に占める女性割合
高齢者等も含めた多体が希望に応じて働るか	**女性の就業率（25～44 歳）**、女性の就業希望率（25～44 歳）、女性の再就職率、60 歳代の就業率、60 歳代の就業希望率、正社員比率の男女差、平均勤続年数の男女差
出産·育児等に影響な続)就業できているか	**第1子出産後の継続就業率**、女性（25～44 歳）の子どもの有無による就業率の差、子どもを持つ女性（25～44 歳）の潜在失業率
	過労働時間 60 時間以上の雇用者の割合、**時間当たり労働生産性**、通勤時間
	フリーター数の人口比、失業率（休職意欲喪失者を含む）、低所得層（第I四分位）の賃金（60 歳未満）、年収 200 万円以下の所得者数の割合
	有業者の家族と一緒にいた平均時間、「家庭生活を優先したい」と希望する人の割合と現実に「優先している」人の割合の差、一週間のうち家族そろって一緒に食事をする日数、家族団らんの時に充実感を感じる人の割合、親子の対話に関する満足度
	家事・育児・介護等の総平均時間の男女比率、6歳未満の子どものいる者の家事・育児の総平均時間の男女比、「夫は外で働き、妻は家庭を守るべきである」という考え方に賛成の割合
る人が地域・社会活参加できているか	ボランティア活動·社会参加活動の総平均時間、地域活動等をする時間や機会への満足度、ボランティア人口の人口比、交際·つきあいの総平均時間
主体が地域・社会活参加できているか	ボランティア活動の年間行動者率（有業者・無業者別）、交際・付き合いの行動者率（有業者・無業者別）
趣味・娯楽等のためはあるか	学習·研究の総平均時間、趣味·娯楽等の総平均時間、教養娯楽サービス（実質消費支出）
主体が学習や趣味・に行っているか	学習・研究の年間行動者率（有業者・無業者別）、趣味・娯楽等の年間行動者率（有業者・無業者別）、大学院における社会人学生の割合、社会教育施設における講座等の受講者数の人口比、図書の退出者数の人口比、体育施設の一人あたり利用回数
	仕事量を理由に強い不安、悩み、ストレスを持つ人の割合、過労死等事案の労災補償件数、20歳以上の健康診断等の受診率
	年次有給休暇取得率、「休養・くつろぎ」の総平均時間、十分に睡眠をとっている人の割合

※1　「標準化」とは、単位や変動幅が異なるデータを同等に扱えるように調整すること。
※2　太文字は数値目標（フリーター数については人口比を使用）。

0html/pdf/besshi02.pdf、2013/10/25閲覧）

図18　「仕事と生活の
Ⅰ　個人の

WLB行動指針にある「仕事と生活の調和」実現度指標の全体図
Ⅰ．個人の実現度指数
「個人の実現度指数」は、5分野毎に指標を測定する。各5分野別の指標は更に、中項目、小項目指標に分かれる。小項
となる。なお、各指標は、本行動指針で定める数値目標のほか、仕事と生活の調和に関連する統計（構成要素）を合成す

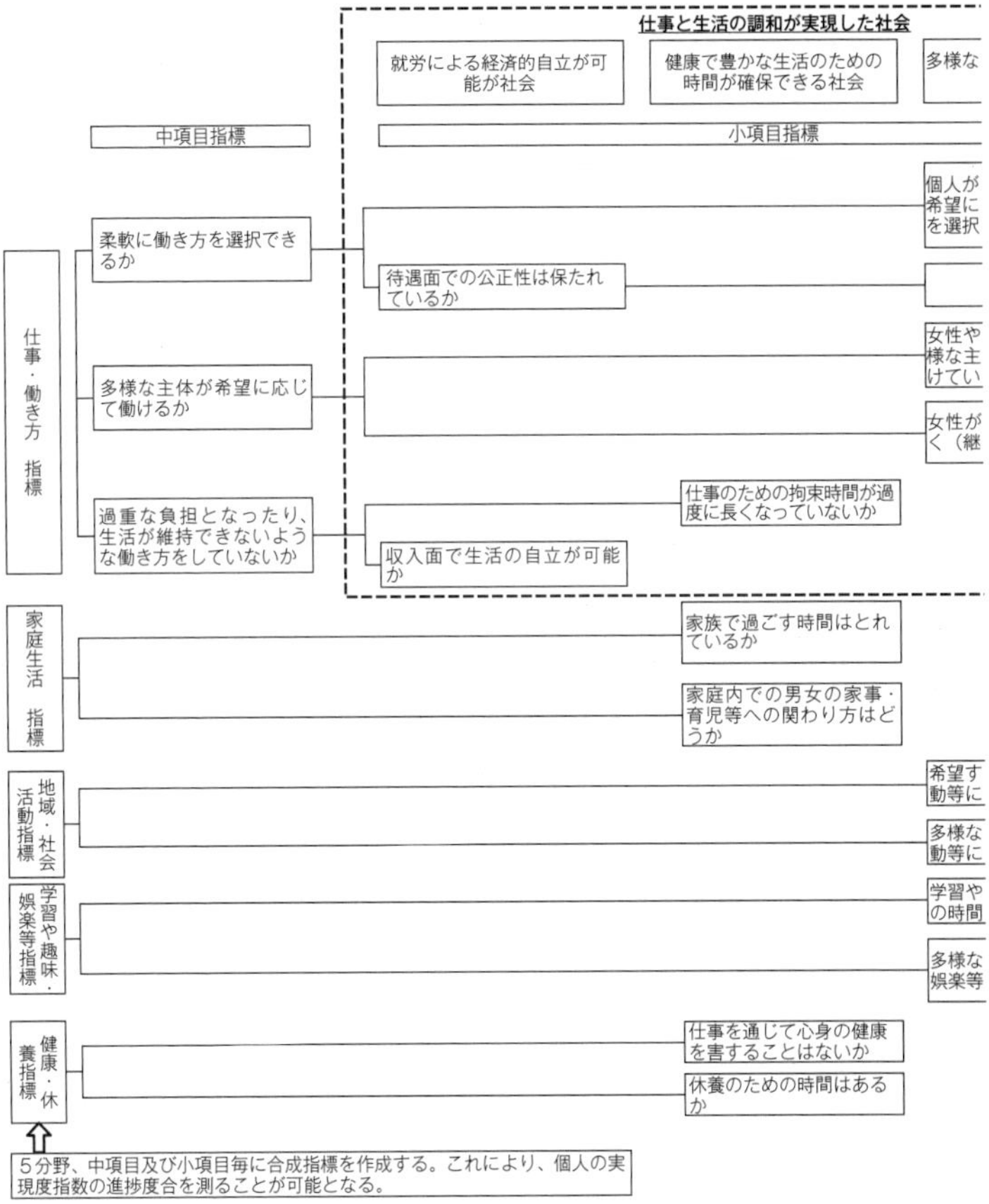
仕事と生活の調和が実現した社会
就労による経済的自立が可能が社会
健康で豊かな生活のための時間が確保できる社会
多様な
中項目指標
小項目指標
仕事・働き方　指標
柔軟に働き方を選択できるか
個人が希望にを選択
待遇面での公正性は保たれているか
多様な主体が希望に応じて働けるか
女性や様な主けてい
女性がく（継
過重な負担となったり、生活が維持できないような働き方をしていないか
仕事のための拘束時間が過度に長くなっていないか
収入面で生活の自立が可能か
家庭生活　指標
家族で過ごす時間はとれているか
家庭内での男女の家事・育児等への関わり方はどうか
地域・社会活動指標
希望す動等に
多様な動等に
学習や趣味・娯楽等指標
学習やの時間
多様な娯楽等
健康・休養指標
仕事を通じて心身の健康を害することはないか
休養のための時間はあるか
5分野、中項目及び小項目毎に合成指標を作成する。これにより、個人の実現度指数の進捗度合を測ることが可能となる。

内閣府「『仕事と生活の調和』実現度指数の全体図」（http://wwwa.cao.go.jp/wlb/government/20barrier_html/2

ク」領域を中心にWLBの実現度を図ろうとしていることがわかる。

WLB憲章及びWLB行動指針の策定・改訂に伴い、WLB支援施策の法改正や、制度の創設などが進められた。たとえば、次世代育成支援対策推進法では、2007年4月1日以降、一定基準を満たした企業を対象に、厚生労働大臣の認定をうけると、次世代認定マーク（愛称くるみん）を商品などにつけることができるようになった。また、企業がさらなる次世代育成支援対策に取り組むよう2008年に法改正し、①行動計画の公表及び従業員への周知の義務化（2009年4月1日施行）、②行動計画の届出義務企業の拡大（2011年4月1日施行）を進めた。この改正では、これまで努力義務とされていた従業員101人以上の企業も義務化され、WLB支援推進が中小企業にも拡大されることになった。

2009年の育児介護休業法の改正では、①3歳までの子を養育する労働者に対する短時間勤務制度の義務化、所定外労働の免除の義務化、子の看護休暇の拡充といった「子育て期間中の働き方の見直し」、②パパ・ママ育休プラス（父母がともに育児休業を取得する場合、1歳2か月までの間に、1年間育児休業を取得することを可能にするもの）、出産後8週間以内の父親の育児休業取得の促進、配偶者が専業主婦（夫）であっても休業取得可能といった「父親も子育てができる働き方の実現」、③介護休暇制度の創設といった「仕事と介護の両立支援」、④紛争解決の援助及び調停の仕組み等の創設や、公表制度及び過料の創設といった「実効性の確保」が新たに加わった。①〜③について、施行日は2010年6月30日となっているが、常

図18　「仕事と生活の調和」実現度指数の全体図（つづき）
Ⅱ　環境整備指数

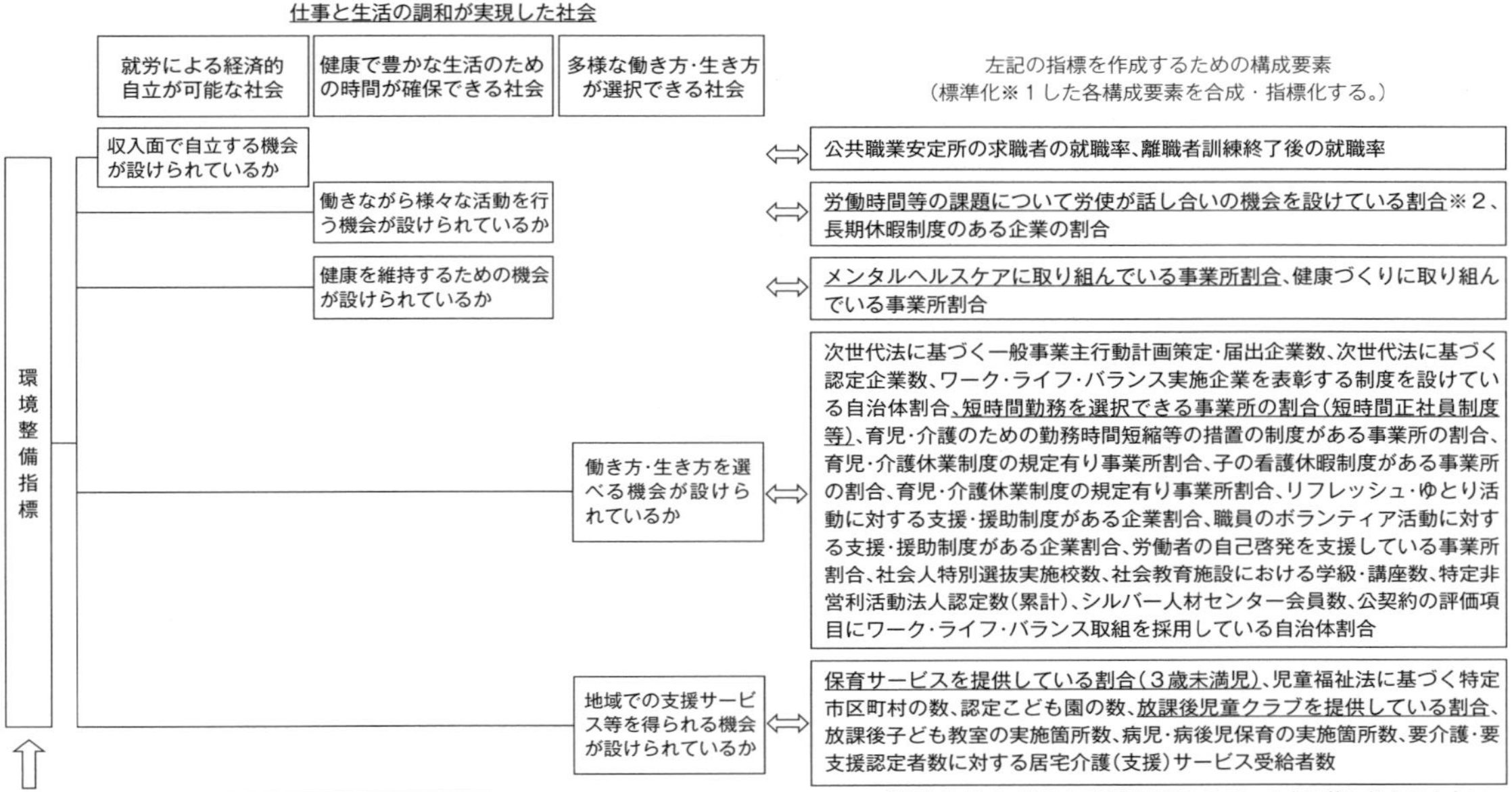
合成指標を作成する。これにより、環境整備の進展度合を測ることが可能となる。

※１　「標準化」とは、単位や変動幅が異なるデータを同等に扱えるように調整すること。
※２　下線をひいた項目は数値目標。

時100人以下の労働者を雇用している企業は、「短時間勤務制度の義務化」「労働者から請求があった場合の所定外労働の免除の義務化」「介護休暇」の導入はしばらく猶予され、2012年7月1日から適用されることとなった。

2010年の労働基準法の改正では、時間外労働の削減を推進するため、従来、時間外労働の割増賃金を25％増とし、1カ月の時間外労働が45時間超の場合、労使で時間短縮・割増賃金の引き上げ（努力義務）、60時間超の場合、割増賃金を50％増（法定措置）[6]とした。なお、60時間超の割増賃金については、引き上げ分の割増賃金に代えて有休の休日付与も可能とした。また、年次有給休暇の有効活用のため、従来、日単位での年休取得を前提としていたが、5日分は子の通院等の事由などに対応して、時間単位での年休取得を可能とした。

さらに、厚生労働省は「労働時間等見直しガイドライン（労働時間等設定改善指針）」を策定し、事業主等が労働時間、休日、年次有給休暇その他の休暇の設定の改善にあたっての適切な対処事項を定めた。このガイドラインでは、WLB実現のために求められる事業主の取組として、①労使間の話し合いの機会の形成、②年次有給休暇の取得しやすい環境整備、③所定外労働の削減が求められている。また、配慮を必要とする労働者として、①特に健康の保持に努める必要があると認められる労働者、②育児・介護を行っている労働者、③単身赴任中の労働者、④自発的な職業能力開発を行う労働者、⑤地域活動などを行う労働者を挙げている。

この他、子ども・子育てビジョンや第3次男女共同参画基本計画の策定、企業に対するWL

図19　「仕事と生活の調和」に関する個人の実現度指標

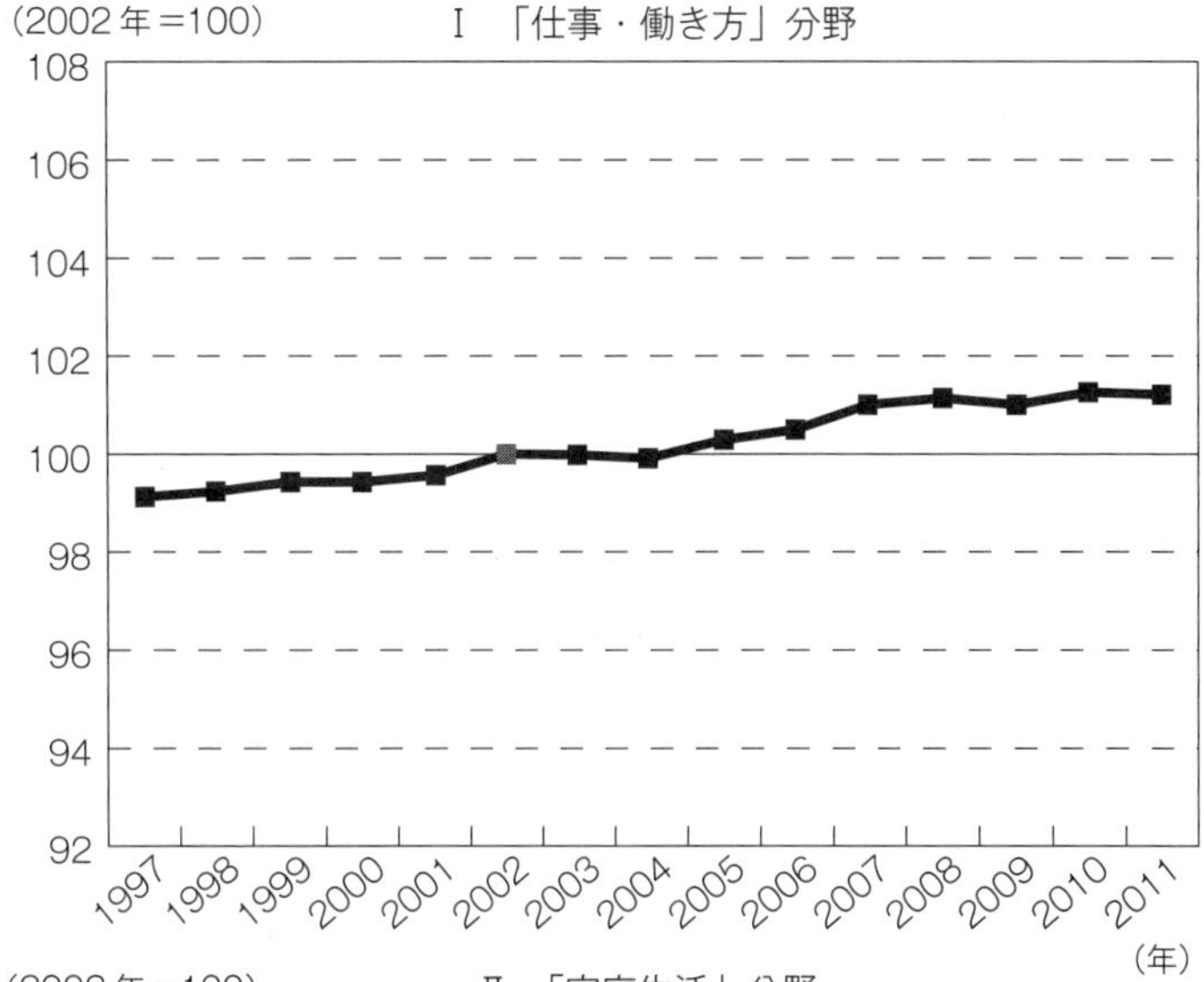

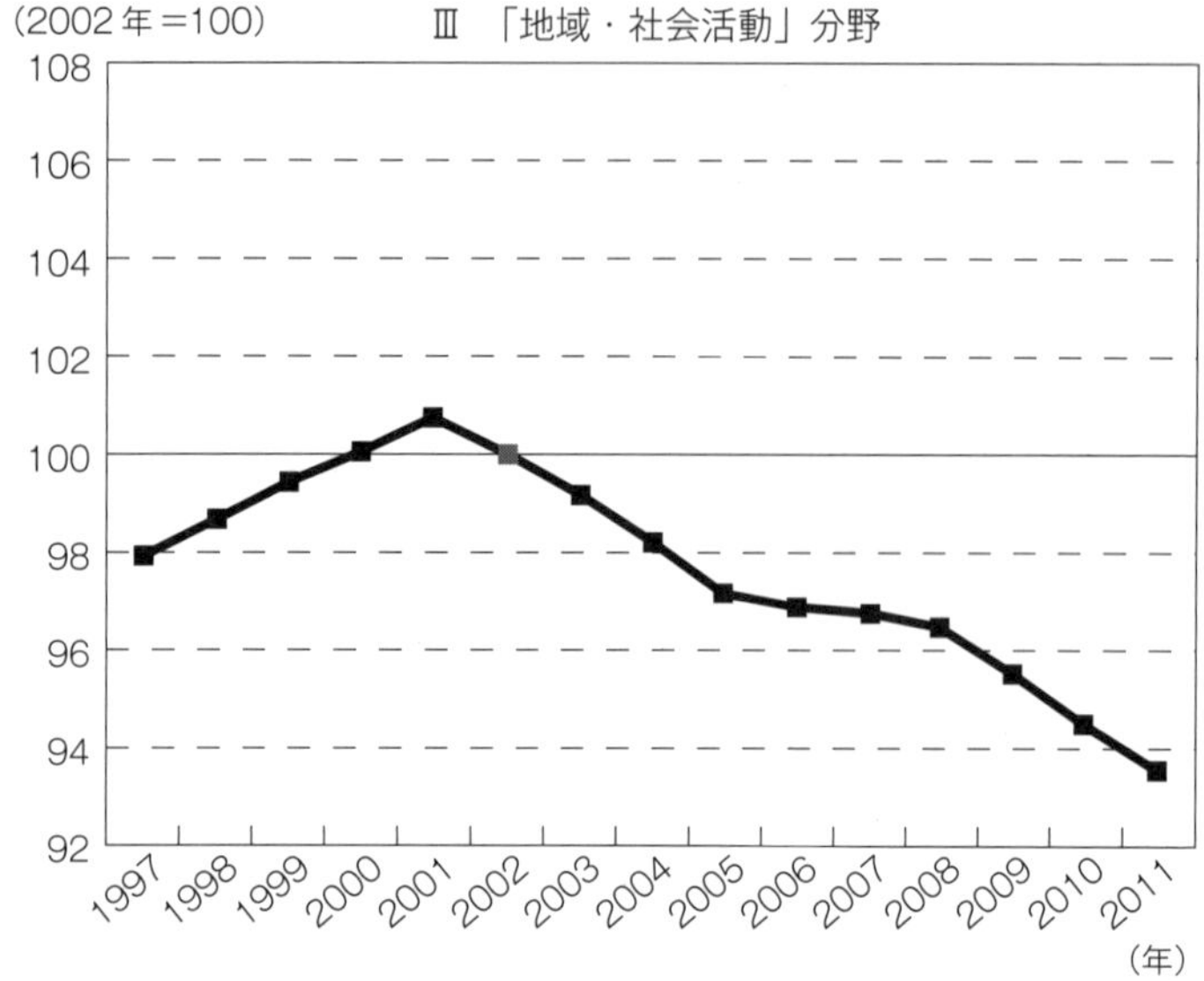
(2002年＝100)
Ⅲ 「地域・社会活動」分野
108
106
104
102
100
98
96
94
92
1997
1998
1999
2000
2001
2002
2003
2004
2005
2006
2007
2008
2009
2010
2011
(年)

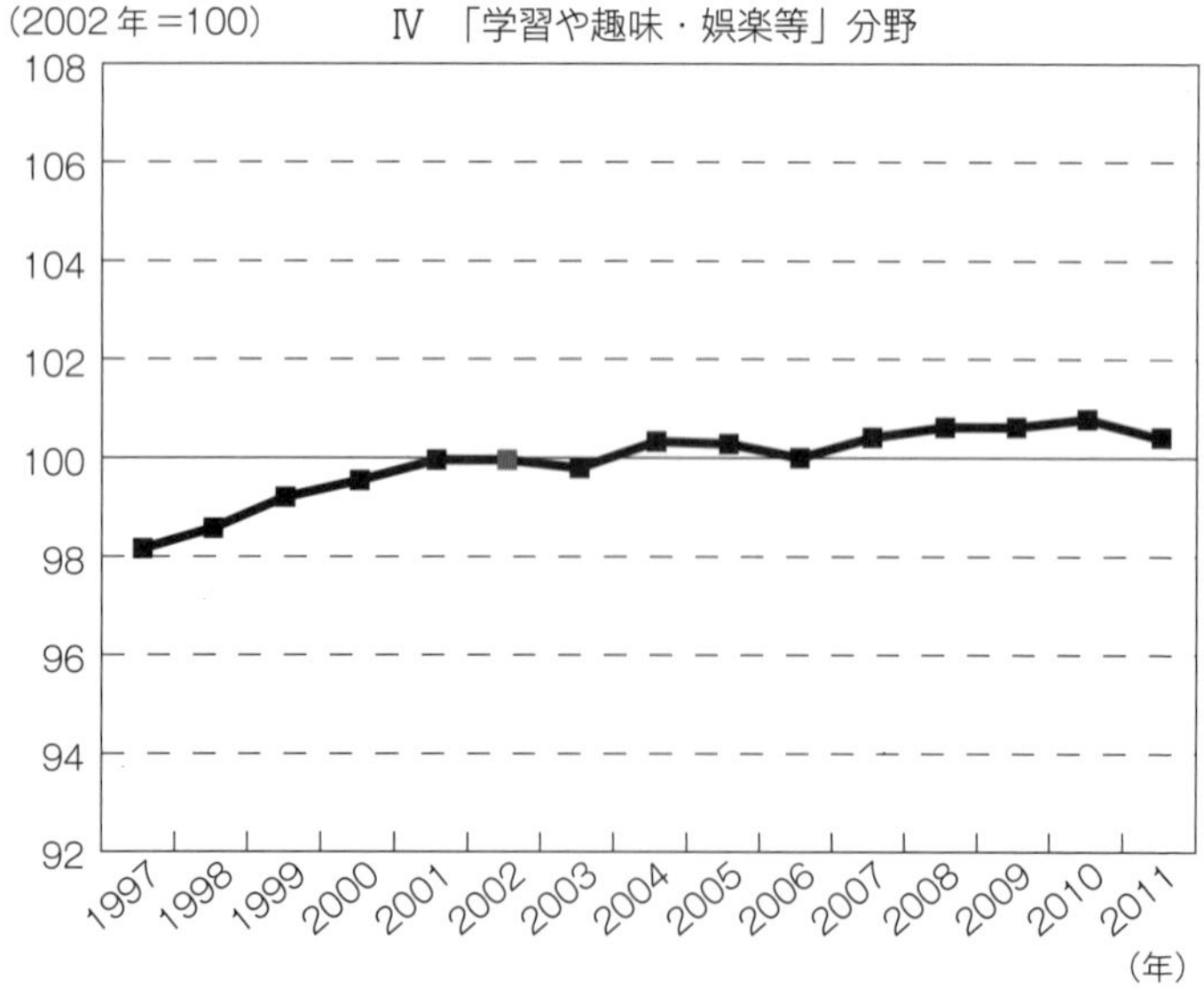
(2002年＝100)
Ⅳ 「学習や趣味・娯楽等」分野
108
106
104
102
100
98
96
94
92
1997
1998
1999
2000
2001
2002
2003
2004
2005
2006
2007
2008
2009
2010
2011
(年)

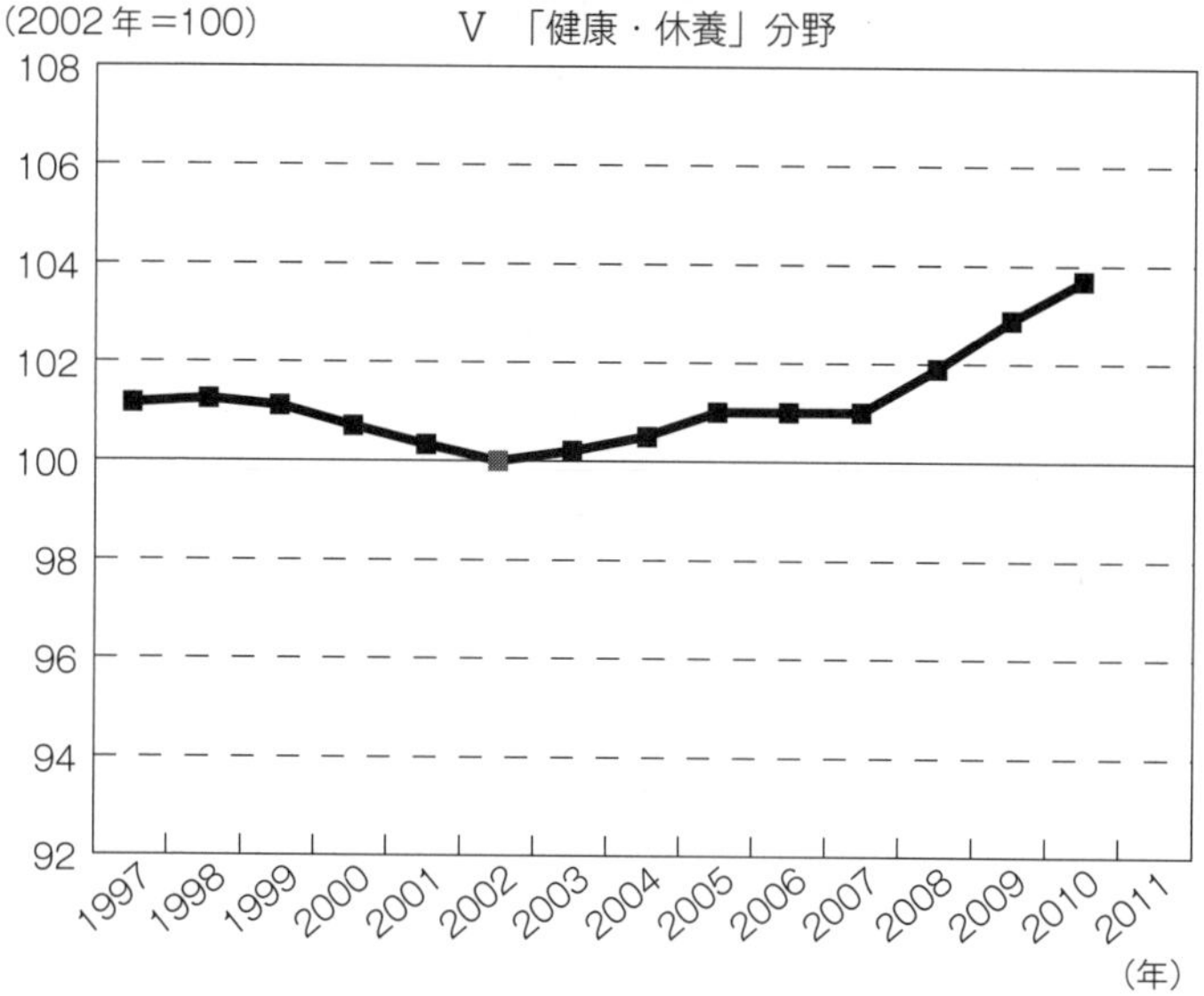

注：1）各指標は2002年を基準年として指標化したものであり（2002年＝100）、各年の水準は、当該分野の基準年と比較した相対的な状況を示している。

2）指数の上昇（低下）は、各分野における仕事と生活の調和が進展（後退）していることを意味する。

3）実現度指標の更新方法については、以下のとおりとする。

・Ⅰ、Ⅱ、Ⅴ分野は毎年（ただし、2011年値はⅠ分野のみ）。

・Ⅲ、Ⅳ分野は総務省「社会生活基本調査」の公表に合わせる。

資料：仕事と生活の調和連携推進・評価部会、仕事と生活の調和関係省庁連携推進会議（2012：163）。

図20　「仕事と生活の調和」に関する環境整備指標

注：1）各指標は2002年を基準年として指標化したものであり（2002年＝100)、各年の水準は、当該分野の基準年と比較した相対的な状況を示している。
2）指数の上昇（低下）は、各分野における仕事と生活の調和が進展（後退）していることを意味する。
3）実現度指標の更新方法については、以下のとおりとする。
・Ⅰ、Ⅱ、Ⅴ分野は毎年（ただし、2011年値はⅠ分野のみ)。
・Ⅲ、Ⅳ分野は総務省「社会生活基本調査」の公表に合わせる。
資料：仕事と生活の調和連携推進・評価部会、仕事と生活の調和関係省庁連携推進会議（2012：163)。

B基盤整備支援、地方自治体が整備するＷＬＢ支援サービスとして、保育サービスや学童保育の整備なども進められた。また、ＷＬＢの実態把握のため、政府統計の整備にも積極的に取り組んでいる（統計委員会２００９・２０１０)。

これらの改革を経て、ＷＬＢの実現はどの程度進んだのであろうか。仕事と生活の調和連携推進・評価部会他（２０１２）では、ＷＬＢ行動指針にある個人の実現度指標の達成度をまとめている（図19）。これによると、「仕事・働き方」分野では、「個人が人生の各段階における希望に応じて、柔軟に働き方を選択できているか」等が若干改善したが、「女性が出産・育児等に影響なく（継続）就業できているか」等が悪化したことから、２００７年以降おおむね横ばいとなっている。「家庭生活」分野では、「家庭内での男女の家事・育児等へのかかわり方はどうか」等が改善しており、上昇傾向にあった。また、「地域・社会活動」分野は、「希望する人が地域・社会活動等に参加できているか」等の減少により低下傾向にあった。「学習・趣味・娯楽等」分野はおおむね横ばいで推移した。「健康・休養」指標は、「休養のための時間はあるか」等の改善したため上昇した。つまり、「家庭生活」分野と「健康・休養」分野の改善はみられるものの、「仕事・働き方」「学習や趣味・娯楽等」はほぼ横ばいであった。「地域・社会活動」分野にいたっては、２００１年以降減少傾向にあり、ＷＬＢに関する個人の実現度の中では効果の上がっていない項目である。

このことから、日本のＷＬＢの実現は、仕事と家庭生活の調和、つまりワーク・ファミリー・バランスが中心であり、近年、過重な労働からくるストレスなどへの取組を反映して「健康・休養」分野の取組が徐々に拡大しているといえる。この動きは、精神疾患の労災認定の新基準ができるなどの精神的な健康に対する社会的関心の高まりとも関係があるだろう。ＷＬＢに関する環境整備指標（図20）をみると、１９９７〜２００２年はほぼ横ばいであったが、

2003~2007年に「地域における保育サービスの提供」等の増加を反映して増加した。2008年以降は、「就労による経済的自立が可能な社会」等に関する数値の低下から、2年連続で指標が低下したが、2010年には改善し、上昇に転じた。少しずつではあるが、WLBの環境が整ってきているもののワーク・ファミリー・バランス施策からどのように脱却できるかは、今後の課題といえる。

6　今後のワーク・ライフ・バランスの推進に求められる視点

この章のはじめで、イクメン・ブームやWLBに対する国民の意識から、WLBへの関心が日本人の間に広まっていることを示したのち、WLB支援施策が求められる主たる背景について整理してきた。そして、WLB憲章・行動指針策定によって充実したWLB支援施策を概観し、WLB行動指針で定めている目標値の達成度から日本のWLBの実態をみてきた。子育てを中心に個人向け・企業向けのWLB支援施策は拡充され、事業主も従業員向けにWLB支援施策に取り組んでおり、以前よりもWLBの実現に近づきつつある。これらの実態を踏まえ、本節では、WLBの普及をさらに進める上で必要な視点を検討していこう。

WLB憲章には、仕事と子育ての両立などの一部のWLBに限らず、広く仕事と生活の調和をめざしている。この中で示されていたWLBのうち、地域活動やボランティア活動の充実は大きく遅れていると言わざるを得ない。これは、先に個人の実現達成度で「地域・社会活動分野」のみが長らく低下している点からも明らかである。この現象を食い止めなければ、現在進めている社会保障制度改革で唱えられている「互助」の充実も困難となるだろう。

社会保障制度改革の議論は一見するとWLBと関係がないようにみえるが、「互助」の充実には、市民（労働者）が地域・社会活動へ参加することを前提としている。そのため、市民（労働者）が地域・社会活動団体に参加できる環境を整えることが求められる。しかし、現行のWLB論は、労働市場に軸をおいたワーク・ファミリー・バランスの議論が中心であるため、「地域・社会活動への参加」という視点は二の次になってしまっている。雇用劣化社会と言われている現在、「新しい公共」という概念を踏まえて、市場経済以外の行動原理も加味してWLB論を組み立てなおす必要があろう。具体的には、「連帯」や「民主主義」などである。神野氏が「あまりにも生産至上主義（市場原理主義）に偏っている現在の経済・政治・社会・生活を根本的に見直す必要がある（神野2010）」といっているが、この考え方は有意義な視点である。

もし、仕事と家庭生活の両立ばかりにWLBを捉えてしまうと、家族主義と企業福祉の充実を政府が支える構図となってしまい、1980年代の日本型福祉社会論の再来となる可能性もある。WLBに求められるのは仕事と家庭生活の両立に加え、WLBを支える子育てや介護などの福祉サービスの充実もWLB実現には重要な要素である。この分野の充実は、地方分権化

図21　NPO法人が行う活動に参加したいと思わない理由

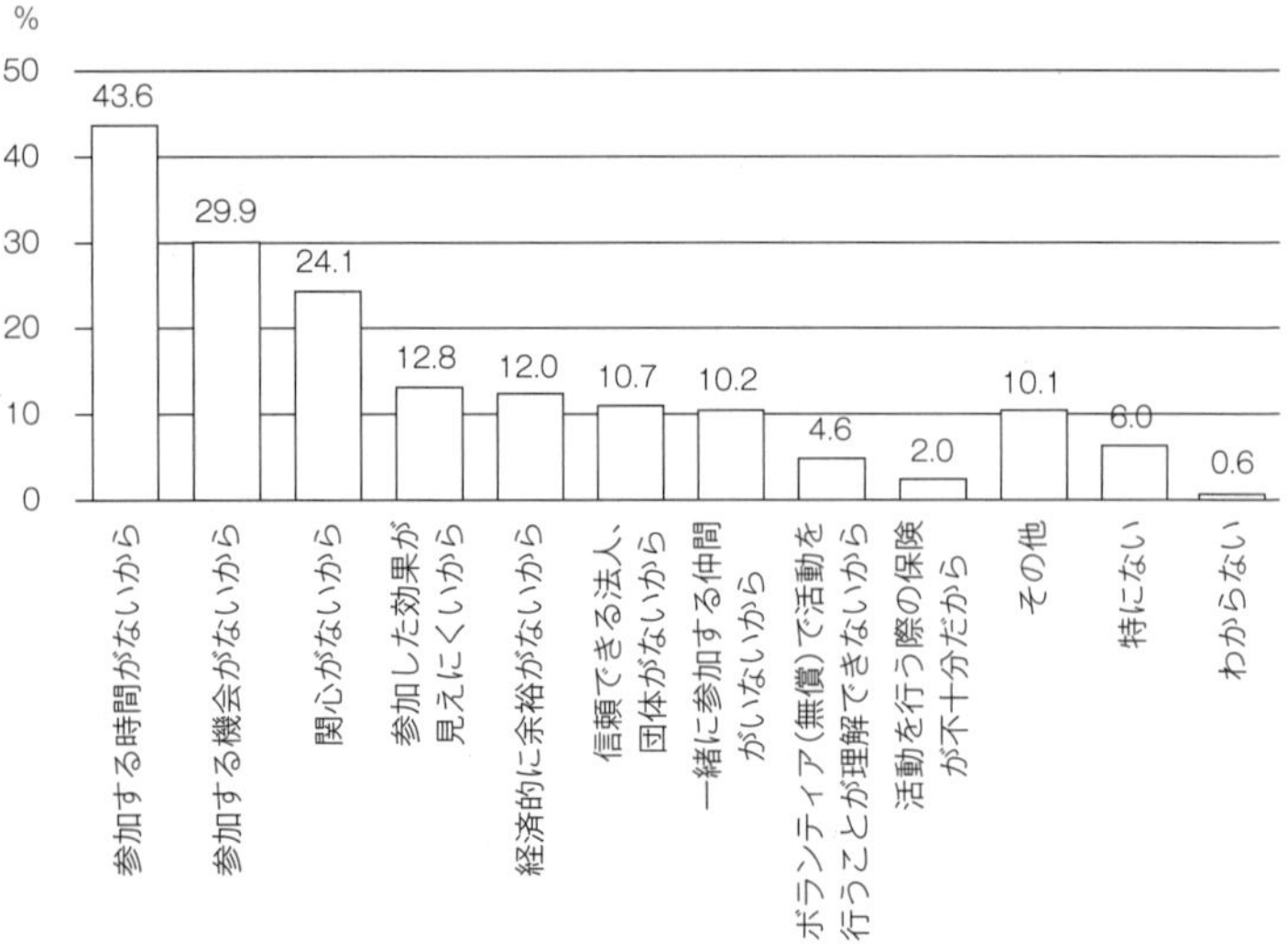

資料：内閣府（2013）「ＮＰＯ法人に関する世論調査」。

と福祉多元主義とが進む中、地方自治体の役割強化とともに、ＮＰＯ法人や協同組合をはじめとする民間非営利組織の自主事業と、自治体とそれらとの協働事業の拡大が欠かせない。これらの事業を支えるものが市民による地域・社会活動である。しかし、現在の日本では、地域・社会活動の意義は評価しつつも、残念ながら、そこに参加することには抵抗感がある者も少なくない。

　内閣府が２０１３年８月に実施した「ＮＰＯ法人に関する世論調査」によると、「社会のニーズや課題に対し、市民自らが自主的に集まって取り組むことは大切だ」と思う者の割合は91・6％（「そう思う」55・9％と「どちらかといえばそう思う」35・7％の合計）、思わない者は4・6％（「どちらかといえばそう思わない」3・0％と「そう思わない」1・6％の合計）であった。しかし、ＮＰＯ法人が行う活動に参加したいと思うか聞いたところ、「思う」と回答した者の割合は17・5％、「思わない」と回答した者は71・6％であり、参加意向が乏しいことがわかる。平成17年8月に実施した「ＮＰＯ（民間非営利組織）に関する世論調査」では、ＮＰＯが行う活動に参加したいというものの割合が43・9％、参加したいと思わないと回答した者は48・9％であり、これと比較すると、２０１３年の調査では参加意向が低くなっていた。ＮＰＯ法人が行う活動に参加したいと思わないという者の理由をみると、「参加する時間がないから」が43・6％、「参加する機会がないから」29・9％、「関心がないから」24・1％が上位であった。この現状が、ＷＬＢ行動指針の個人の実現達成度で遅れを取っている「地域・社会活動分野」の足枷になっているのであろう。したがって、ＮＰＯ法人などの活動への参加意欲の醸成と共に、活動時間の確保のための施策を充実し、仕事と家庭生活の調和に矮小化されないＷＬＢ論の定着が求められる。この視点がなければ、「互助」を重視する社会保障改革の実現を後退させるだろう。

謝辞
本章は、ＪＳＰＳ科研費　２３５３０７００、２５７５００１２の助成を受け行った研究の一部である。ここに記して感謝の意を表する。

〈注〉

（1）「イクメンプロジェクト」サイト（http://ikumen-project.jp/project_about.html、最終閲覧日２０１３年10月20日）より引用。

（2）「イクジイ」の説明は、「イクジイプロジェクト」サイトの「イクジイ登録」（http://www.fathering.jp/ikujii/ikujii_entry、最終閲覧日２０１３年10月20日）を参考に作成。

（3）詳細は以下のサイトを参照のこと。http://wwwa.cao.go.jp/wlb/government/top/hyouka/k_4/pdf/s01_1.pdf（2013/12/15閲覧）

（4）ワーク・ライフ・バランス推進官民トップ会議は、内閣官房長官を議長とし、関係閣僚、経済界、労働界、地方公共団体の代表等からなる会議である。その後、「仕事と生活の調和推進官民トップ会議」と改称された（内閣府２００８）。

（5）「新しい公共」とは、「行政だけでなく、市民やＮＰＯ、企業などが積極的に公共的な財・サービスの提供主体となり、教育や子育て、まちづくり、介護や福祉などの身近な分野で活躍することを表現するもの」である（仕事と生活の調和推進官民トップ会議２０１０）

（6）60時間を超える時間外労働に対して割増賃金を50％とする部分のみ、中小企業に対しては当分の間、適用が猶予される。

〈参考文献〉

厚生労働省（２０１１）「心理的負荷による精神障害の認定基準」http://www.mhlw.go.jp/stf/houdou/2r9852000001z3zj-att/2r9852000001z43h.pdf（２０１３／11／

21　閲覧）

雇用政策研究会（２０１２）『雇用政策研究会報告書―「つくる」「そだてる」「つなぐ」「まもる」雇用政策の推進』
http://www. mhlw. go. jp/stf/houdou/2r98520000002gqwx-att/2r98520000002gqye. pdf　（２０１３／12／15　閲覧）

仕事と生活の調和推進官民トップ会議（２０１０）「仕事と生活の調和（ワーク・ライフ・バランス）憲章」
http://wwwa.cao.go.jp/wlb/government/pdf/charter.pdf　（２０１３／10／15閲覧）

仕事と生活の調和連携推進・評価部会、仕事と生活の調和関係省庁連携推進会議（２０１２）「仕事と生活の調和（ワーク・ライフ・バランス）レポート２０１２―人も社会も意識を変えて。さらに進める働き方改革」
http://wwwa.cao.go.jp/wlb/government/top/hyouka/report-12/zentai.html　（２０１３／11／21閲覧）

佐藤博樹・武石恵美子（２０１１）『ワーク・ライフ・バランスと働き方改革』勁草書房

神野直彦（２０１０）『分かち合いの経済学』岩波書店

竹信三恵子（２００９）『ルポ雇用劣化不況』岩波書店

地域包括ケア研究会（２０１３）「地域包括ケアシステムの構築における今後の検討のための論点」、http://www. murc. jp/uploads/2013/04/koukai130423_01. pdf　（２０１３／12／20閲覧）

津止正敏（２０１３）『ケアメンを生きる―男性介護者１００万人へのエール』クリエイツかもがわ

統計委員会（２００９）「公的統計の整備に関する基本的な計画」
http://www.stat.go.jp/index/seido/pdf/12a.pdf　（２０１３／11／21閲覧）

統計委員会（２０１０）「公的統計の整備における喫緊の課題とその対応に関する基本的考え方」
http://www5. cao. go. jp/statistics/report/interimreport/koutekitoukei. pdf　（２０１３／11／21閲覧）

独立行政法人労働政策研究・研修機構（２０１３）『構造変化の中での企業経営と人材のあり方に関する調査」結果—事業展開の変化に伴い、企業における人材の採用・活用、育成戦略は今、どう変わろうとしているのか—』、
http://www.jil.go.jp/institute/research/2013/documents/0111.pdf （２０１３／12／30閲覧）
内閣府（２０１１）『平成23年版子ども・子育て白書』
内閣府（２０１３）『障害社会白書平成25年版』
日本労働組合総連合会（２０１１）「ワーキングプア（年収２００万円以下）層の生活・意識調査」（調査結果ニュースリリース）
http://www.jtuc-rengo.or.jp/news/chousa/data/20110722.pdf （２０１３／11／21閲覧）
みずほ情報総研（２０１３）『ワークライフバランスの状況把握を視野に入れた統計の体系的整備に関する調査』
http://www5.cao.go.jp/statistics/nenpou/chousa/chousa_1103/chousa_1103.pdf （２０１３／11／21閲覧）
三富紀敬（２０１０）『欧米の介護保障と介護者支援—家族政策と社会的包摂、福祉国家類型論』ミネルヴァ書房

第5章　労働と生活にとっての「安定」とは何か
――貧困を捉える視角としての「移動」を考える

小池隆生

1　はじめに

労働と生活の「流動性」

現代社会においては、人生の様々な画期に応じて人は住み慣れた場所から移動する。たとえば学生であれば卒業を機に就職やさらなる進学に応じて地域を移動することがある。もっとも、そのようなライフサイクルの画期が訪れても移動をしない人もいるであろう。しかし他方では、慣れ親しんだ地元から新しい地域への移動を余儀なくされる人々が存在している。自然災害や戦争など大規模な災厄に見舞われることで、人は住み慣れた地域を追われ移動を強いられることがある。人々の経験するそのような困難は、近年では東日本大震災（２０１１年3月11日）およびそれを契機に勃発した福島第一原発の過酷事故とその後において継続している。では、労働や生活の「安定」と人の移動とはどのような関係にあるのだろうか。

考えられる理路としては、生活水準の低下や環境の悪化など今後の生活困難が予想されるか、あるいはすでに現状として生活が困難である場合に、その悪化から生活を守り、さらなる安定と向上を求め、人は住み慣れた地を離れ移動するということである。もちろん地域に根をはって暮らすことで、人は生活にたいする具体的な不満や様々な要求を持つことができるかもしれない。それらは、人が現在暮らしている地域で取り結ぶ人間関係をベースに、様々な「こだわり」や「愛着」、そして「責任」や「しがらみ」をも含む日常の心性として生ずる。だが、さらに安定した暮らしを求めて、積極的もしくは消極的に、そのニュアンスは多様であろうとも、人が人生の画期において移動を選択する局面は存在しうる。

ところが他の地域に人が移動したとしても、移動先において期待した「安定」を感じられなければどうであろうか。条件が許しさえすれば、もと居た場所へ帰る人もいるであろう。しかし、そう簡単に移動ができない場合は、移動先で暮らしていくことを受け入れざるをえない。しかし、もと居た場所とは異なる次の場所へ移動する人もいる。そのような人はひとつの場所に根をはった生活はしない。そしてそのような暮らし方においては、生活にたいする要求は生まれにくいであろう(1)。

２０００年代を通じて日本社会に顕在化した現代的貧困は、移動という営みが生活困難と結びついていることを露わにした。２００８年に秋葉原で起きた無差別殺傷事件により逮捕された人物は、派遣労働等の非正規雇用を転々としつつ地域的な移動を繰り返していた。ルポルタージュは、地元の青森から離れ派遣労働等に就きながら移動した青年が、孤立を深め犯行に及んだ経緯を追跡している（中島２０１１）。２０００年代を通じて展開した労働市場の規制緩和とそれに伴う生活環境の諸問題に直面し、移動を伴う日々を過ごしつつ、犯行に及んだ人物と似たような境涯にいた青年は数多く存在していたはずだ。

他方、２０００年頃からは、海外をも含めた「転居転勤」への応諾の可否如何が「正社員」の条件として大企業を中心に拡がりを見つつあり、反対に給与水準などの処遇を下げた「地域限定正社員」の登場など、暮らしの拠点を移動させることが職業生活の質を左右する事態も生じている。このことからも、「移動」という営みは現代に暮らす人々の「生活の質」を大きく左右することが示唆される。

本章の課題

本章の課題をより限定するために、ここで一旦近代以降の歴史を簡単に振り返っておきたい。資本主義が進むにしたがって、農業を主たる生業としてきた人々や、その時々の産業の浮沈に伴い自ら営んでいた商売から離脱せざるを得なくなった人々が、他人に雇われる新しい身の立て方、すなわち「雇用労働」に従事するようになった。他方、雇用労働の普及と一般化は、労働力の移動とともに進んだ。世界に先駆けて資本主義が進んだイギリスでは、数百年におよぶその社会変動によって、農民（農奴）が土地を奪われ浮浪化し続けたため、救貧法（the poor law）は文字通りの「浮浪者」対策として、改定や整備が幾度となく繰り返された[2]。

ところが、資本主義の進展に伴う労働力の移動は、洋の東西を問わずその歴史に見て取ることが出来る。日本でも、近代化以降、農業等に従事してきた人々が新たな「より見込みのある」生業に就くことを目的として、あるいは自営を継続する人々にとっては家計の補助として、さらにはそもそも働き始めるその最初から将来が期待される主たる生業として、雇用労働は求められ、人々の中には雇われ仕事に就くのと同時に移動するものが存在した。

日本の高度経済成長期における大規模な労働力移動である「集団就職」などはその例である。北海道・東北地方からは東京へ、沖縄・九州地方からは大阪へ、東西を分かちながらそれは行われた。さらに「出稼ぎ」は、特に東北や北海道から東京などへ、冬場に乏しい現金収入を補足的に稼ぐために「出かける」という文字通り移動を伴う働き方として現在も続けられている。

こうして見ると、日本でもより見込みのある安定した暮らしを求めて人は移動をしてきたはずであったが、しかし前述のように、近年ではこのような移動を行っても、移動することによる生活の「安定」を人々が獲得できなくなってきているのではないだろうか。他方、「地域おこし」や「まちづくり」など地域に根を張って暮らしていくことが見直されている近年の動向もある。これらのことは、2000年代を通じて、日本のいたる所で、不安定な生活と労働が拡がってきたことを反映した動きといえるであろう。

しかし、いったい「安定」や「不安定」をどのように定義すれば、現代社会の実相のリアルな把握に繋がるのであろうか。そこで本章は、筆者が東北地方で実施してきた生活困難層に対する調査結果にもとづき、貧困という境涯にとって移動がどのように関係しているのかを検討することにより、現代社会の労働と生活における「安定」あるいは「不安定」であること、すなわち「流動性」の意味を考察することにしたい。次節では、「移動」を対象化する視角について検討するため、まずは人びとの生活圏における移動を手がかりにして、先行研究、中でも貧困研究が「移動」の問題をどのように位置づけてきたのか目配りをしておきたい。

2　貧困研究における「移動」

生活圏と「移動」

これまで述べてきたように、「移動」は人生の種々の局面においてその人の境涯を変える行為として機能する。だがその一方で、日常の生活場面においては、暮らしを成り立たせるための営みとして日々実際に行われている。人々が日々頻繁に経験する移動としては、通勤や通学、そして買い物に際して行われるものが代表的であろう。このような日常における移動が生活の困難とどのように結びついているかをまずは取り上げてみよう。

高齢化の進行とともに、地域で買い物に出かけることが難しい「買い物難民」の存在が、

2000年代以降、農村部や都市部を問わず日本各地で知られるところとなってきた。これは、日常生活の維持に欠かせない「ちょっとした」移動の如何が、生活の困難として表れる事例といえる。しかし、日常生活における移動が生活困難と関連を持つのは、なにも買い物に出かけることだけではない。例えば東京や大阪などでは、とくに高度経済成長期以降、仕事のために長時間、しかも超過密・超満員電車での通勤を余儀なくされる人々が無数に存在してきたのであり、こうした移動は生活の「骨折り」として多くの人々に経験されてきた。

だが、移動に伴うこのような苦労は、人々の日常生活の中の当たり前の一コマとして理解されるだけでは不十分である。人々が個別に経験する通勤という「移動」とそれに費やされる労苦は本来生活を維持するためのものであるはずだが、「通勤地獄」という表現すら存在してきた日本のような社会的条件の中では、人によって心身の失調と結びつき生活の継続を難しくする場合もある。

マイケル・ムーア監督のドキュメンタリー映画「ボーリング・フォー・コロンバイン」は、アメリカ合衆国における銃規制の遅れ（銃の「野放し社会」）を描いているが、その中で貧困層の通勤を巡って次のようなエピソードが登場する。

カリフォルニア州において、未就学児による同年代の児童に対する銃による殺人事件が起きた。発砲した5歳児には一人親である母親がいたが、彼女が公的扶助（カリフォルニアにおける「窮迫家族に対する一時扶助（TANF）」）を受給しつつ仕事に出かけている間にその痛ましい事件は起きた。福祉受給者であった母の暮らす都心のダウンタウンでは、彼女が従事できるような仕事は無く、公共バスで片道2時間以上かけて富裕層の暮らす郊外の飲食店に彼女は通勤していた。

ムーア監督が焦点を合わせたように、銃規制が杜撰である問題や、あるいは児童ケアの未整備など、事件の背景として考えられることは単純ではない。しかし、児童に対するケアも未整備な中、親が長距離・長時間通勤を余儀なくされていたことが、その背景にあることは推して理解することができよう。このようなセンセーショナルな事例を通して、長距離通勤による移動の苦労が、「アメリカ」という社会的条件にあっては生活の困難として表象されることが、映画の中で描写されていたといえる。現象の仕方は違えども、日常の移動と生活困難に結びつきが存在するという事実は、アメリカにあっても日本にあっても同じである。

ところで、このような日常の移動をも含めて、移動の何を対象化するのかによって研究は分類される。たとえば、人々の集団を総体としてとらえる「人口移動」に関する研究はおよそ四つに分類される。第一は移動の形態を統計的に明らかにするもの、第二は移動の理由と要因について扱うもの、第三は移動の影響やその効果に関するもの、また第四としては、移動をめぐる政策や対策に関する研究である（伊藤１９９４）。では貧困研究は、このような日常におけ る移動を生活困難との関わりにおいてどのように焦点化しうるであろうか。日常生活における「移動」と生活困難との関係に対する注目は、人々の「生活圏」における「流動性」への注目として存在してきた。例えば、かつての高度経済成長期における「不安定就業」研究によるその注目がある。

労働の「流動性」をめぐって——不安定就業研究と移動

ここでは、「流動性」の特徴である「移動」を取りあげる前提として、不安定就業は何を以て「不安定」であるのかをまずは一瞥しておこう。

高度経済成長期、日雇い労働市場と労働者が利用する簡易宿泊所（ドヤ）などが集積した地域、すなわち「寄せ場」が、東京は山谷、大阪は釜ヶ崎を代表として全国に複数形成されていた。江口英一らによって同時期に取り組まれた山谷の日雇い労働市場調査を基に上梓されたのが専修大学社会科学研究所編『山谷—失業の現代的意味』（後に、江口、西岡、加藤編として未来社より刊行）であった。この調査研究の成果などからも不安定就業という形態の労働と生活が析出された。不安定就業を特徴づけた1人である加藤佑治は、「不安定就業階層」とは、①就業が不規則・不安定である、②賃金ないし所得がきわめて低い、③長時間労働あるいは労働の強度が高い、④社会保障が劣悪、⑤労働組合が未組織、という条件のいくつかが当てはまる就業形態であることを指摘した（加藤1991、47頁）。

かつてアダム・スミスによって「仕事がなければ1週間と生きてゆけない」とその歴史的本質が指摘されたように（大河内監訳『国富論』Ⅰ・第8章、114頁）、労働者は誰かに雇われなければ身を立てられないという点で、そもそも「不安定」な存在である。戦後日本の高度経済成長期においてその不安定さは、不安定就業階層の典型であるところの、日々雇われ、日々失業する、まさに日雇い労働者において最も体現された特徴であった。その点、同時期における建設日雇い労働者を詠んだ歌は、スミスの指摘以上に辛辣といえるかもしれない。曰く、「土方殺すにゃ刃物は要らぬ 雨が3日も降ればいい」と。

ところで、2000年代における格差拡大の中で拡がった今日の不安定就業の典型といえる労働と生活は、派遣労働者のそれに最も集約されているといえるであろう。弁護士の中野麻美は、派遣労働の問題点として、労働者を雇っている者が誰であるのか、その責任の所在が曖昧になる点を述べ、そして違法派遣としての（つまり派遣法にさえ違反している）偽装請負において、その雇用責任の所在が曖昧になるどころか消失してしまうことを批判した（中野2006）。雇用の見通しの不安定さに勝るとも劣らぬ「雇い主責任」の曖昧さ（＝不安定さ）もまた、現代の不安定就業を特徴づける要素といえよう（次頁・図1参照）。

「不安定雇用」を研究してきた伍賀一道によれば、非正規雇用は三つの軸によって特徴付けられる（伍賀2009）。一つめが「常用雇用か有期雇用か」という軸であり、これは加藤が指摘した不安定就業の特徴である「雇用の見通しの安定／不安定」に相当する。そして二つめが「直接雇用か間接雇用か」という軸である。これは、中野が批判した「雇い主責任の所在問題」を表している。さらに伍賀の分類による三つめが、「フルタイムかパートタイムか」とい

図１　雇い主責任の所在が曖昧にされるか消失することで増す就業の不安定さ

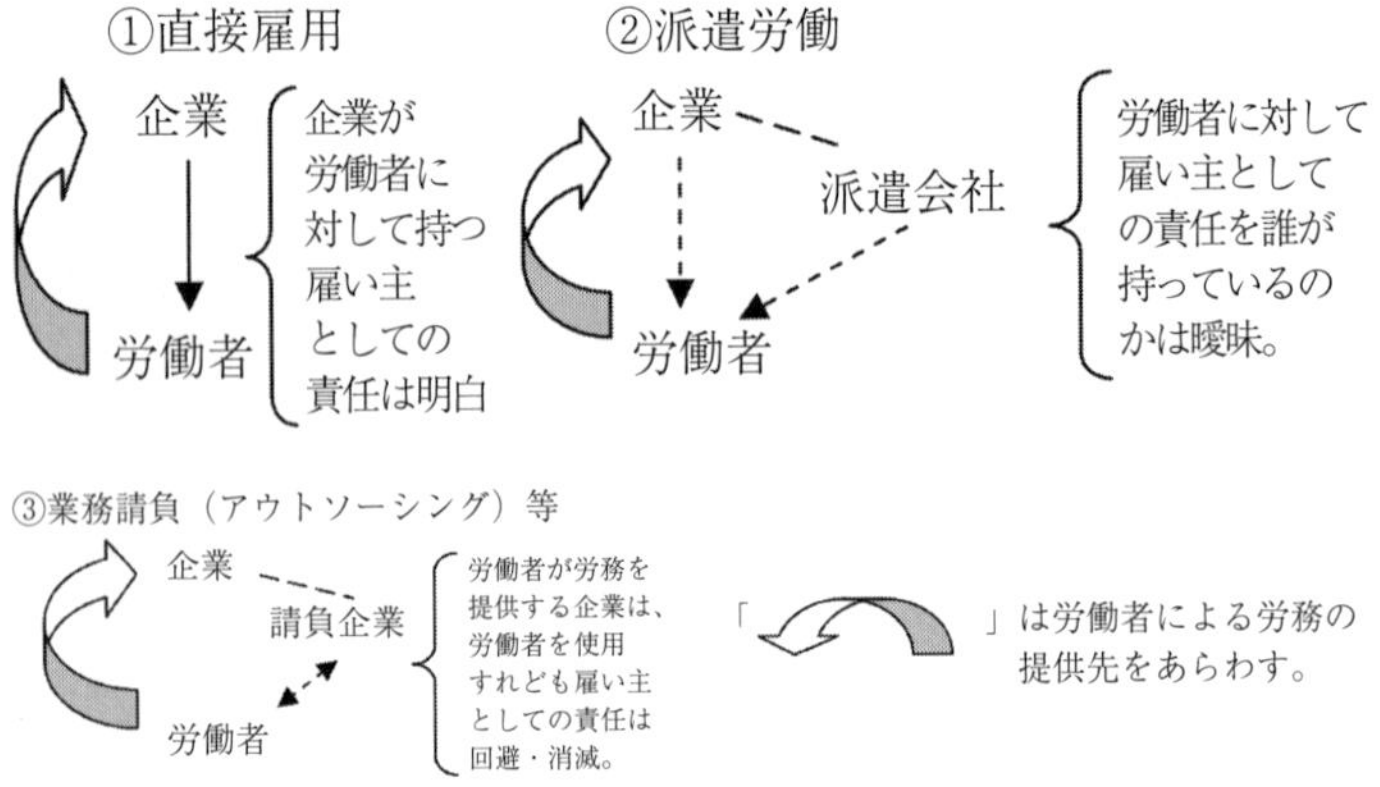
①直接雇用
企業
労働者
企業が労働者に対して持つ雇い主としての責任は明白
②派遣労働
企業
派遣会社
労働者
労働者に対して雇い主としての責任を誰が持っているのかは曖昧。
③業務請負（アウトソーシング）等
企業
請負企業
労働者
労働者が労務を提供する企業は、労働者を使用すれども雇い主としての責任は回避・消滅。
「　」は労働者による労務の提供先をあらわす。

注：上の３つは、①から③の図へ移行するほど、労務提供先である企業が労働者に対して本来有しているはずの雇い主としての責任が曖昧になることを表した概念図である。業務請負になると、労働者の労務が提供される先の企業にあっては、雇い主としての責任はもはや完全に消滅するのである。

う軸である。

だが三つめの軸は他の二つの軸とは異なり、ただちに不安定就業の要件とはならない。パートタイムであっても福祉国家として社会保障を整備し、同一価値労働同一賃金原則が相対的に実行を見ているオランダのような社会では、そうした働き方が直ちに労働と生活の不安定を意味するとは限らない（社会によってパートタイマーの置かれている文脈が変わる）からである。

さて、以上のように「不安定就業」を構成する特徴について一瞥してきたが、江口英一は労働と生活の両面に注目し、高度成長期を中心とした貧困の現象形態として不安定就業を対象化している。江口が高度成長期に大阪・釜ヶ崎の日雇い労働市場で行った調査研究では、日雇い労働者の流動性として仕事に従事する際の「移動」の側面にも目配りがなされていた。すなわち、日雇い労働者が「その日を暮らす」生活圏の相対的な「広さ」への注目である。江口は次のように述べている。若干長くなるが引用しておく。

「西成労働福祉センターは、『釜ヶ崎』が労働供給の中心地であるようにいい、そしてわれわれもともするとそうみるのだが、事実はその逆であろう。真実はむしろ、全国津々浦々にわたるこれらの『飯場』や事業所を『点』として、流動し浮動して描かれる『線』の、いわば『中継地』、あるいは巨大な『駅』に相当するものとして、『釜ヶ崎』は存在すると考えなければならないのである。その方が正しいであろう。だとすれば、『釜ヶ崎』は、これら全国にちらばる飯場、あるいは事業現場の、第二の大きな『飯場』であり、その意味で『予備飯場』なのである。もちろん、ここはそのような『中継地』、あるいは労働供給の予備的な基地であるとともに、一方では『終着駅』でもある。これらの労働者が、年をとり、また、労働災害によって不具化され、あるいは病弱で十分働けなくなったときには、この『中継地』が、そのまま最終の地にもなるからである。魚のようにいわばここへ回帰してくる、大きな『墓場』でもある」（江口「日本の窮乏層」堀江編『日本の貧困地帯（上）』39頁）。

江口は、大阪・釜ヶ崎に集まる求人情報が、多くは関西圏を中心としつつもそれこそ全国津々浦々から寄せられ、場合によっては就業が決まるやいなや寄せ場から遠く離れた現場にまで長距離の移動を行い、飯場と呼ばれる職住一体の施設に寝泊まりしながら、主として建設労働に従事していた人々が経験する労働と生活の「流動性」・「浮動性」を指摘したのであった。つまり、「安定」した労働および生活の対極にある「流動性」として、したがって不安定就業を構成する要素として、労働者の職住にまたがる「移動」を視野に収めていたといえる。

貧困研究における「移動」

現代における日本の貧困の拡大を受けて、かつて一旦は「消失した」と形容されるほど下火になった貧困研究も、今日では種々蓄積を見つつある。１９９０年代以降、格差社会への注目を通じて、あるいはホームレス問題の拡大を通じて、改めて貧困という生活困難への注目が生まれてきた。１９９０年代以降、労働と生活の流動性の高さという点で、まず真っ先に社会問題化した事象にホームレス問題がある。それは「不定住的貧困」として研究対象とされた。人の「定住」もしくは「不定住」という生活状態への注目は、すなわち「移動」の有無への関心と繋がる問題の立て方といえる。大都市を中心に実施されたホームレス調査は、対象となる人々の出身地や、最も長く従事した仕事をしていた時に暮らしていた場所などを明らかにした。たとえば東京などでは、ホームレスの人々の出身地こそ多様ではあるものの、長らく東京で暮らしてきた人が多かったことを明らかにした。しかし移動そのものを貧困との関わりについて検討した議論はきわめて限られた(3)。

その点、貧困研究の蓄積が継続されてきたイギリスでは、労働や生活の困難を表す貧困概念が彫琢されてきた。貧困研究の厚みの中で「移動」に対する注目が存在してきた。なかでも所与の社会的条件のなかで「見苦しくない」生活に焦点を絞る相対的貧困概念の一種として、「相対的剝奪 relative deprivation」が論じられた。代表的な論者に、タウンゼント（Peter Townsend）がいる。

タウンゼントの論じた相対的剝奪は日本でも紹介されて久しい。図2は、タウンゼントが明らかにした相対的剝奪を構成する指標であり、社会保障を研究してきた唐鎌直義による詳細な言及もある（唐鎌直義『脱貧困の社会保障』２０１２）。ここでは、様々ある剝奪指標の中で、「過去5年間に3回以上転居したことがある」という指標をみてほしい。人の移動の頻度が生活の不安定さと結びつく「剝奪」状態、すなわち現代社会における貧困を表象すると考えられていることに注目したい。タウンゼントは、孤独や孤立、差別、または社会福祉資源へのアクセスの問題と並んで、地域への統合が欠如している状態として、住まう場所を頻繁に移動することを剝奪指標として取り上げていた。

日本のこれまでの研究では生活の「安定／不安定」という側面への注目は、いわば「定住」もしくは「不定住」といった「移動」への注目というよりは、どちらかと言えば「不安定居住」という「居住」の不安定性にたいする注目の方が大きいといえる。もちろん「居住」とは住まい方を表す概念であるから、引っ越しの頻度などをも包含した概念として位置づけることもできる。しかし、現在「居住」という側面に焦点を合わせる場合、それは、人が住まうことを想

図２　剥奪的貧困の指標（Townsend 1987・抄訳）

1　雇用における権利の喪失

①過去１年間に２週間以上、失業していた経験がある。
②１週間またはそれ以下の雇用契約期間で雇われている。
③有給休暇がない。
④雇主が支払うか補助している食事（就労日の昼食）がない。
⑤職域年金の受給資格がない。
⑥病気で休業中、最初の６か月間、賃金をもらう資格がない。
⑦前の週に50時間以上働いた。

2　家庭生活デプリベーション

①子どもが室内で遊べる場所がない。
②子どもがいる場合、過去１年間に家から離れて休日を一緒に過ごしたことがない。
③子どもがいる場合、過去１年間に子どもたちだけで外出させたことがない。
④過去１年間に、家族または友人と一緒に過ごしたことがない。
⑤家族の誰かが健康問題を抱えている。
⑥障害者もしくは高齢の親族の介護をしている。

3　地域社会への統合の欠如

①孤独または孤立している。
②家の周辺の通りがあまり安全でない。
③人種ハラスメントがある。
④人種・性・年齢・障害・性的指向性に基づく差別を経験している。
⑤病気のときに援助を期待できない。
⑥家の中にいる自分以外の人へのケアまたは援助の資源がない。
⑦過去５年間に３回以上転居したことがある。

4　社会制度への正式な参加の欠如

①先回の選挙のとき、投票に行かなかった。
②労働組合・職員組合・教育課程・スポーツクラブ・政治団体に参加していない。
③ボランティア・サービス活動に参加していない。

5　余暇デプリベーション

①過去1年間に家を離れて休暇を取ったことがない。
②特別の余暇活動に1週間あたり5時間以上費やしていない。

6　教育デプリベーション

①10年以上の教育を受けていない。
②正式な卒業証明がない。

定されていないような劣悪な住環境で起居せざるを得ないことを主として問題関心としているように見受けられる。

そして「不安定居住」自体は、ホームレス問題の1つのコアをなしている。いわゆる「ネットカフェ」や「脱法ハウス」で寝起きする若い人々の存在、また同じく「脱法施設」といいうる劣悪な施設に押し込まれ、火災などに巻き込まれて亡くなった高齢者の存在など、居住の安定性を問わざるを得ない事態が広く認められるところとなってきており、そうした問題関心からの調査研究も進められてきている。

社会福祉研究者の岩田正美は、かつて「不定住的貧困」を「『慣習的居住』をすら確保できない状況、場合によっては職業も家族も持てない、という意味での私的自立の解体。…中略…私生活における自助の側面が困難であるばかりでなく、その自由・自立を確保する枠組み自体が解体の危機にある…中略…『私生活の枠組みの解体』を伴う諸問題を統一的に含む概念」(岩田1995　16-17頁。)として定義した。「不定住」という問題設定からは、既述したとおり「移動」に関心を寄せた問題設定にも繋がるものと思われる。岩田は、2000年代以降の論考において階層間の上下の移動を、地域における物理的な「移動」と関わらせて検討している（岩田２０１０）。

岩田によると、地域間における物理的な移動は2つのベクトルから論じられる。すなわち「自由な移動」を促すベクトルと、他方、「定まった場所」への定着を促すベクトルである。しかし前者のベクトルは、階層間の上下の移動と結びつくことにより「正の移動」となることもあれば、「負の移動」となることもある。「正の移動」とは生活条件の確保や社会的経済的地位を上昇させようという動機から生ずる移動である。それに対して、「負の移動」は、「よりよい職業や地位を目指した競争の流れに一度は乗っても、意図せずしてその波から落とされて、次第に不安定な職や地位へと下降するような『正の移動』の中途脱落」として位置づけられ、「移動先が不確定なまま、あるいは保証人も持たずに、つまりは『アテのない移動』として行わざるをえない」という。

また、そのような「下降」や「逃亡」のプロセスとしての「負の移動」ゆえに、中継地点は「定まった場所」ではない「特殊な場所」が利用される点を指摘している。したがって、そのような「特殊な場所」として、２０００年代後半に注目された「ネットカフェ」などの不安定な居住施設が対象化される。岩田の論考は、近年注目されてきた「不安定居住」が、「負の移動」という形で人々の「移動」とまさに結びつくことを指摘した点が重要であろう。

以下では節を変えて、筆者らが実施してきた調査に基づき、移動という側面から貧困という生活困難を捉え直してみよう。

3 「移動」が象徴する現代社会の流動性

暮らしの脅威に備える方法としての人の「移動」

近年、生活困難との関わりで人々の移動が最も大規模に生じたのは、日本では東日本大震災を契機とした移動であろう。冒頭述べたとおり、震災後に勃発した福島第一原発の大事故により、地域の破壊と併せて生じた人々の避難は近年まれに見る大規模な人口移動であった。震災発生から半年を経た時点で、福島県内外では15万人の人が避難生活を強いられ、県外への避難者は6万人以上（その半分が自主避難）であった。暮らしの持続可能性が一挙に脅かされたが故に、短期間のうちに発生した大規模な人口移動である。

このように一挙に生じる大規模な移動もあるが、その一方で、暮らしの脅威に備えるために東北の人々は農業等、家業による現金収入が減る時期には、これまでも生活の持続可能性を求めて住む場所を離れ働きに出る「出稼ぎ」を行ってきた。もちろん「出稼ぎ」とは稼ぐために出かけることであって、元々暮らしている場所へ回帰することが意図された移動であることが重要である。また、現在東北地方で暮らす人々の移動経験をみると、東京における一定の生活経験が最も多く、東北で暮らす人にとっては東京への移動（＝東京への労働力移動）がもっともポピュラーな経験といえる。(4)

表１　2000年代半ばの東北６県および青森県における出稼ぎの状況（人）

全国　出稼ぎ労働者数		29,900	
東北六県		17,600	
青森県		8,795	（全国の29.4％、東北６県の50.0％）
	男性	8,062	
	女性	733	
農林漁業出身者		2,749	（青森県の就業人口で見ると約83人に１人）

出所：青森県商工労働部・労政能力開発課（2007）。

表２　出稼ぎ労働の最大供給地・青森県における出稼ぎ型の割合（％）

冬型（10～３月）	44.2
夏型（４～９月）	26.8
その他（通年出稼ぎ・専業出稼ぎ）	29.0

出所：青森県商工労働部・労政能力開発課（2007）。

表1に見られるとおり、２０００年代半ばにおける全国の出稼ぎ労働者数は約３万人であり、うち東北6県で全国の約6割弱を占めており、さらにその半分が青森県を供給地としていた。さらに、表2からは、季節的に出稼ぎを行う人々がいる一方、三人に一人は、通年ないし「専業」の出稼ぎ労働者として地元から離れ移動をしていることがわかる。東北地方の中でも青森県における出稼ぎ労働を調査研究した社会学者の作道によれば、「兼業出稼ぎ」あるいは「専業出稼ぎ」を問わず、「出稼ぎ」は高度経済成長期を通じて津軽地方における「故郷の維持」に貢献した営みであったという（作道２００８）。その一方で、「通年出稼ぎになると、故郷との結びつきが切れるのは時間の問題」であるとして、移動の末、移動先から地元へ帰還する可能性が低くなることが指摘されている（「東奥日報」２０１０年8月23日付）。

このように、東北地方で暮らす人々が生活の安定を求め移動したことは、他の地域よりもおなじみの出来事であった。移動を行うことによって求めた暮らしの安定が実現しえない場合、移動先で引き続き生活し続ける人もいる一方で故郷に回帰する人々もいる。しかし2000年代における貧困の出現は日本中で生じた現象だったのであり、帰還したとしても生活の困難が軽減されず、むしろさらに悪化した境涯を経験する人々もいた。そのような人々の中から、大都市と比べれば比較的少数とはいえ、野宿生活を余儀なくされる人々が地方都市のなかでも出現したのである。まさに東北地方で貧困のうちに暮らす人々の境涯をみることで、生活困難の現在が移動によって特徴づけられていることがわかる。次に、実態調査の結果に基づきそのことを見ておきたい。

北東北における生活困難層の実態調査から

既述の通り、2000年代における貧困の拡大は地方都市にもおよんだ。青森のような北東北の、それこそ冬場ともなれば極寒となる地域にあっても野宿生活をする人が存在していた。以下は、2000年代後半に東北地方で筆者らが実施した調査の中から青森市で実施した調査結果より明らかとなった、同市でホームレス生活など極貧状態を経験した人々の「移動経験」による類型である。

調査は、「東北における生活困難層の実態と支援の在り方に関する研究会」が主体となり、

図３　青森相談ケース分析における相談者の年齢構成

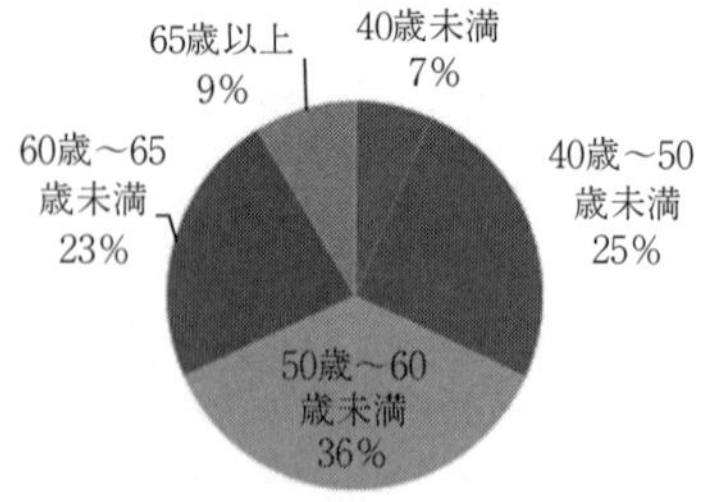

２００８年から２００９年にかけて実施したものである。２００９年３月に実施した「青森市における居宅生活者生活実態調査」では、「青森市生活と健康を守る会」に協力を依頼し、かつてホームレス状態を経験しつつも、同会が２０００年代に実施した相談活動などによる支援の結果、調査時点では生活保護を受給し居宅生活を営んでいた人に対する半構造化インタビューを行った[5]。

青森市の支援団体において２００１年から２００７年までに、ホームレス状態にあり生活保護相談を受けた95名（重複無し[6]・年齢構成は図３参照）のケース分析によれば、地域を移動する経験の後ホームレス状態へ至った人、移動経験のないままにホームレス状態へ至った人をそれぞれ分類でき、前者は後者の2倍存在し、いわば青森におけるホームレス生活を余儀なくされていた人々の多数を構成したことが明らかとなった（表３）。

移動経験のない「滞留型」からみておこう。このタイプに相当する人々の経験は二つのパターンがある。一つは、生活困難に陥ったとしても路上へ至るまでにタイムラグがある場合である。つま

表3　95名の移動経験から見た類型

「移動型」	63名：地域間移動を経てホームレス状態へ至った人々
	Uターン型（「出稼ぎ／回帰型」）：32名
	Ｉターン型（「他地域からの流入型」）：29名
「滞留型」	32名：移動経験なしにホームレス状態へ至った人々

り、貯金など処分できる「手がかり」や「足がかり」を通じて、転落までに時間がかかるケースである。他方、二つ目はそのような「手がかり／足がかり」が無く、生活問題に見舞われるや一挙に路上生活へ至るケースである。これらは、大都市部などでもよく見られる型であり、「都市型」とも言うことができる。こうした人々が全体の三分の一存在していた。

それに対して東北のホームレス経験の特徴として多くの人に当てはまるのが移動経験の存在である。次にこの「移動型」を見てみることにしよう。このタイプに当てはまるのは、地域間移動を経て最終的に青森市へたどり着き、不定住的貧困状態にありながら支援団体の生活相談へ結びついた人々である。この移動型の中にさらに二つのタイプがある。以下では、移動型における二タイプ、すなわち「Ｕターン」、および「Ｉターン型」のケースをそれぞれみてみよう。

(a)　Uターン型（「出稼ぎ／回帰型」）

Ｕターン型とは、文字通りの出稼ぎ経験を持っているか、もしくは出稼ぎ経験が明示的ではなくとも、広く東北・青森圏域に故郷を持つ人が回帰してきた経験が確認されるケース群である。出稼ぎなどにより一度は定住地から離れた経験を有する人々である。ここでは個別インタビューの了解が得られた人の語りを見ておこう。

Aさん（60代男性）は、青森県五所川原市から横浜に出稼ぎに出たが、出稼ぎ仕事を失い帰還するため北上したものの、五所川原へは戻らず青森市にまで戻りそこでホームレス経験の後、支援団体を経由して生活保護に結びついた人である。自らの移動経験について以下のように語っている。

Aさん「こっちに戻ってきたのは、やっぱり地元が良いと思って帰ってきた。本当は、最初横浜の方にそのままいようと思ったのだけど。青森だと元々暮らしていた五所川原から離れてしまえばそんなに知っている人いないから。東京にもいこうと思ったのだけどおっかなくて。それで、青森まで戻ってこようと思った。」

またBさん（50代男性）は、出稼ぎ後、住まいに戻ったもののその家で家族内でのトラブルを抱え、家を出ることになり所持金を使い果たした結果ホームレス状態に至っている。家を出ることになった背景について次のように語っている。この男性は元々暮らしていた家が妻の実家であり、さらに妻の兄弟（長男）夫婦がともに暮らしていたことが本人にある種の肩身の狭さを感じさせていたことがうかがわれる語りである。

Bさん「うん。家族の問題。実家（妻の実家を）出てから仕事無くて、どこでもやる気はあったのだけども。それに嫁の実家にいた時に脳梗塞になって、体が不自由だったこともあってさぁ。長男夫婦がいたから…。」

三人目は50代男性のCさんである。Cさんも出稼ぎ経験を有するが、従事していた仕事を辞めたことにより、やはり家族との折り合いが悪くなり離婚を契機に家を出て野宿生活に至っている。

Cさん「(家を出た) 理由は離婚をしたこと。小さい村だったため離婚をしたことがすぐに村中に知れ渡り、村にいづらくなった。家族とは連絡を取っていなかった。その理由は、離婚したことも仕事を辞めたことも家族に相談しなかったため、『そういうふうに (大事なことを家族にも相談もせずに) 生活するのだったら最後まで一人で生活してください。これからは一切連絡しないでください』と言われたから…。それ以来連絡は取っていない。」

Dさん (70代男性) は、Uターンによる帰還後、親族がいる住居のある青森市内で野宿をしていたケースである。

Dさん「兄が一人、姉三人。青森市内に住んでいるのは兄と姉二人。兄と一番連絡を取っている。一番最初に生まれた姉は亡くなった。二番目の姉の子どもが病気なので、自分から遊びに行っている。連絡は取っている。困った時に市内に（親族が）いるから恵まれている。姪っ子（兄の娘）とのトラブル抱えている。」

(b) Iターン型（「他地域からの流入型」）

70代男性のEさんは、失職後、兄弟を頼ってもとの出身地である秋田市に戻ってきたが、すでに実家が無くなっており家族の消息もわからなくなっていた。その後、青森に仕事を求め移動し、カプセルホテルでの宿泊を続けていたが、生活費が底を尽き野宿生活に陥っている。

さらに、中国地方から東北・青森に流入したのは60代のFさんである。Fさんが青森に流入する経緯は、実家の両親が亡くなったことと長く勤めていた仕事を解雇され不安定就業に従事するという複数の出来事が関係している。中国地方で長く働いた運送会社を50代で「リストラ」された後、55歳の時に配管工として働きに出るが、雇用されたのが本人曰く「社会保障もない」劣悪な処遇の会社であったという。その会社の仕事として青森・六ヶ所村の核燃料施設やゴミ処理場の配管作業に携わるために東北に流入してきたのである。さらに会社は倒産し給料も持ち逃げされた末、野宿をすることになった。

Fさん「困り果てて生活保護申請に行った。『60になってからくるか、地元に帰って仕事したほうがいいじゃないか』と言われ全然とりあってくれなかった。支援団体が関わって手続きをするとすぐに生活保護の申請が通ったが、そこで出会わなければ自殺を考えていたかもしれない。」

以上、移動経験がある人々の語りを紹介したが、Uターン型の場合は、文字通りの故郷か、あるいはむしろ故郷へのアイデンティティーの「かけら」に依拠して回帰してきた人々の経験として特徴づけることができる。しかし、「手がかり／足がかり」としての家族・親族機能自体はすでに弱化しているか、もしくは親族との関係が途絶していたことによって、回帰してみたもののすでに寄る辺はなく、最終的には路上などでの野宿生活に至った人々なのである。

一般的に「慣習的住居」と家族がどのような役割を果たしているかは、生活困難がホームレス状態に至るほどの深刻さを呈するかどうかを分かつ。Uターン型32ケースのうち、帰省先に家族あるいは親族機能の弱化が認められるケースは18ケース存在した。Uターン型の人々は、「出稼ぎ」という東北地方に慣習的に存在してきた身の立て方に従って、あるいは明示的にそうではなかったとしても、故郷での生活の安定をアテにして移動したものの、結果としてその「アテが外れて」しまったのである。

それに対して、Iターン型の移動は、故郷あるいはその近辺への回帰というよりも、漂流した結果、青森に文字通り「たどり着いている」場合がほとんどである。そしてその場合、所持金などに乏しく、また寄る辺もほとんど無い場合にホームレス状態になっている。このような型の人々が一定存在するのは、青森が本州におけるターミナル機能を果たしているその地域性も影響しているであろう。

しかしIターン型も、移動するきっかけに家族・親族機能自体が弱化していることと、それに伴う「慣習的住居」の喪失があることは無視し得ない。よって、そうした人生の苦境への「抵抗」として、彼らは「移動」したといえる。だがそれはさらなる生活の安定や階層上昇をもたらす「正の移動」ではなく「負の移動」となったのである。

2000年代における生活と労働の「流動性」

ところで、暮らしの持続可能性という点で見ると、震災が起きる前から東北地方、とくに農村部や中山間地におけるそれはすでに緩慢に揺らいできたといえるであろう。しかし、そこでは2000年代の貧困の拡大に伴う生活困難層の増加も顕在化しにくい面があった。そのようになりにくい理由としては、大都市部と異なる生活様式（ライフスタイル）の存在があり、生活の標準が都市とは異なって存在してきたことがあげられる。

たとえば、「居住」という点に焦点を合わせてみよう。生活の標準を考える上で非常に重要な要素である住宅のような「ストック」の意味合いは、都市部と農村部では異なっている。非常に老朽化し、都市部であれば人が住んでいるとは到底見なされないような廃屋のような家屋であっても、農村部では「立派」に住宅として用立てられていることがままある。そのような「不安定」な居住が地域で暮らす人々にとって当たり前の日常として風景化すると、その地域ではもはや「不安定居住」に根差す生活困難は存在しないかのごときになるのである。そのような「風景」が日常化しているからこそ、時折、山で穴を掘って野宿生活をする人や、極寒の雪山でホームレス生活をする人が「発見」されるのである（寺久保２００４）。つまり、よほどの極端なケースしか貧困とは見做されなくなり、貧困は文字通り隠蔽され潜在化する。

しかし２０００年代を通じて、本章が素材として取り上げてきた青森市のように、大都市圏ほどではないにせよ、地方都市でも野宿生活を余儀なくされる人々がそれ以前にもまして現れるようになった。１９９０年代に大都市部でもっぱら出現したような極度の貧困が、地方都市においてもその中心部においてはもはや隠蔽されえず剝き出しとなる事態として出現してきたのである。

その出現は、家族機能や親族機能によって担保されてきた生活基盤が「喪失」するなかで、生活の安定を指向した移動や、生活困難への抵抗としての移動が功を奏さなくなったことと結びついている。東北地方に根強く存在してきた「移動」の営みによって生活困難へ対応することは、地域の持続可能性が脅かされてきたことによって、もはや難しくなってきている。出稼ぎ労働者の故郷への帰還が、あるいは生活困難への抵抗としての馴染みのない土地への移動が、いずれも野宿生活のような極貧に帰結することが珍しいこととはもはや言えなくなりつつあるのかもしれない。

最後に、本章が注目してきた「移動」という営みが、労働や生活の流動性、あるいはそれら

図4　生活の安定性（stability）と移動性（mobility）の概念図

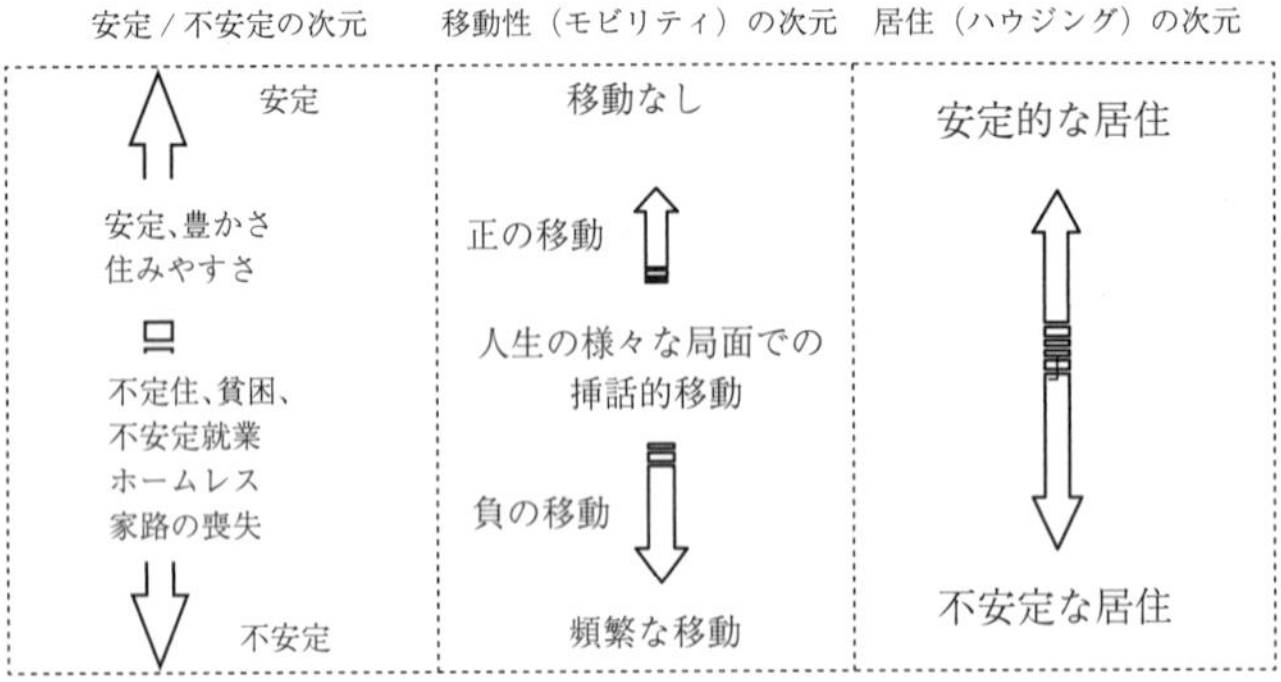

の安定や不安定ということの意味にとってどのように関わるのかを整理し、概念図として表すと図4のようになる。労働や生活が「安定」、もしくは「不安定」であることは、「移動性」における正負両方のベクトルと並んで表現される。それぞれの先には移動が止まっている状態と頻繁な移動が生じている状態が位置する。そしてさらに、「居住」の次元も並べることができる。すなわち「負の移動」の行き着く先には「頻繁な移動」状態があるが、それはまさに、グラつく「足場」としての不安定な居住状態が継続されることと連動していると考えられる。

4　おわりに

２０１３年暮れに封切られたアニメーション映画「竹取物語」（高畑勲監督）の中で、成長著しいかぐや姫が幼少期に共に遊び日々を過ごす村人達が登場する。村の子供達のリーダーは捨丸（すてまる）といい、作品中重要なキャラクターとなっている。実は、捨丸らは広範囲な山郷を生活圏としており、入会地の資源が枯渇することのないよう、移住して暮らす姿が劇中描写されている。フィクションとはいえ示唆的であるのは、移動することが生活の日常となっているという点である。

考えてみれば、そのような移動には「プラス」の意味も「マイナス」の意味もない。それは生きていく上で必須かつ当たり前の営みである。現代社会において私たちがする買い物、あるいは通勤や通学などに伴う移動も、本来であれば日常生活を構成するルーティンとしての、それこそ変哲もない移動のはずなのだ。そして、東北の人々が行ってきた「出稼ぎ」も、本来であれば「プラス」や「マイナス」などとは関わりのない、彼らの生活の日常を構成するルーティンであったはずである。

本章でみてきたように、移動することはもはや労働や生活の不安定さ、そしてそのことによって身を立てられなくなるかもしれないという恐怖、あるいは文字通りの「不安」と結びつく場合があり、近年その結びつきはポピュラーなものとして拡がりつつあるように思われる。移動するゆえにその移動先での労働や生活が不安定になる面もあれば、労働や生活が不安定ゆえに移動せざるを得ない面もあり、さらには、不安定就業のように、労働と生活の不安定さが移動と分かちがたく結びついているような面も存在する。したがって移動をめぐる不安定な労働と生活の因果関係は一つではない。

しかし、確かなことは、格差が拡大する社会、あるいは一％が社会の富をほぼ手中に収め、残りの99％が持たざる者として生活の見通しに不安を感じるような社会では、不安定就業のように、人々に労働力の「窮迫販売」を余儀なくするような働き方が拡がる。そのような社会では、人類がかなりの長きに渡り継続してきた、「生きていくために必要な」営みとしての「移動」は、もはや「生きる力を削ぐ」営みとして、いわば「逆立ちした」正反対の意味を伴って現象することになる。

現代の労働と生活の流動性を象徴する「移動」という営みは、人生が続く限り起こりうる挿話（エピソード）的な出来事である。ゆえに年齢で見れば若年層の方が、とりわけ他の年長世代よりも余命が長い分、移動を伴う生活の画期を経験する可能性は大きい。「ヒト、モノ、カネ」の「地球規模」での移動がより激しい時代にあって、「移動」という営みは「資本主義社会に固有の移動」として、ますます「転倒した意味」を持ち続けるのであろうか。

〈注〉

（1）生活に対して具体的な不満を抱き、あるいはその改善要求を持つようになるには、ひと所に定住するということが大きな要件ではないだろうか。ところで一つ所に定住することが「許されない」暮らし方は性的に搾取される女性の境涯に現れている。法務省によれば、２００５年の人身取引として摘発されたケースは興業資格が６割、不法滞在４割であり、フィリピン、インドネシアを出身国とするホステス業が多数であった。生活の安定を図っての「移動」がこのようなある種最も不安定な境涯を女性に集中的にもたらしている。

（2）イギリス社会保障生成の歴史はホームレス対策の歴史という側面がある。いかにして浮浪化する人々の移動を阻止し、かつ地元（教区）への帰還・定住促進をなしえるのか、エリザベス救貧法以降18世紀まではそうした関心がイギリス支配者には強かった（スミス１９７８）。

（3）日本でも移民や移住労働者、あるいは国際労働力移動に関する研究蓄積がある。外国から日本へ移住する人の論理を対象化する作業と、本章で主に検討している日本国内で身を立てるために移動する人の論理とがどのように交錯し、またどのような違いを見せるのかの検討は今後の課題としたい。ただし、人々が「移動」することが当たり前であるような社会における「移動」の意味と、「定住」することがポピュラーであるような社会における「移動」の持つ社会的なニュアンスは異なっているものと考えられ、その連関を対象化する上で移動という営みが持つ社会的文脈のズレに留意する必要がある。

（4）現在東北圏域に暮らす人の定住経験から見ると、他の圏域と比べて最も「馴染み」のあるのが東京圏となっており（国立社会保障・人口問題研究所２００８年）、東北で暮らす人は東京圏域で生活した経験が最も多いことになる。それはたとえば、四国圏域で暮らす人にとっては最も馴染みある地域が大阪圏となる。ともあれ、かつてほどの規模はないとはいえ、２０００年代にも「出稼ぎ」の営みは継続されており、それは東北地方から特に東京圏域への労働力移動として特徴をもってきた。

(5)本節に記載する調査結果を、筆者は2011年に北海道大学で開催された貧困研究会において研究会のメンバーである岩手県立大学・佐藤嘉夫と共に報告した(小池・佐藤2011)。

(6)年齢構成は中高年が多数を占めている。95名のうち男性が88名、女性が5名、性別の記載がなく不明であったものが2名であった。また、86・5%が単身生活者であり、6割の人の最終学歴が中学校卒である。

〈参考文献〉

青森県商工労働部　労政・能力開発課(2007)『平成19年度　出稼ぎ対策の概況』

アダム・スミス(1978)『国富論』大河内一男監訳、中公文庫

伊藤達也(1994)『生活の中の人口学』古今書院

岩田正美(1995)『戦後社会福祉の展開と大都市最底辺』ミネルヴァ書房

岩田正美(1999)「『ホームレス』としての現代の失業と貧困―その視角と課題」社会政策学会編『日雇労働者・ホームレスと現代日本』社会政策学会誌第1号、御茶の水書房

岩田正美(2000)『ホームレス/現代社会/福祉国家』明石書店

岩田正美(2008)『社会的排除―参加の欠如・不確かな帰属』有斐閣

岩田正美(2010)「生きるための移動―『負の移動』とその中継場所」『世界』11月号、岩波書店、所収

伊豫谷・青木・吉原「グローバル時代の〝移動〟と〝場所〟」『同上』所収

江口英一(1969)「日本の窮乏層―山谷・釜ヶ崎・横浜寿町」堀江編『日本の貧困地帯(上)』新日本新書

江口英一・西岡幸泰・加藤佑治(1982)『山谷―失業の現代的意味』未来社

加藤佑治(1991)『現代日本における不安定就業労働者【増補改訂版】』御茶ノ水書房

唐鎌直義（２０１２）『脱貧困の社会保障』旬報社
小池隆生・佐藤嘉夫（２０１１）「東北地域における『不定住的貧困』―東北３都市の調査から」『貧困研究』第６号、明石書店、所収
伍賀一道（２００９）「非正規雇用の拡大と現代の貧困」『経済科学通信』（第１１９号）
国立社会保障・人口問題研究所（２００８）「第６回人口移動調査」
作道信介（２００８）「ホールドとしての出稼ぎ」山下、作道、杉山編『津軽、近代化のダイナミズム―社会学・社会心理学・人類学からの接近』御茶ノ水書房
就労問題研究会自立支援事業聞き取り調査チーム（２００９）『都区自立支援センター利用経験者路上聞き取り調査報告書』
Townsend, Peter, 1987, Poverty and Labour in London, The Low Pay Unit
寺久保光良（２００４）『貧困と闘う人びと―ルポルタージュ・非常事態ニッポン縦断』あけび書房
中島岳志（２０１１）『秋葉原事件―加藤智大の軌跡』朝日新聞出版
中野麻美（２００６）『労働ダンピング』岩波新書
ポール・スピッカー（圷洋一他訳）（２００８）『貧困の概念―理解と応答のために』生活書院

第6章　「G企業」時代における労働政策と労働組合

兵頭淳史

1　J企業からG企業へ

かつて、1980年代の後半を中心に、「J企業論」とよばれる経済理論・企業論が一世を風靡したことがある。「日本企業はなぜ世界一なのか?その強さの原動力は何か?」という問題設定の下、アメリカ企業（A企業）との比較を軸に、しばしば「終身」雇用とまで呼ばれる長期雇用慣行、年功賃金体系、企業別労働組合という、いわゆる「三種の神器」（および大企業と中小企業間の下請系列関係、さらにはメインバンクシステムなど）の存在に、日本企業（J企業）の「強さの秘密」と「先進性」を見出そうとした理論である。このJ企業論に対しては、その事実誤認や理論的な問題点を指摘する有力な批判も、とくに社会政策論や労務理論などの分野を中心とする研究者から提示されてはいたが、内容や主張の当否はともかくとしても、日本社会や日本の労働者が「強い経済」の下で「豊かさ」を享受している、という言説が支配的な時代の雰囲気を象徴する理論として、それが大きな影響力をもったことは間違いない[1]。

その後、90年代に入ってから、「バブル崩壊」とともに日本経済が長期停滞のトンネルに突入して20数年が経った今日、このようなJ企業論は影をひそめて久しい。それに代わって今日、日本の企業をめぐる言説の焦点となりつつあるのは、雇用社会の荒廃をもたらし社会の持続可能性に危険信号をともす深刻な労働問題の発生源としての企業、すなわち、極端な長時間労働、過密労働、労働基準法をはじめとする様々な労働法違反、パワーハラスメント、不当解雇や退職強要、といった現象や行動を伴う労務管理を展開し、その結果、若年者を中心とする労働者を次々と「使い捨て」「使いつぶす」存在としての企業である。本稿では、こうした企業を「J企業」ならぬ「G企業」と呼ぶこととしよう。

かつて肯定的な文脈で使われたJ企業という概念も、それを構成する要素は日本企業の全てに共有されたものではなかったにせよ、いくつかのリーディングカンパニーから抽出された、日本の企業システムの理念型として提起されたものであった。それと同様に、先に列挙したような今日的な労働問題を生み出しつつある企業もまた、日本企業の全てがそのようなものであるというわけではないにせよ、現在の日本における雇用社会の状況を象徴するものであり、そうした意味で、J企業と同じような語感をもち微妙に異なる用語をあてることがふさわしいと考えられるためである。

ここで言うG企業の「G」とは、グローバリズムと新自由主義の時代にあって、市場メカニズムの肥大化によって人々の生活を毀損し社会を解体しながら、ひたすらに巨大なマネーを蓄積していく資本主義の今日的なあり方を表現する言葉として、近年、世界的に用いられるようになった用語「Greed Capitalism」（強欲資本主義）の頭文字である。もちろん単純に「強欲（*gōyoku*）」の「G」と解してもかまわない。「guilty（犯罪的な）」「grubby（卑しい）」「grotesque（グロテスクな）」「傲慢（*gōman*）」「ゴロツキ（*gorotsuki*）」の「G」と考えてもよい。

ところで、すでにお気づきのことと思うが、このG企業とは、巷間流布する「ブラック企業」という言葉と完全に互換性のあるワードとして、筆者の考案した造語である。日本社会にすでに広範に浸透し、２０１３年の「新語・流行語大賞」にノミネートされるほど人口に膾炙した用語である「ブラック企業」を使用せず、「G企業」などという、奇妙な耳慣れない言葉をわざわざ用いるのには、もちろんそれなりの理由がある。

「ブラック企業」というのは日本で作られた語であり、英訳される場合合意には、普通black corporationまたはblack companyと表現される。だが実は、英語でこれに類似したblack businessやblack enterpriseという言葉は、「黒人が所有（経営）する事業体」を意味する言葉なのである。またよく知られているように、60年代後半から70年代にかけて、世界的な労働運動・社会運動の高揚の一環として、アメリカを中心に展開された人種差別反対運動のなかでは、「Black is beautiful.」というスローガンが掲げられ、「黒＝black」にネガティブなイメージを纏わせることの問題性・差別性が厳しく問われて現在に至っているという歴史的経緯もある。つまり、「ブラック企業」という言葉を、「苛酷な労働を強いたり違法な労働条件で働かせ労働者を短期で使いつぶす問題企業」というような意味で用いること自体が、今日の国際社会においては「人種差別」的な含意をもつことになりかねないのである。

「ブラック企業」という言葉が、厳しい労働環境に呻吟する若年労働者のなかから自然発生的に生まれ、マスコミなども含めてここまで広く深く浸透することによって、企業による違法行為や過酷な労務管理、経済社会を蝕む労働問題への認識が社会的に大きく高まったことの歴史的意義はいくら強調しても強調しすぎることはない。「G企業」などという筆者の造語が、「ブラック企業」ほどのインパクトと浸透力を持ちうると自信をもって言えるわけでもない。

しかし、「ブラック企業」論の第一人者である今野晴貴によれば、この術語は、あれこれの具体的な企業が当てはまる、当てはまらない、といったことを判定できるような「定義」をもつ概念ではなく、労働者を「使い捨て」にするような労務管理が横行する雇用社会の病理を批判・告発し、そうした現状を変革するための「運動の言説」としてとらえるべきなのだという（今野２０１２）。そうであるならば、資本主義のグローバル化にともない、社会・労働運動にとっても否応なく不可欠な課題となりつつある、国境を超えた連帯を追求することにとって、大きな障碍となりかねない用語法は、改めるにしくはない。そうした考え方から、マスコミのみならずアカデミズムの世界においてもかなりの程度定着しつつある「ブラック企業」という言葉がはらむ問題性への、社会的な注意を喚起する一石としての意味を込め、以下本稿では、通例「ブラック企業」という言葉が使われる部分に、この「G企業」というやや奇妙とも思われるであろう用語をあてはめつつ、現代日本における労働問題の重要な一側面にアプローチしてゆくことにしたい。

2　労働法制による規制強化の意義と限界

ではそのようなG企業の問題を、社会的に克服し解消する方途について考える際、どのような視点が重要になるのであろうか。ただちに思い浮かぶのは、法規制の強化であろう。日本の労働法制が労働条件を規制する機能の不十分さが、G企業問題に象徴される労働条件の苛酷さ、劣悪さを生み出す重要な一因となっていること、したがって、労働諸条件をめぐる法規制の強化が喫緊の課題であることには、筆者としても異論の余地はない。しかし、法規制の強化は、それだけで労働条件を適正化してゆくために十分条件となりうるのであろうか。

ここで労働時間短縮という課題を例にとって考えてみよう。G企業に関する問題の多くが、異常に長い労働時間による健康被害として現れていることからも、労働時間の短縮という課題を、実効性をもった形で実現してゆくことが急務であることは、G企業問題や労働問題に関心のある人々のほとんどに共有される認識であろう。また、ワークシェアによって雇用を守り生み出す営みとしても、労働時間短縮が不可欠な意義をもつものであることは論をまたない。そ

図1　不払い残業に従事する理由（複数回答）

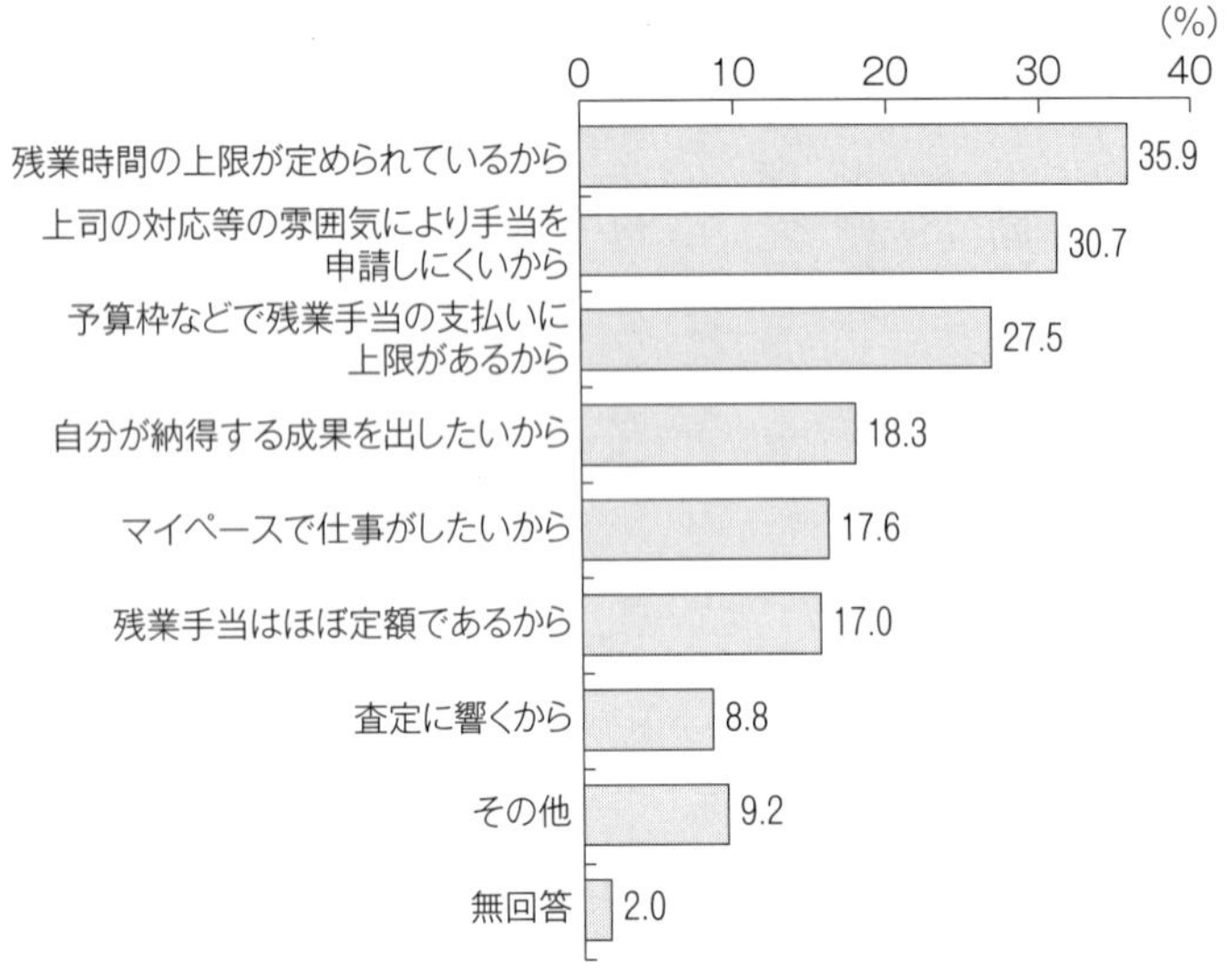

出所：全労連・労働総研『国民春闘白書』2010年版。

のように重要な意義をもつ時短を実現する上で、その決定的な方策を、時間外労働の上限規制や、労働日と労働日の間の休息期間について規定するインターバル規制の設定など、労働基準法制の改革に見出す議論は有力である。

しかし、現実に日本人の長時間労働をもたらしている重要な部分が不払い残業（いわゆる「サービス残業」）であることもよく知られている。そして不払い残業に従事する理由として最も多くの人が挙げるのが、「残業時間の上限が定められているから」というものであり、次に多いのが「上司の対応等の雰囲気により手当を申請しにくいから」というものであって、多くの不払い残業は、必ずしも経営者や上司からの明示的な命令・強制によって発生しているのではない（図1）。

このような状況は「会社は長時間の残業を命じたわけではない。そんなに長時間仕事をするのは労働者の勝手（または非効率）である」という論理の横行と表裏一体のものであり、新聞報道で紹介された次のような具体的事例は、こうした問題の所在を端的に表現するものとなっている。

大手電機メーカー子会社に努めるシステムエンジニアの20代男性。残業は月120～130時間で、「過労死ライン」とされる月80時間を大幅に超えていた。しかし、会社に申告できたのは月30～40時間。「プロジェクトが赤字になるから、その程度にとどめてほしい。おれもつらいんだよ」。自分以上に休んでいない上司からそういわれると、何も言えなかった。……会社と労働組合は、労働時間削減を掲げて定期的に社内をパトロールし、社員に帰宅を促している。前年に比べどれだけ労働時間が減ったかも発表しているが、バカらしくて見る気が起きない。「過少申告された見せかけの残業時間に、何の意味があるんだろうか」。

50代の派遣社員女性は、夫がリストラで職を失い、大黒柱として家族を支える。残業は多い時で月約80時間。うち約50時間は、ただ働きだ。／専門知識を生かして、接客や事務処

表1　所定外労働に従事する理由（複数回答）

（%）

		突発的な仕事があるから	人手が足りないから	残業を織り込んだ業務運営となっているから	自分が納得するように仕事を仕上げたいから	先に帰りづらい雰囲気があるから	自分の仕事の進め方の手際が悪いから	仕事の指示があいまいだから	残業手当を生活の当てにしているから	査定に影響するから	他人からの評価に影響するから	なんとなく職場にいたいから	その他
所定外時間数	45時間未満（398）	45.0	39.9	26.9	24.1	11.6	11.6	8.5	11.3	2.3	0.8	1.5	4.8
	45時間以上80時間未満（84）	45.2	53.6	44.0	29.8	21.4	14.3	20.2	13.1	6.0	3.6	2.4	7.1
	80時間以上（65）	41.5	60.0	46.2	27.7	27.7	16.9	15.4	7.7	9.2	6.2	0.0	6.2
所定外労働をした計（709）		44.1	43.7	31.2	24.7	15.2	12.4	11.7	10.3	3.2	2.5	2.0	5.4

出所：連合総研『勤労者短観』2011年版。

> 理など幅広い業務を担当。以前は残業分の賃金は支払われていたが、労働基準監督署から指導されたためか、派遣先は「残業は月30時間まで」と指示するようになった。派遣社員の数は徐々に減らされ、1人当たりの仕事量は増えていた。「無理なことを」と思ったが、上司がぼそっと言った。「残業が多いのは能力がないからだ」／それからは隠れて仕事するようになった。朝は早めに出て、昼休みも満足にとらずに働く。終わらない分は家に持ち帰る。休日こっそり出勤する。
>
> 『朝日新聞』２００８年9月26日付

このように、残業時間の過小申告強要といった、露骨な形での不払い残業の「強制」のみならず、会社が率先して「残業の禁止」

や、外見上の「時短」を推進すること、さらにしばしば長時間労働の責任を労働者の「能力」や「効率」に転嫁することによって、労働者はかえってただ働きとしての「持ち帰り残業」や「隠れ労働」を強いられるという現象は、労働時間そのものに対する法規制の強化という制度的働きかけのみによっては、労働時間の実質的な短縮という課題が達成されることは困難であることを示唆している。要するに、長時間労働をもたらしているのは、時間外労働そのものの強制というよりも、法定労働時間内で処理しきれない作業量、さらにそれをもたらす要員の少なさ、といった要素なのであり（表1）、この問題は、運輸産業など一部の例外を除けば、制度的な規制の強化によって改善することはそもそも困難であろう。仕事・作業の量や現場における要員数を、経営合理性の論理に制約を加える形でもコントロールする力が存在しうるとすれば、それは職場における労働者が、仕事そのもののあり方をめぐって発言する力であり、それは究極的には職場における労働者の集団的な力、つまり職場における労働組合の働きによってしかありえないのである。

3　企業別労働組合と産業別労働組合

しかし、今日の日本では、労働組合、とりわけ職場を基盤とする労働組合の役割が重要だという考え方が、なかなか理解・共感を得にくい状況にある。それは、現在の日本では、職場において多数を組織する労働組合とは「企業別（企業内）労働組合」であって、企業別労組はG企業に対して何の防壁にもならない、というイメージがかなりの程度定着してしまっているためである。

そもそも企業別労組は、必然的に企業間競争の論理に巻き込まれ、労使協調的ないしは労使一体的な体質に陥る傾向があるとされ、そうした点が欧米的な産業別労組に比較した場合の日本の労働組合の決定的な問題点・弱点だといわれる。したがって、日本の労働組合を、企業の論理から自立した存在にし、労働条件の維持・改善という機能を発揮するものに変えるためには、企業別労働組合というあり方を打破して、横断的な職種別・産業別労働組合を組織してゆくことが重要な課題だとされるわけである。

しかし、このように、日本における「企業別労組」の問題点を、欧米的な「産業別労組」との比較という視点からとらえようとすること自体は誤りではないにせよ、次のような点に留意せず単純化した見方に陥ると、問題の本質をとらえそこなうことになりかねない。たとえば「欧米の労働組合は産業別労働組合である」と表現されるとき、しばしば「欧米の労働組合は、産業レベルで中央集権化された組織が経営者団体と交渉をおこない、産業別労働協約を締結する」というイメージが含意されている。確かに一部の西ヨーロッパ諸国についてみれば、そうしたイメージはおおむね妥当する。だが近年日本において注目されることの多い北米について言えば、産業別労働組合の行動パターンや組織のあり方は、こうした図式とは大きく異なる。

すなわち北米においては、自動車産業を典型とする、伝統的な大労組の存在する製造業では、団体交渉は基本的に産業別労組の本部と各企業の間での対角線交渉の形でおこなわれ、したがって当然、労働協約は企業あるいは事業所ごとに締結され、産業別協約や横断賃率といったものは存在しない。

さらに、公務・マスコミなどのように、団体交渉においても、「ローカル」と呼ばれる、企業・事業所ないし自治体単位の組合組織が主体となる産業も少なくない。この場合、当然ながら組織の意志決定の面でもローカルの自律性が強くなり、日本の企業別労組のイメージに近いものとなる。

その一例として、ボストン新聞労組（Boston Newspaper Guild＝BNG）のケースをとりあげてみよう。BNGは全米通信マスコミ労組（CWA）の一支部（ローカル）であり、TNG－CWA第31245支部（Local 31245）という正式名称をもっている。[2] したがって上述したような産業別労働組合のステレオタイプなイメージからすれば、BNGというのは地域的産業別労組として、マサチューセッツ州ボストンの新聞労働者を、所属企業に関係なく網羅的に組織する労働組合ではないか、と思われるかもしれない。しかし実際にはBNGは、ボストン圏最大の発行部数を誇る新聞『ボストン・グローブ』の発行を主たる事業とするボストン・グローブ社の従業員だけを組織する労働組合である。ボストン地域にはもうひとつの有力紙『ボストン・ヘラルド』が存在するが、その従業員を組織するのはボストン都市圏新聞労組（The

Newspaper Guild of Greater Boston）という別の組織体であり、これもまたCWAの一支部ではあるが、BNGとの間に日常的な連携や共闘関係はない。もちろん、ボストン地域における新聞産業の統一交渉や統一労働協約などというものも存在しない（兵頭2013a）。

また、CWAはマスコミ関係だけではなく電気通信産業等の労働者も組織する複合産別労組であり、ボストン地域では、電話・インターネット接続大手ベライゾンの従業員を組織するローカルなど有力な支部もいくつか存在するが、こうした組織とも、争議時に産別を超えた支援などが組まれる場合はともかく、少なくとも日常的な組合活動の局面においては没交渉である。そしてBNGは基本的には、日本の企業別労組と基本的には似た形で、上部組織の関与なしに自主的な判断の下に、経営側と交渉・争議・妥結などの局面における意思決定を行ってゆくのである（同前）。

だからといってこの労働組合は、日本の主流派企業内労組のように労使一体的な組織というわけではない。BNGは経営側による合理化に対しても果敢に反対闘争を展開しているという点で、決して「労使対決」路線をとっているわけではないにせよ、資本や経営の論理からは自律性を保つ「労働組合らしい」労働組合であると見ることはできる。もちろん、日本と同様、アメリカにおいても紙媒体としての新聞産業の構造不況業種化が進展するなか、2009年には『グローブ』紙が廃刊の危機に追い込まれ、BNGも賃下げと人員削減を含む大幅な譲歩を強いられることになるなど、厳しい状況に立たされており、BNGがお世辞にも「強い労組」

図2　労働損失日数の国際比較

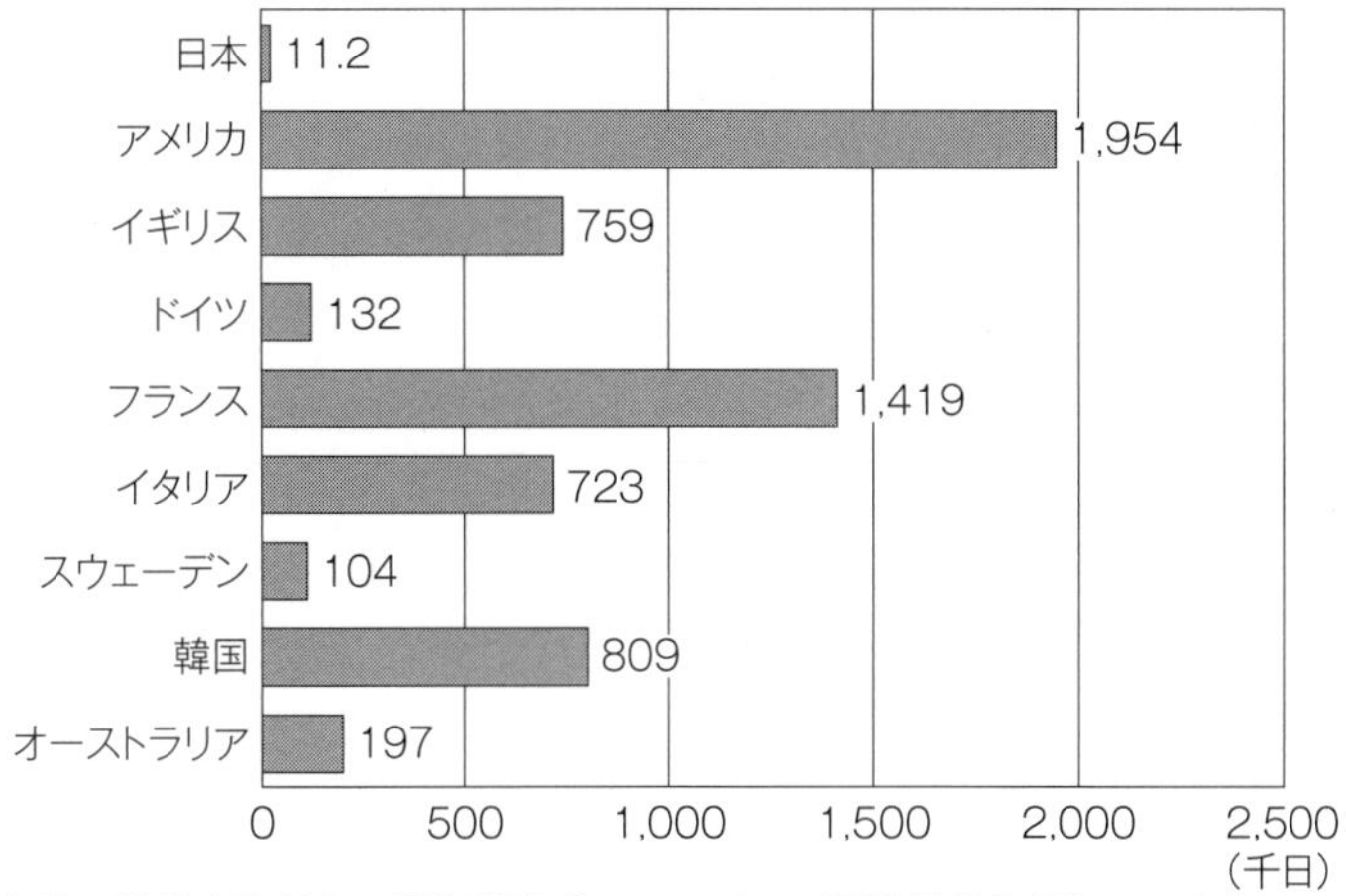

出所：労働政策研究・研修機構『データブック国際労働比較』2012年版。

であるとは言い難いことは、当事者自身認めるところである。だがＢＮＧにとって「弱さ」の大きな要因となっているのは、「企業別」的な組織形態ではなく、組合内部における職種間対立なのである（同前）。

このように、北米における労働組合は、実は組織形態の面だけを取り出せば、日本で通俗的にイメージされる、産業別交渉と産業別協約をともなう産業別労働組合とは、大きく異なり、基本的には「職場」や「企業」に組織と活動の基盤を置いた労働組合である。しかし、その行動原理や組織体質が、日本の企業内労組のように労使一体的になるわけではない。そのことは、例えばアメリカ合州国における労働損失日数が先進国でも群を抜いて大きく、労働組合が組織されている企業においてはストライキを含めて闘争が活発に展開されていることからもうかがえる（図2）。

またヨーロッパに目を転じれば、西欧の労働組合には職場・企業単位の組織は存在しない、といった言説もときおり見受けられるが、これは全くの誤解であり、西欧の産業別労組にも職場や企業レベルでの交渉をおこなうユニットは存在するし、むしろ西欧産業別労組の、相対的に見れば強い規制力は、職場（事業所）レベルにおける組合組織の強さが土台になっているのである（大重２０１３）。

確かに、日本における労働組合の現状や展望を論じようするとき、組織形態をめぐる問題の重要性は否定しがたい。企業経営の論理から自律性を保ち、労働市場をより効果的に規制しうる労働組合とは、といった観点からして、産業別労働組合の建設とそれを主体とする産業別の労使関係形成や産業別労働協約の締結をめざすべきである、という考え方は、大筋で言えば決して間違ったものではない。

しかし同時に、労働組合の強化や運動の再構築という課題へ向けて行動するにあたっては、私たちは自らをとりまく現実から出発するほかはないのもまた確かなことである。つまり、労働組合運動の再建とは、労働者の間に「仲間と団結して使用者と対峙し交渉すれば、法的な最低基準を超えて自分たちの要求を実現することもできる」という信憑を再生させることに他ならない。そして、そのような信憑を共有しうるような労働者集団の存在する基盤は、基本的には、労働者が日ごろから顔を合わせてコミュニケーションをとりつつ働く場であり、同時に、現実の交渉相手である使用者やその代理人たる管理職と向き合う場＝職場をおいて他にないのである。

4　労働市場規制のために

また近年、労働市場の流動化が進展するなかで、企業横断的な「職種別労働市場」が形成されつつあるという見方が唱えられ、このような労働市場における賃率を労働力需給の影響から自律したものに変えてゆくという意味での「労働市場規制」が、焦眉の政策課題ないし運動目標として重要視されつつある。そして、こうした意味での労働市場規制の必要性が、労働組合にとって優先順位の高い政策・運動目標として注目されるようになるのに伴い、企業横断的な職種別労働市場を規制するためにも労働組合は企業横断的な職種別個人加盟労組となるべきだ、といった議論も現れている(3)。

しかしこのような議論は基本的には的外れなものである。外部労働市場における労働側の供給独占という状況の成立がほぼありえない今日の産業社会において、かかる意味における労働市場規制という目標の達成は、当該産業における企業の大多数を、賃金水準をめぐるある種の「カルテル」に参加させるという道を経ずして実現することはない。だが言うまでもなく企業にとっては、賃金水準は常にフレキシブルであることが望ましく、それゆえ、賃金水準の下方硬直化を招くような賃金カルテルを、経営者が自主的に組織することなど、通常は望むべくもない。したがって、労働市場を規制するということは、基本的には、多くの企業を、それらが望んでもいないことを「しぶしぶ」受容せざるをえない状況に追い込むということに他ならない。

そうしたところに企業経営者を追い込みうるものは、労働組合が争議権（スト権）を背景とした強力な賃金要求を頻発させ、経営側が単独ではそれに有効に抗しえない、という状況以外にはほとんど想定することはできない。そしてこの場合、使用者側の立場に立つ限り、対峙する労働組合の組織原理が、産業別なり職種別なりに「個人加盟」の横断的なものであるか、職場ないしは企業単位の組織が基本となっているか否かはさして重要なことではないのである。

無論、労働者の側に視点を移したときには、組合の獲得目標を、各職場ないしは企業単位でのストや団交における賃金要求から、労働市場規制にまで引き上げてゆくためには、個別の職場・企業ごとの交渉・闘争を産業レベルで横断的に連携させてゆく戦略が不可欠であり、産業別組織の指導部の役割が重要であることは否定できない。しかしそうした戦略展開の前提として、好むと好まざるとにかかわらず今現に賃金・労働条件を決定する単位となっている個別の職場・経営のレベルで、強力な交渉や闘争を展開することは、経営者を統一的な賃金決定機構形成の場に「引きずり出す」上では決して避けることのできないプロセスなのである。

5　企業横断的な労働組合運動の前提

このように、労働組合がその取り組みを通じて労働市場規制を実現しようとするなら、産業ないしは職種レベルでの横断的な戦略的連携あるいは統一方針をもちながらも、まず基本的な前提として職場を単位とする交渉・闘争を強力に展開することが必要条件となってくるのに対して、労働組合の組織原理が産業別・職種別組織への「個人加盟」形態をとっているか否かというのは、原理的には二義的な条件である。いかに労働市場の型が企業内封鎖的なものから企業横断的・流動的なものに変わろうとも、労働市場を規制するという目的と労働組合の組織形態・組織原理が直接的な関係をもつわけではない。

もちろん、産業別組織の組織原理が企業・職場単位で自律性をもった労組の「連合体」であるよりは、産業レベルや職種レベルの組織に「個人加盟」する横断的単一組合である方が、労働市場規制を最終的に実現する上では重要なステップとなる企業横断的な統一交渉の実現へ向けての労働組合側の戦略が、どちらかと言えばよりスムーズに決定され、より有効に展開される、といった程度のことは言えるかもしれない。

しかし戦後日本労働運動の歴史的経験が物語るように、産業別組織がいかに横断的な個人加盟の単一労組であることを掲げ謳おうとも、その「企業横断的な組織」の内実は、現実の各職場ないしは企業における労使の力関係や、その力関係によっても規定される労働者の意識によって、いかようにも左右される（兵頭2012）。そして企業別交渉・企業別労使関係を求める経営側が、企業レベルにおける労使関係において決定的な優位に立つことによって、「企業横断的な組織原理」がしばしば実質的に無意味化されてきたという歴史をふまえるならば、職場ないし企業をアリーナとして、使用者に対して強力に交渉や闘争を展開することは、労働市場規制という目的を達成するためにも、少なくともその第一歩としては、組織原理や組織形態そのものを「横断的」なものへと再編することよりもはるかに重要なステップなのである。

確かに、ヨーロッパ諸国の一部においては、そのようなプロセスを経ること無く、職種別・産業別の賃金決定機構が存立していた。しかしそれはむしろ、そうした国や地域における、世界大で見ればむしろ特殊な歴史的条件によって生まれた状況である。すなわち、そうした国々においては、入職規制機能をもつクラフト・ギルドの伝統という、前近代に根をもつ歴史的条件が存在し、そうした背景ゆえにこそ、労働組合は職場ではなく職種を単位として組織化され、そのような職種別組合が労働供給を独占的にコントロールするという制度を当然のものとする信憑が、近代的労使関係の初発の段階から社会的に共有されていたのである（二村1994）。「ヨーロッパにおいては労働市場規制が実現しており、そのヨーロッパでは労働組合は横断的な職種別・産業別個人加盟労組であるから、日本においても労働市場規制を実現するためには職種別・産業別個人加盟の横断的組織という組織原理をもった組合が必要である」

といった単純な図式化、現実の運動や組織にとって有益な指針となりうるものではない。

要するに、最終的にめざすべき労働組合組織のあり方が、個人個人が産業レベルの組織に加盟する産業別単一労組であるとしても、日本社会の歴史的前提をふまえる限り、労働組合運動の再生・強化へ向けてのプロセスにおいて、職場（中小企業においては、しばしばそれは企業と同義になる）に基礎をおく組織化・組織強化を迂回する道はないのである。「企業別労組は日本特有の、好ましくない組織原理である」といった命題から、「企業や職場を単位とする組合組織や交渉ユニットは存在すべきではなく、これからの労働組合の基礎組織は地域や職種にのみもとづく組織であるべきだ」という結論を導く考え方は、論理の飛躍と現実からの遊離を伴ったものと言わねばならない。

6　職場における共同性の回復へ向けて――むすびにかえて

以上、「ブラック企業」あらため「G企業」問題を手掛かりに、劣悪な労働条件を解消し、労働市場を規制する手段をめぐって、労働組合の可能性を中心に考察してきた。確かに、G企業の問題をめぐっては、これまでにも、労働組合がそれに対抗する有力な手段として論じられてはきた。しかし、そこでの主眼は、コミュニティ・ユニオン（個人加盟ユニオン）による労働相談や、個別紛争への介入といった形での労働組合の役割に置かれていた。つまり、職場を基礎として、その労働者の多数を組織した労働組合は、所詮は「企業別労働組合」であって、あまり有効な役割を果たすものとはみなされず、むしろ企業や職場の「外部」にあるものとしてのコミュニティ・ユニオンの可能性が高く評価されてきたわけである。

コミュニティ・ユニオンについては、本稿においては主要な検討の対象とはしてこなかったが、G企業問題にとどまらず、今日の日本における労働社会が抱える課題に立ち向かう有力な主体として、コミュニティ・ユニオンが現在も、そしてこれからも重要な役割を期待されることに疑問の余地はない。ただ、コミュニティ・ユニオンの活動に今後の可能性を見出すにせよ、単に企業外に位置する存在として、G企業の横暴に苦しむ個人を支援する、といった機能を果たすだけではなく、職場に根を下ろした組織化を行ってゆく、という戦略はもっと追求されるべきだと思われる。実際、コミュニティ・ユニオンのなかでも、近年組織化に大きな実績を上げていることで注目されている組合が、いずれも職場を重視した組織方針を採用していることは注目されてよい（兵頭２０１３b、兵頭２０１３c）。

さらに国際的な動向に目を向けても、グローバル資本主義への対抗が模索されるなかで、日本の状況とは逆に、職場を基盤とする運動がむしろ重視されつつある。すなわち、グローバルに展開する多国籍企業における労働条件を守る活動の一環として、国際金属労連（ＩＭＦ）や欧州労連（ＥＴＵＣ）傘下の組織を中心に、「国際枠組協約」の締結へ向けた行動が取り組まれつつあるが、この動きのなかでは、職場からの団結と、それを基盤とした対企業交渉がこれまで以上に強調され推進されているのである（筒井2010）。

これとは対照的に日本では、職場に組織される労働組合については絶望をもって語られ、コミュニティ・ユニオンによる相談活動と個別紛争への支援に専ら注目が集まっているわけだが、その理由のひとつは、既存の企業別労働組合の多くの不甲斐なさ、あるいは企業とのあまりの一体性といった認識にあろう。企業別（内）労組に関するそうした捉え方は、現状認識として見るなら決して的外れというわけではない。

しかし日本におけるこれまでの労働組合の歩みなどをふまえて、より正確な把握に立つなら、職場を基礎とする労働組合と「企業別労働組合」「企業内労働組合」とを同じカテゴリーのものとして理解し批判するのは誤りである。歴史的に見て、日本の労働組合が、実際に職場に根をもった組織であった時代は、むしろ、労働組合が経営からの自律性を保ち、労働条件向上のために交渉し闘争する集団として存在した時代であった。それが、とりわけ大企業においては「職場」レベルにおける組合員組織の決定権が縮小して「企業」単位の組織中央への集権化が進み、「職場」から労働組合活動が失われるというプロセスのなかで、「企業別労働組合」さらには「企業内労働組合」といわれる組織が成立してきたのである（兵頭2006）。

以上、本章において執拗に論じてきたのは、労働条件の適正化と雇用の安定化のためには、職場を基盤とする労働組合と、職場レベルにおける集団的労使関係の再生は避けることのできない道である、ということにつきる。そうした戦略目標を、コミュニティ・ユニオンの職場・

企業内部における組織化による「浸透」で実現してゆく可能性は、今後もいっそう追求されるべきものであろう。しかしまた、企業別労働組合の変化によってそれが実現されるという可能性を、将来にわたっても完全に排除してしまわねばならない理由もない。また、実質的な意味での企業横断的な労働組合組織の形成という目標を追求するにせよ、それが職場レベルにおける労働組合運動の活性化なくして実現することはありえないという点は改めて強調しておかなければならない。そして今日的な状況にあっては、そのような運動の活性化こそが、働く場における労働者相互の共同性を回復させることを通じた「人間らしい働き方」をもたらす重要な前提となるものと思われるのである。

〈注〉

(1)「J企業論」については青木(1992)、青木・奥野編(1996)を、また「J企業論」への批判については、上井・野村編(2001)を参照。

(2)より正確に言えば、BNGはCWAの部門別組織である全米新聞労組(TNG)の支部である。正式名称に「TNG-CWA」とあるのはそのためである。

(3)例えば後藤(2011)など。

〈参考文献〉

青木昌彦(1992)『日本経済の制度分析—情報・インセンティブ・交渉ゲーム』(永易浩一訳)筑摩書房

青木昌彦・奥野正寛編（1996）『経済システムの比較制度分析』東京大学出版会
大重光太郎（2013）「ドイツにおける産別労働組合と事業所の関係―産別機能の図式的理解を超えて」『労働総研クォータリー』89号
上井喜彦・野村正實編（2001）『日本企業 理論と現実』ミネルヴァ書房
後藤道夫（2011）『ワーキングプア原論―大転換と若者』花伝社
今野晴貴（2012）『ブラック企業―日本を食い潰す妖怪』文春新書
筒井晴彦（2010）『働くルールの国際比較』学習の友社
二村一夫（1994）「戦後社会の起点における労働組合運動」渡辺治他『戦後改革と現代社会の形成』岩波書店
兵頭淳史（2006）「日本の労働組合運動における組織化活動の史的展開」鈴木玲・早川征一郎編『労働組合の組織拡大戦略』御茶の水書房
兵頭淳史（2012）「労働市場規制と労働組合」『経済科学通信』129号
兵頭淳史（2013a）「現代アメリカ労働運動の断面―組合の力量、組織形態および政治思想に関する覚書―」『労働総研クォータリー』89号
兵頭淳史（2013b）「産業別労働組合地域支部による外国人労働者の組織化―静岡県西部地域における金属産業労組の取り組みを中心とする考察―」『専修大学社会科学研究所月報』597号
兵頭淳史（2013c）「労働組合の変貌―非正規労働者の組織化とコミュニティ・ユニオンを中心とする研究動向の検討―」『社会政策』4巻3号

※本稿の執筆、とりわけ「ブラック企業」概念の問題性を論じるにあたっては、高須裕彦氏（一橋大

学フェアレイバー研究教育センター・プロジェクトディレクター）より重要な示唆をいただいた。とくに記して感謝したい。

第7章　協同組合と社会経済運動
——地域生活圏の接着剤

内山哲朗

1　はじめに

「協同組合がよりよい社会を築きます（Co-operative enterprises build a better world）」という標語を掲げて「国連国際協同組合年（International Year of Co-operatives）」の取り組みが国際的に展開された２０１２年は、「協同組合はどのような経過をたどって現在に到っているか（歴史）、社会にとっての協同組合の存在意義はどこにあるか（理論）、その社会的な役割を具体化するためにどのような政策展開が必要か（政策）」といった点を中心とする、国際的にも長い歴史を刻んできた協同組合運動の経験をあらためて認識し直すための貴重な機会をあたえてくれる一年であった。これまで経験してきた、みずからの「成果」も「危機」もあわせて総括しながらの協同組合運動による問題提起は、「私たちはいま、どのような社会に生きているのか、そしてこれから先、どのような社会で生きていきたいのか」という意味での社会認識の「選択」とも深くかかわっている。

本章では、第一に、日本社会に暮らす私たちにとっての社会認識の「選択」という問題意識を念頭におきつつ、協同組合運動をめぐる国際的な現況と日本の協同組合運動が「協同組合憲章草案」策定というかたちで到達した現地点を確認する。それをふまえて第二に、協同組合・協同組合セクターを位置づけうる「社会的混合経済システム（全体としての社会像）」について考える。そして第三に、市場の競争原理で地球を覆うという市場グローバリズムの席巻が進行すればするほど「グローカリゼーション」（グローバリズムに対応せざるをえないローカル社会を表現する造語である）が注目されることとかかわって、その再生が緊急の課題となっている地域社会について、協同組合運動がどのような方向性を意図しながら向き合っていくのかについてあらためて考えてみる。

2　国連2012国際協同組合年と協同組合憲章草案

国連とICA

世界の協同組合は、1895年設立の「国際協同組合同盟（ICA）」という国際組織を維持しつづけ、各国それぞれの社会的・経済的条件のもとで「社会経済運動」を積み重ねてきた。

日本の各種協同組合も加盟しているICAの現勢は、表1のとおりである。世界の協同組合の組合員数は約10億人といわれ、日本でも、単位協同組合約36500、組合員数約8000万人と推計されている（重複加入含む）。

貧困削減、雇用開発、社会統合等々での世界の協同組合が果たしてきた役割にかねてより注目してきた国連は、ICAとの協力関係を通じて（表2）、2009年の総会における「社会開発における協同組合」決議の採択をもって「国連2012国際協同組合年」の実施を宣言し、①「社会経済開発における協同組合の貢献について社会的な認知度を高める」、②「協同組合の発展を促す」、③「協同組合の発展促進のための協同組合政策を定める」ために、国連加盟各国政府および協同組合の関係者に対して積極的に取り組むよう要請した。

日本でも、国連による2012国際協同組合年の設定をうけて、2010年8月には「2012国際協同組合年全国実行委員会」が立ち上げられた。その活動を通じて、国際協同組合年への取り組みの象徴たる「協同組合憲章草案」（全国実行委員会のもとに設置された協同組合憲章検討委員会による起草）が練り上げられ、2012年1月、全国実行委員会として正式に決定された（表3）。

この協同組合憲章草案は、日本の協同組合陣営が全体として今後の発展方向を共有するという意味において、協同組合運動にとって今後の発展を期すための出発点をなすものである。ここでは、二点について述べておきたい。

運動の結晶

第一に、協同組合憲章草案は、日本の協同組合関係者がその総力をあげて策定に取り組んだ結晶であり、全体としての日本の協同組合運動の現時点での到達点を示しているという点である。日本ではこれまで、各種協同組合を法制度によって認知するという際、たとえば、農業協同組合は農業協同組合法にもとづいて農林水産省の所管に置かれ、生活協同組合は生活協同組合法にもとづいて厚生労働省の所管に置かれるといったかたちで日本の行政の縦割り組織というあり方がそのまま投影されていた。同じく「協同組合」といっても、協同組合として国内の共通基盤のうえに存立しているわけではなかったのである。いきおい、各種協同組合は自らの存在領域における個別単体としての縦割り型の活動に傾きがちであった。それは、一国の憲法に協同組合を明確に位置づけている他国との対比でいえば、協同組合運動の展開にとってきわめて制約の大きいあり方だったといわざるをえない[1]。そのような状況では、日本の協同組合陣営がその種別を超えた集合力をもって協同組合の社会的認知度をあげることはできないだろう。言い換えれば、協同組合の社会的位置づけが明確にされているとはいえない日本社会は、その実績にもかかわらず「協同組合後進国」ともいえるのである。

こうした状況下で、日本の協同組合陣営が総力をあげた共同作業を通じて憲章草案の決定に辿りついたということは、国際協同組合年への取り組みの結晶という意味で、そして日本の協同組合運動が全体として共有すべき方向性に向かっての新たな始まりを画したという意味で特筆すべきことである。もちろん、協同組合憲章草案から「草案」を削除して公式憲章として確定するためには、政府への要請運動というつぎなる困難が待ち受けている。そのかぎりでは、憲章草案決定までの運動の真価が問われるのはむしろこれからだというべきであろう。

協同組合政策

協同組合憲章草案のもつ第二の意義は、国連も認知するように、協同組合の振興と発展の促進が世界で共有された理解であり、協同組合の振興と発展を協同組合政策として明確に促進するよう政府に提起している点である。それは、これまでのような法制度上の縦割りに制約されるような運動を超えて、協同組合運動における〈運動↓政策↓制度↓運動……〉という社会運動の円環型展開形式を協同組合陣営全体としてあらためて共有することを促しているようにもみえる。この円環型社会運動形式とは、ある必要（ニーズ）を実現するために運動をおこし、必要を満たすための運動の展開という実践過程の中で得られる諸経験を運動当事者たちがみずからの政策としてまとめ上げ、その政策をもって必要を制度の中に位置づけていく、そして、組み立てられた制度がその欠陥を露呈すればその欠陥を修整するためにつぎなる運動を継続的に起こしていくという、よりよい制度を求めて繰り返される社会運動の動態的なあり方をさす。そして、社会運動とは、「対案なき抵抗は空虚、責任なき対案は無力」(2)という点をみずからの座標軸とするものであり、つねにその動態の中で、対案の実現に責任をもって向き合うことでこそ真価を発揮するものである。

今回の協同組合憲章の策定を円環型社会運動形式という観点から読み解いてみると、「運動の展開という実践過程の中で得られる諸経験を運動当事者たちがみずからの政策としてまとめ上げ」、それを公式の政策として確立するよう政府に求めるという意味では、日本の協同組合全体を貫く運動としては出発点の段階にあるということができる。先にふれたように、日本においては、各種準拠法にもとづいた協同組合に対する種別政策しかもちえないという状況にある。その意味で、種別協同組合政策を超え出て、全体に通じる協同組合促進政策を政府の公式政策として定めるようにとの要請は、明らかに日本の協同組合世界を一つの全体として変えていこうとの意思の表明と受け止めることができる。その先には、たとえば「協同組合基本法」といったかたちで、すべての協同組合が共通して依拠することのできる基盤法の制定も議論の俎上に上ってこざるをえないであろう。

協同組合憲章草案は、⑴協同組合の価値と原則を尊重する、⑵協同組合の設立の自由を尊重する、⑶協同組合の自治と自立を尊重する、⑷協同組合が地域社会の持続的発展に貢献することを重視する、⑸協同組合を、社会経済システムの有力な構成要素として位置づける、という「政府の協同組合政策における基本原則」にもとづいて、「協同組合の活動の支援」「適切な協同組合政策の確立」「協同組合の実態把握」にかかわる10項目を「政府の協同組合政策における行動指針」として提示している（表3）。ここでもやはり、運動の結晶として結実させたみ

表1　ICA の現勢

	地域	国数	団体数
【世界の ICA 加盟団体】	アフリカ	15	23
	南北アメリカ	22	82
	アジア・太平洋	25	76
	ヨーロッパ	34	82
	合計	96	263（正会員および準会員の合計数）
【日本の ICA 加盟団体】	全国農業協同組合中央会（JA 全中）：全国農業協同組合連合会（JA 全農）:全国共済農業協同組合連合会（JA 共済連）:農林中央金庫:社団法人家の光協会:株式会社日本農業新聞:日本生活協同組合連合会（日本生協連）：全国漁業協同組合連合会（JF 全漁連）：全国森林組合連合会（全森連）：全国労働者共済生活協同組合連合会（全労済）：日本労働者協同組合連合会（日本労協連）:全国大学生活協同組合連合会（全国大学生協連）：社団法人全国労働金庫協会：日本医療生活協同組合連合会		

資料）中川・杉本編［2012］222頁を参照して作成。

表2　国際協同組合年への国連と ICA の動き

年月	国連	ICA
1988年		ICA ストックホルム大会、1995年 ICA 創立100周年を期して、「1995国際協同組合年」をめざす決議を採択するも実現せず。
1995年		ICA 国際協同組合デーにあわせた国連・協同組合デーの実施。
2007年	モンゴル政府国連代表部、国連総会にて、国連事務総長に対し、協同組合年の実現可能性を評価するよう提案。年末総会、評価実施の決議採択。	
2008年	国連、各国の政府およ	

	び協同組合組織に対し、アンケート配付して「国連協同組合年」に関する協議プロセスの開始。	
2009年4月	国連、「危機の世界における協同組合」をテーマとする国連専門家グループ会議の開催。事務総長への報告書の提出。事務総長、「国際協同組合年の宣言」を提案。	
2009年11月		ICA世界総会、「行き過ぎた市場原理主義」による利益追求が世界金融危機・経済危機（リーマンショック）を招来したとの決議の採択。
2009年12月	国連総会、2012年を国際協同組合年と宣言する「社会開発における協同組合」決議を採択（13カ国による提案）。	
2011年10月31日	国連本部にて、国際協同組合年の公式キックオフイベント開催。	
2011年11月16日		ICAグローバル総会、メキシコ・カンクンにて、国際協同組合年の公式キックオフイベント開催。

資料）2012国際協同組合年全国実行委員会編［2012］等を参照して一覧化した。

表3　協同組合憲章草案（2012年）概要

項　目	概　要
【1】前文	＊経済と社会がグローバル化するなか、世界的な金融・経済危機、大規模自然災害等に際して、協同組合は、地域社会に根ざし、人びとによる助け合いを促進することによって、生活を安定化させ、地域社会を活性化させる役割を果たしている。こうした重要な役割を果たしている協同組合を、2012年の国際協同組合年を契機に今後いっそう発展させるための基本的な理念を明らかにし、政府に対して、協同組合全体を貫く協同組合政策の基本的な考え方と方針を明らかにするよう求めるため、ここに協同組合憲章草案を定める。 ＊2009年12月、国連総会は、2012年を国際協同組合年と宣言する決議を採択した。この決議は、世界各国の社会経済開発において協同組合がこれまで果たしてきた役割と、今日の社会経済問題の改善に貢献する可能性を評価したうえで、全加盟国の政府と関係者に対して、この国際年を機に、協同組合への認知度を高め、協同組合を支援する政策を検討・整備するよう促している。 ＊国連のこの要請に応えることは、日本の協同組合と政府の責務である。協同組合は、自らの努力によって協同組合運動をいっそう発展させなくてはならない。また、政府は、協同組合の発展を促進するための制度的枠組みを整備しなければならない。
【2】基本理念	＊協同組合は、組合員が出資し共同で所有し民主的に管理する事業体を通じて、共通の経済的・社会的・文化的なニーズと願いを満たすために、自発的に手を結んだ人びとの自治的な組織である。その共通の理念は、組合員の助け合いと協同であった。協同組合の基本理念は、「一人は万人のために、万人は一人のために」という言葉に集約されている。 ＊協同組合は、経済的公正を求めて、経済的弱者の地域の向上に努めるとともに、組合員の出資参加・利用参加・運営参加といった参加型システムを発展させることによって、民主主義を浸透させる学校としての機能を果たしてきた。協同組合はまた、「働きがいのある人間らしい仕事」を創出する主体としての、その発展が期待されている。
【3】政府の協同組合政策における基本原則	(1)協同組合の価値と原則を尊重する：国連の「協同組合の発展に支援的な環境づくりをめざすガイドライン」（2001年）と、国際労働機関（ILO）の「協同組合の振興に関する勧告」（2002年）に留意し、ICA の「協同組合のアイデンティティ声明」（1995年）に盛り込まれた協同組合の価値と原則を尊重する。協同組

	合にさまざまな政策を適用する際は、協同組合の価値と原則に則った協同組合の特質に留意する。 ⑵協同組合の設立の自由を尊重する：協同組合制度は、すべての市民に開かれている。政府は、市民が協同組合を設立する自由を尊重する。 ⑶協同組合の自治と自立を尊重する：協同組合が積極的に自治と自立を確保することを重視し、政府と協同組合との対等で効果的なパートナーシップを進める。 ⑷協同組合が地域社会の持続的発展に貢献することを重視する：協同組合が地域社会の持続的発展に貢献することをめざしている点を重視する。震災復興などにあたっては、地域経済の有力な主体として協同組合を位置づける。 ⑸協同組合を、社会経済システムの有力な構成要素として位置づける：これからの社会経済システムには、多くの人びとが自発的に事業や経営に参加できる公正で自由な仕組みが求められる。そのために、公的部門（セクター）と営利企業部門だけでなく、協同組合を含む民間の非営利部門の発展に留意する。
【4】政府の協同組合政策における行動指針	［協同組合の活動の支援］ ⑴協同組合が地域の社会的・経済的課題の解決に取り組む際、その活動を支援する ⑵地域のニーズに即した新たな協同組合の設立を支援する ⑶地域社会の活性化を図るために、協同組合など地域社会に根ざす諸組織を支援する ⑷協同組合に関する教育・研究を支援する ⑸協同組合の国際的な活動を支援する ［適切な協同組合政策の確立］ ⑹横断的な政策展開が可能な仕組みを設ける ⑺協同組合の制度的枠組みを整備する ⑻協同組合における定款自治の強化を支援する ［協同組合の実態把握］ ⑼協同組合についての包括的な統計を整備する ⑽協同組合の社会的貢献について調査する
【5】むすび	＊国際協同組合年を契機として、協同組合は、地域のさまざまな組織、政府や地方自治体との協働を促進し、さらに公益的活動の発展を図る決意を表明する。 ＊政府は、地域社会を活性化するうえでの協同組合の役割を認識し、協同組合の発展を支援する。

資料）2012国際協同組合年全国実行委員会編［2012］所収の草案文書から要点を抽出して一覧化した。

ずからの政策案を、公式政策の展開として位置づけるよう最終的に政府に迫る運動の継続的な展開が不可欠である。社会運動には、事態の進捗にむけた課題がつねに連鎖して発生してくるのだといえる。

3　社会的混合経済システムと社会セクター

以上、協同組合憲章草案の策定作業を社会運動論の観点からふりかえり、協同組合運動の今後につながる意義について述べてきた。つぎに、円環型社会運動形式における「みずからの政策をもって必要を制度の中に位置づける」という際の政策・制度を支える思想・理念として、協同組合憲章草案が何を問いかけているのかについて検討してみよう。

均衡のとれた社会

第一に、協同組合憲章草案が、協同組合の社会的な位置づけを明確にするよう促すことを通じて、全体としての社会のあり方（社会像・社会構想ビジョン）を問いかけているという点である。ここで、全体としての社会を、「政治セクター」「経済セクター」「社会セクター」という三セクター構成で示したのが「社会的混合システム（全体としての社会）」（図1）である。この図への補足として、①全体が市場経済に主導される経済セクターの背後には、野放しにさ

図1　社会的混合経済システム（全体としての社会）

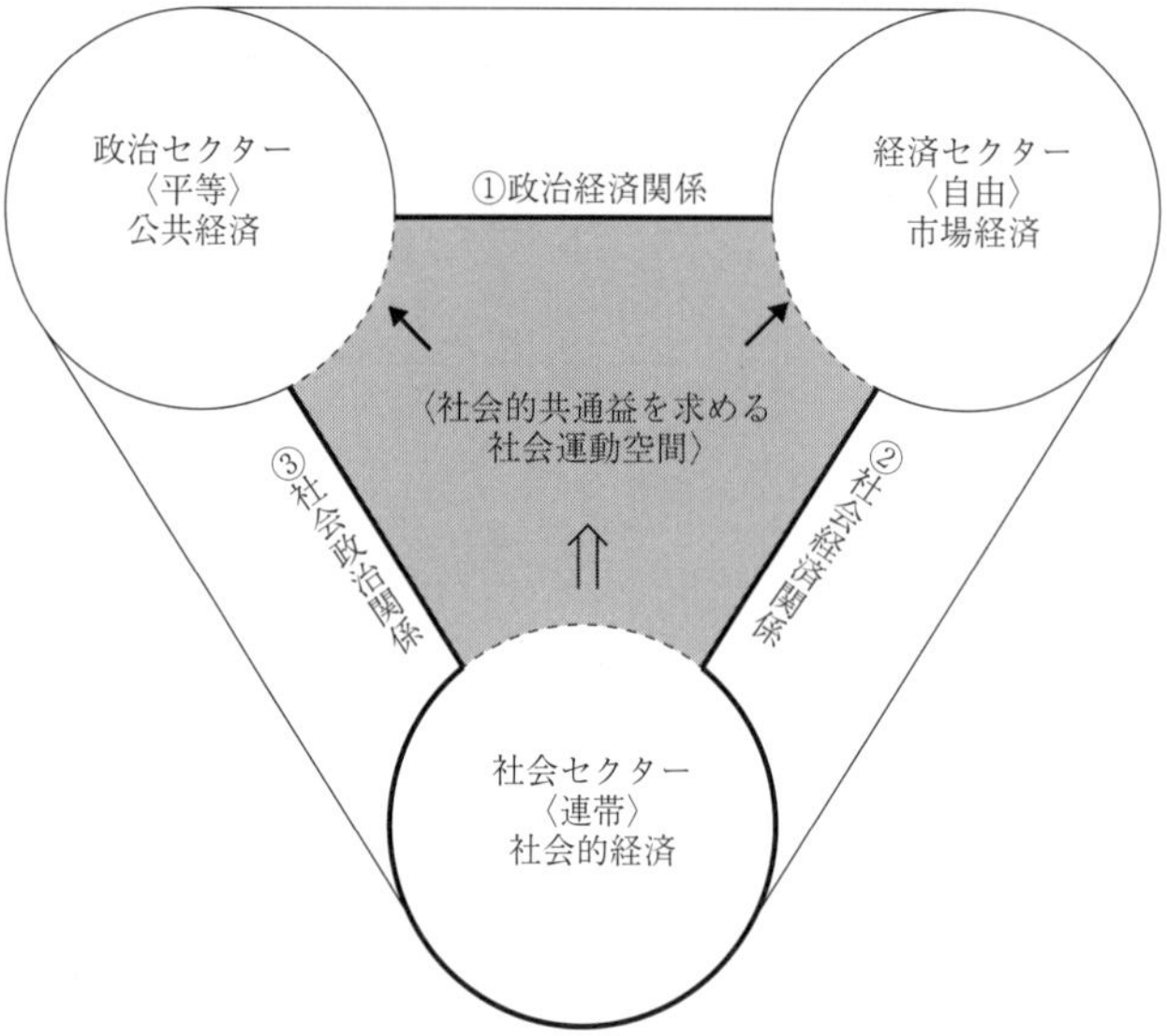

れれば広大な荒原を生み出す市場のグローバリズムが広がっていること、②ここでの主題である協同組合は社会セクターに出自をもつこと、③全体としての社会が、三セクター間をめぐる現在の力関係の帰結として「市場社会」となっていること、を付け加えておこう。

図1は、政治セクターと経済セクターとの混合という文脈で把握されてきた従来の混合経済というあり方を編成しなおし、社会セクターの論理を浸透させた混合経済システムという意味での「社会的混合経済システム」の構想を意図するものである。この図は、政治セクター・経済セクター・社会セクターを正三角形で描いた概念図であ

る。これはもちろん、三者を静態的にとらえたものにすぎない。たとえば、社会セクターの存在を考慮することなく、政治セクターと経済セクターとの両者だけで混合経済システムを構想するとき、一方で政治セクターの拡大・経済セクターの縮小という「福祉国家」モデルが描かれるであろうし、逆に、政治セクターの縮小・経済セクターの拡大という「市場原理主義」モデルも描かれるであろう。こうした政治セクターおよび経済セクターによる二分法の把握が強調されれば、社会セクターはあたかも「シャドーセクター」のような位置におかれることになる。それに対して、社会セクターの力量を深化・拡延させる社会運動（図1における⇑印の方向）が奏効するその程度に応じて社会セクターの論理が拡大することになれば、三者の関係のあり方も変形することになるだろう。政治セクター・経済セクター・社会セクターの相互関係の中で、社会セクターの論理の浸透という構図に立つことが「社会的混合経済システム」（∧政治経済↓社会∨システムから∧社会↓政治経済∨システムへの転換）を描くことにもなるのである。

協同組合憲章草案が求める「政府の協同組合政策における基本原則」の1つ「(5)協同組合を、社会経済システムの有力な構成要素として位置づける：これからの社会経済システムには、多くの人びとが自発的に事業や経営に参加できる公正で自由な仕組みが求められる。そのために、公的部門（セクター）と営利企業部門だけでなく、協同組合を含む民間の非営利部門の発展に留意する」をこの図の中で考えてみると、混合経済の新しい担い手として、協同組合をはじめとする「多くの人びとが自発的に事業や経営に参加できる公正で自由な仕組み」としての社会セクターが位置づけられるということが明示される。社会セクターが明示的に位置づけられれば、全体としての社会が政治セクター・経済セクター・社会セクターという三セクター構成で成り立つものであることがあらためて確認される。同時に、社会セクターの力量しだいで、全体としての社会のあり方が「社会的混合経済システム」というに値する地点へと接近する可能性も拓かれていくということである。

社会セクターからの社会像の再考

このようにみていくと、協同組合憲章草案において、「政府の協同組合政策における基本原則」の集約的な位置に置かれている「協同組合を、社会経済システムの有力な構成要素として位置づける」という点は、協同組合の社会的な位置づけを問うというかたちをとりながら、同時に、協同組合運動の出自としての社会セクターが十分にその潜在的な可能性を生かしうるような全体としての社会のあり方を政府および社会に対して問いかけていると理解することができるであろう。協同組合憲章草案が協同組合政策の確立と展開を求めるのも、政策・制度理念としてのこうした社会像（社会構想ビジョン）への問いかけと不可分であるからにほかならない。言い換えれば、協同組合政策の確立とは、ひとり協同組合のための社会像（社会構想ビジョン）の提起という狭量なものではなく、むしろ、協同組合を含む社会セクターを社会全体の中に位置づけることを通じて、バランスのとれた望ましい社会のあり方を再考するという意味を伴っているのである。「協同組合がよりよい社会を築きます」という国際協同組合年が掲げた標語も、こうした文脈でこそ生きてくる。以上の点は、「均衡のとれた社会は、政府セクターや営利セクターだけではなく、協同組合、共済団体等々を含む社会セクターの存在を必要とする。そのため政府は、協同組合を支援するための政策と法的枠組みを提供すべきである」と、協同組合政策のガイドラインとしてのＩＬＯ「協同組合の振興に関する勧告」（２００２年）がつとに強調していたことでもある。

また、協同組合・協同組合セクターを含む社会セクターを、全体としての社会のシステムを構成する不可欠の要素として位置づけることの重要性はそこにとどまるものではない。というのは、「官から民へ」というかけ声に呼応するように、政治セクター（政府）と経済セクター（市場・営利）の二分法を前提にした市場論理の肥大化が無条件に進められるといった状況から脱して、言い換えれば、市場の競争主義に全体としての社会が支配される（市場社会化）という呪縛から離脱して、三セクター構成にもとづいた均衡のとれた社会をつくるためには、政治セクター・経済セクター・社会セクターそれぞれの固有の役割を再定義することも不可欠の課題としてあらためて要請されることになるからである。「官から民へ」というかけ声の中で「官の営利市場化」だけが突出して、とりわけ社会保障分野における暮らしの最低限の基盤すら掘り崩されるといった事態は決して許されるものではない。三セクターそれぞれの固有の役割の再定義にはこうして、真っ当な政府機能の再確認は何よりも不可欠である。

能動的希望

第二に、協同組合憲章草案が提示する上述の社会像を今後さらに議論していくために、均衡のとれた社会像の実現を希求する、協同組合・協同組合セクターを含む社会セクターが潜在的にもっているであろう積極的な意味について検討しておきたい。この点にかかわって、神野直彦が指摘する「能動的希望」という論点はたいへん示唆的である。というのは、均衡のとれた社会像（社会構想ビジョン）が望ましいと考えるとしても、それは決して、座して待つだけでは実現されえないからである。神野［２０１１］は、東日本大震災という大惨事と、それ以前からあらわれていた「儲けること」だけの偏重がもたらす「共に生きるという社会を支える共生意識の喪失」、それが元凶となった「不安社会」化とを念頭に置いてつぎのようにいう。

大津波は共生意識を喪失した「不安社会」を襲っている。希望には、受動的希望と能動的希望とがある。この大津波によって生じた危機は、絶望と悲観主義では乗り越えられない。希望と楽観主義を携える必要がある。／とはいえ、必要な希望は受動的希望ではない。受動的希望とは手をこまぬいていれば、明るい未来が実現するという願いといってよい。それに対して能動的希望とは、意思と責任との一体感のある希望であり、アンドレ・マルロー（André

Malraux）の『希望（l'Espoir）』の「黙示録」に学ぶ希望である。／もちろん、この大津波に見舞われた日本社会が、危機から脱出するために必要な希望は、能動的希望である。それは共生意識を再創造する意志と責任に結びつくからである（268頁）。

神野による「能動的希望」というこの指摘は、社会運動のもっている能動性を表現する「悲観は気分に属し、楽観は意志に属す」という言葉ともよく照応している。協同組合憲章草案が提起している均衡のとれた社会像（社会構想ビジョン）も、実はここでいわれる能動的希望に依拠しているということができるのではないだろうか。なぜならば、協同組合憲章草案が強調しているとおり、「多くの人びとが自発的に事業や経営に参加できる公正で自由な（開かれた）仕組み」の典型的な組織であること、すなわち、自発性と参加に象徴される能動性こそ協同組合の本質にほかならないからである。先行きの見えない社会で孤立した「努力」だけを重ねるのは虚しさを強いることでしかない。そうであればこそ、社会の行く先が見えないと嘆くばかりではなく、共生意識を育みながら「共に生きる社会」という社会像（社会構想ビジョン）に能動的に関与することは誰にとっても必要であり、また可能なことでもある。協同組合運動は、そのための有力な方法を提示している――この点こそ、国連国際協同組合年が意図したもっとも重要なメッセージだったのではないだろうか。

こうした能動的希望に依拠して協同組合が社会セクターを強化し、社会セクターの深化と拡延をつうじて全体としての社会を再生・変革していくという筋道がみずから関与しようとする社会セクターの人びとに共有されていくならば、そこに関与しようとする人びとにとっては、その能動性こそが「誇り」を育んでいく重要な要素となるだろう。その先には、協同組合憲章草案の提起する均衡ある社会像を、自分たちの能動性にもとづいて創るという点で「誇りある社会」像へのあらたな展開として認識されていく可能性も拓かれる。誰もが安心して暮らしを営むことが可能であるような社会、それを多くの人びとが能動的に創りあげていくところにこそ、「誇りある社会」もその姿を現すのであろう。

国際協同組合年の標語である「協同組合がよりよい社会を築きます」というところの「よりよい社会」の最終的な目標地点も、こうした「誇りある社会」という点に集約されていくのではないだろうか。社会セクターの重要な構成部分として、協同組合・協同組合セクターこそ率先して、能動的希望に依拠した「誇りある社会」への準備をつねに進めなければならない。それはまさに、「これから先、どのような社会で生きていきたいのか」という意味での社会認識の「選択」を提示するものでもある。そして、能動的希望に立脚して「誇りある社会」への準備を試みるような主体像とは、おそらく、〈自律・協同・自立〉の人間像とでも呼ぶべき類型である。すなわち、「誇りある社会で生きていきたい」とみずから能動的に希望する自律性、その希望は「誇りある社会」を求める周りの人びととの協同の関係を築くことを通じてはじめて可能となるという協同性、このような自律性と協同性とによってはじめて、社会を構成する人びと一人ひとりにとっての自立性も確証されると考えるような人間類型である。

4　協同組合運動と地域生活圏

これまでみてきたように、社会セクターおよびその中での協同組合・協同組合セクターを正当に位置づけながら社会的混合経済システムへと接近していくためには、いま一度、「運動」としての協同組合の基本規定に立ち戻ることが必要である。そのうえで、私たちの日常的な「暮らしの現場」である地域社会との関係をみながら、地域社会の再生における協同組合運動の役割をふりかえっておくことにしよう。

社会的企業を内蔵した社会運動

均衡ある社会像のための社会セクターの明確化、その社会セクターにおける重要なアクターとしての協同組合・協同組合セクターという把握にかかわって、協同組合の「定義・価値・原則」を規定したICAの「協同組合のアイデンティティ声明」（1995年）をここであらためて確認する（表4）。これは、国連「協同組合の発展に支援的な環境づくりをめざすガイドライン」（2001年）やILO「協同組合の振興に関する勧告」（2002年）による協同組合の発展・振興を求める動きの中でもつねに参照され（表3【3】）、今回の協同組合憲章草案における協同組合政策の確立要請においても、欠くことのできない枠組みとして位置づけられるものである。

ここでは、「協同組合の定義」にかんする論点にかぎって再確認しておきたい。近年になって日本においても「社会的企業」という言葉が流布するようになり、(3) さまざまな視点から「社会的企業論」が展開されるような状況が生まれている。歴史に遡って「社会的企業」に該当する存在を探求してみれば、それは協同組合をおいて他にないということを理解するのは決して困難なことではない。さしあたり「社会的企業」というものを、日本でもしばしば言及されるように「企業活動を手段として社会的目的の実現のために活動する企業」と規定するとすれば、ICAアイデンティティ声明にある協同組合の定義「協同組合とは、共同で所有され、民主的に管理される企業体（enterprise）を手段とし、経済的・社会的・文化的な共通ニーズや願望を充足することを目的として、自発的に結びついた人々の自治的な結社（association）である」（表4【1】）にみられるとおり、協同組合がこの規定に歴史上最初に合致するという点は国際協同組合運動史を紐解いてみれば容易に確認できることである。そのかぎりでは、協同組合とは、世界史において確認可能な〈社会的企業の原型〉である、といっても決して過言ではない。

ただし、重要なことはそれだけではない。すなわち、協同組合とは、「自発的に結びついた人々の自治的な結社（association）である」という点を本質とする組織が、「経済的・社会的・文化的な共通ニーズや願望を充足する」という「目的」を「自発的に」実現しようとする運動体

表4　ICA「協同組合アイデンティティ声明」(1995年)

【1】協同組合の定義 （協同組合とは何か）	協同組合とは、共同で所有され、民主的に管理される企業体（enterprise）を手段とし、経済的・社会的・文化的な共通ニーズや願望を充足することを目的として、自発的に結びついた人々の自治的な結社（association）である。
【2】協同組合の価値 （協同組合が大切にすること）	協同組合は、自助、自己責任、民主主義、平等、公正、連帯という価値に基礎づけられた組織である。協同組合の組合員は、創設者たちの伝統を受け継ぎ、正直、公開、社会的責任、他者への配慮という倫理的な価値観を信条とする。
【3】協同組合の原則 （協同組合の価値を実践するための行動指針）	
<第1原則>自発的で開かれた組合員制度	協同組合は、自発的な組織であり、性的、社会的、人種的、政治的、宗教的な差別は行わない。協同組合は、そのサービス利用が可能であり、組合員としての責任を受け入れるすべての意志ある人々に門戸を開いている。
<第2原則>組合員による民主的管理	協同組合は、組合員が管理する民主的組織であり、組合員は、その政策立案と意思決定に積極的に参加する。選出された役員として活動する男女は、すべての組合員に対して責任を負う。単位協同組合の段階では、組合員は平等の議決権（一人一票）をもっている。他の段階の協同組合も、民主的方法によって組織される。
<第3原則>組合員の経済的参加	組合員は、協同組合に公正に出資し、その資本を民主的に管理する。少なくともその資本の一部は通常、協同組合の共同の財産とする。組合員は、組合員になる条件として払い込まれた出資金に利子がある場合でも、通常、制限された利率で受け取る。組合員は、剰余

	金を次のいずれか、またはすべての目的のために配分する。 ・準備金を積み立て、協同組合の発展に資するため――その準備金の少なくとも一部は分割不可能なものとする ・協同組合の利用高に応じて組合員に還元するため ・組合員の承認により他の活動を支援するため
＜第4原則＞自治と自立	協同組合は、組合員が管理する自治的な自助組織である。協同組合は、政府を含む他の組織と取り決めを行う場合、または外部から資本を調達する場合には、組合員による民主的管理を保証し、協同組合の自治を保持する条件のもとで行う。
＜第5原則＞教育、研修、広報	協同組合は、組合員、選出された役員、マネジャー、職員がその発展に効果的に貢献できるように、教育と研修を実施する。協同組合は、一般の人々、とくに若い人々やオピニオンリーダーに、協同することの本質と利点を知らせる。
＜第6原則＞協同組合間協同	協同組合は、地域的、全国的、(国を越えた)広域的、国際的な組織を通じて協同することにより、組合員に最も効果的にサービスを提供し、協同組合運動を強化する。
＜第7原則＞地域社会への関与	協同組合は、組合員が承認する政策にしたがって、地域社会（コミュニティ）の持続可能な発展のために活動する。

資料）日本協同組合学会訳編［2000］をベースに、栗本［2011］、中川・杉本［2012］も参照しながら一覧化した（一部改訳）。

図2　社会的企業を内蔵した社会運動（社会経済運動）

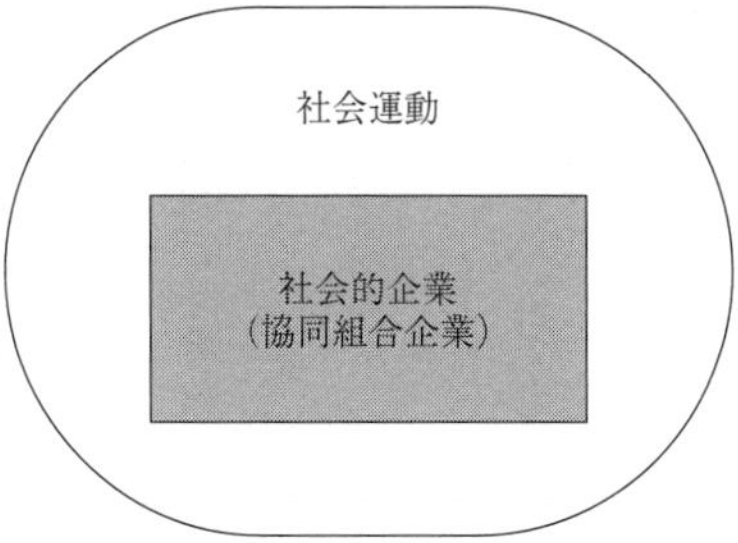

であり、そうした社会運動を展開するにあたって、「共同で所有され、民主的に管理される企業体（enterprise）」を「手段」として生み出す運動体でもある。したがって、社会運動という観点から「協同組合の定義」をあらためてとらえなおしてみると、協同組合とは、社会運動そのものであると同時に、社会運動を基盤とする独自の企業体を創りだしていく経済運動でもある、と規定することが可能である。これをここでは、協同組合の二重規定としての〈社会経済運動〉と呼んでおくことにしよう。さらに、社会運動としての特質に照らしていえば、協同組合とは〈社会的企業を内蔵した社会運動〉である、と規定するのが最もふさわしいのではないだろうか（図2）。このように、「協同組合」とは何よりも協同組合「運動」にほかならず、〈社会的企業を内蔵した社会運動〉すなわち社会経済運動としての二重性は、協同組合の本性であり、協同組合の原理的規定でもある。しかしながら、状況しだいでは協同組合の二重性が分裂する危険性もつねに抱え込んでいるのである。社会経済運動としての協同組合運動にはこうして、二つの運動間のバラン

スを保つことをめぐる固有の困難性も胚胎しているのだといえよう。また、協同組合運動にとっての困難は、社会経済運動としての実践過程における超克努力の積み重ねでしか解決することはできない。とはいえ、協同組合運動がその固有の困難性に向き合いつつ地域社会における広範な協同関係のネットワークを形成していくその実践過程には、社会経済運動としての協同組合が困難を乗り越えていく手がかりもまた包含されているのである。

地域生活圏の接着剤

協同組合憲章草案が前文冒頭で「経済と社会がグローバル化するなか、世界的な金融・経済危機、大規模自然災害等に際して、協同組合は、地域社会に根ざし、人びとによる助け合いを促進することによって、生活を安定化させ、地域社会を活性化させる役割を果たしている」（表3）と述べているように、協同組合と地域社会は不可分一体のものである。それは、1966年のＩＣＡ原則を改定して1995年ＩＣＡ100周年大会で採択された現行の原則の中に「第7原則：地域社会への関与：協同組合は、組合員が承認する政策にしたがって、地域社会（コミュニティ）の持続可能な発展のために活動する」（表4）があらたに組み込まれたことにもよく示されている。

ところで、協同組合と地域社会との関係づけを確認するうえでいまでも大きな意義をもっているのが、ＩＣＡ第27回大会（1980年）に提出された「西暦2000年の協同組合」という報告文書である。この報告文書は通常、「レイドロー報告」と呼ばれ、協同組合運動をめぐる「現代の古典」とも呼ぶべき位置にある。レイドロー報告は、21世紀の到来を前にして、「協同組合運動（co-operative movement）」（「協同組合のなかに包含されている哲学と諸原則を活用しながら、一定の社会・経済的な目標を達成するために一緒に活動する人びと」）、「協同組合システム（co-operative system）」（協同組合の全体的な運動の内部における、さまざまな事業組織）、「協同組合セクター（co-operative sector）」（社会の経済活動全体のなかで、公共企業や一般企業とは異なる協同組合によって営まれる部分[4]）という三つのキーワードを駆使してそれまでの国際協同組合運動の経験を総括した。とりわけ、協同組合運動史における負の側面としての「三つの危機（信頼性の危機・経営の危機・思想性の危機）」をふりかえりながら、将来、協同組合運動が役割を発揮すべき優先的な分野を四つ指摘していた（①「世界の飢えを満たすための」協同組合、②「生産と労働のための」協同組合、③「健全な消費のための」協同組合、④「地域社会のための」協同組合）。そのひとつが地域社会であり、協同組合が地域社会の中で人びとを結び合わせる「社会的接着剤」としての役割を果たせるようにとの意図をもって「協同組合地域社会の建設[5]」と銘打たれていた。１９９５年ＩＣＡ原則において「第7原則：地域社会への関与」が生まれる背景には、まさに、レイドロー報告における地域社会論があったのである。

　また、協同組合と地域社会は不可分一体のものであるという認識に立って、協同組合憲章草案が「地域社会のために活動する協同組合という協同組合像を明示し」、東日本大震災による被災からの復興主体として協同組合を位置づける際に、協同組合のみならず、ＮＰＯや中小企業等々との連携を強調している点は、地域における協同組合は地域諸団体と共に在ること、あるいは、地域社会において協同組合が「社会的接着剤」として機能しうることを的確に表現しているものといえるだろう。２０１２国際協同組合年全国実行委員会編［２０１２］は草案解説の中で以下のように指摘している。

東日本大震災以降ますます明らかになっているように、現在の日本社会が緊急に必要とされているのは、コミュニティの再建であり地域経済の活性化である。地域社会の復興を担いうる基本的な主体は、いざとなれば地域を捨てることを辞さない大企業ではなく、協同組合、ＮＰＯ、中小零細企業などの、地域社会に根ざす諸組織である。地域社会に根ざす諸組織は、ＣＢＯ（Community-based Organization）と略称されるが、いまほどＣＢＯの大連合が求められる時はない（42頁）。

地域社会における「ＣＢＯの大連合」という点でいえば、協同組合憲章草案の策定過程において、協同組合憲章に先んじてすでに閣議決定されている「中小企業憲章」（２０１０年6月）に着目し、「なかでも協同組合と中小企業の連携は、地域経済活性化のために活動するすべての組織のネットワークを形成するうえで、重要な役割を果たしうる」[6]という地域活性化戦略が論じられていたことは、〈社会的企業を内蔵した社会運動〉として、あるいは〈社会運動に内蔵された社会的企業〉として、地域社会における協同組合と中小企業との連携の重要性を明確にするうえで貴重な議論であったように思われる。それは、先のレイドロー報告が、「資本主義の格付け」というものがあり、中小企業の一定部分をさして「われわれが良性の形態にある資本主義と呼ぶものであり、基本的には協同組合の敵ではない[7]」と把握して、協同組合と中小企業との連携を見通していたこととも通底している。こうしたネットワークの存在と広がりこそが、「暮らしの現場」で「共に生きる」地域生活圏[8]の強化には不可欠である。こうして、ICA原則が謳う協同組合間協同の取り組みのみならず、非営利・協同組織間の協同、地域社会の地元中小企業との協同等々、多段階にわたる協同の関係づくりにおいて、協同組合が地域生活圏における社会的接着剤としての役割を果たすことが切実に求められる時代になった――これが、協同組合運動を取り巻く「現在」の時代状況なのである。

5　おわりに

最後に、これまで述べてきた点を整理しておこう。

①国連国際協同組合年の展開にみられるように、協同組合の振興と発展の促進は世界に共有

された理解であること。②それを日本社会でもいっそう確実なものにするために、日本の協同組合陣営が総力をあげた共同作業を通じて「協同組合憲章草案」の策定というはじめての試みに到達したこと。③協同組合憲章草案を通じて、社会セクターの重要な要素である協同組合・協同組合セクターが、誰もが能動性をもって参加できるような「これからの社会」像を提起していること。④そして、誰にとっても暮らしの再生産が可能であるような「これからの社会」像を具体化していくべき舞台が、ほかならぬ「暮らしの現場」たる地域社会にあること、さらに、協同組合という能動性に依拠する社会的接着剤を通じて地域社会を再建していくことが全体としての社会を「誇りある社会」へと導いていく可能性につながること。

以上のように、２０１２国際協同組合年における積極的な取り組みをつうじて、日本の協同組合陣営がまとまりある全体として将来の発展方向を確認し、政府による協同組合政策の確立をつぎなる課題として明確化したことは、社会のあり方を問ううえでもきわめて重要な運動経験であったといってよい。そして、地域社会の再生に向けて、さらにその先にある「これからの社会」の創造に向けて、社会経済運動としての協同組合運動の一人でも多くの担い手層をこの日本社会にどう創りだしていくか——運動の持続性・発展性を担保するための課題とはじつに、尽きることがないものである。

〈注〉

（1）堀越［2011］が、「世界の憲法における協同組合の規定」および「世界の独占禁止法と協同組合の適応除外」の詳細を丹念に調べ上げた重要な情報を提供している。たとえば、「2009年現在世界各国において協同組合をその中で規定している憲法は51カ国（G7：1カ国、G7を除くG20：8カ国、その他42カ国、ドイツ6州）に及ぶ。……主要国で協同組合の憲法規定が存在していないのは、G7でイギリス、フランス、ドイツ、アメリカ、カナダ、日本、EUの6カ国1地域、G7以外のG20のオーストラリア、サウジアラビア、アルゼンチン、南アフリカ4カ国、計10カ国1地域であった」（72頁）といった情報は、世界の動向を視野に入れて日本の協同組合を法制度から位置づけるうえではきわめて貴重な参考資料であろう。

（2）これは、社会運動をどうみるかを考え続ける中で、私がつねに座標軸とすべき点として重視してきた言葉である。内山［2003］71頁を参照。

（3）たとえば、新聞で「キーワード」解説がなされる場合の一例としてつぎのような記述がある。「福祉や環境、教育、地域再生など社会性の高い分野にビジネスの手法で取り組む事業体。欧米で台頭し、日本でもNPO、株式会社、有限会社などの形態で広がりつつある。経済産業省の08年報告では、国内の社会的企業は推定約8千社で、うちNPOが半数近くを占める（当時）」（朝日新聞2010年8月25日）。この解説にはしかし、「社会性の高い分野」のニーズを「みずから満たす」という能動性を基調とする協同組合への言及はみられない。ましてや、協同組合が∧社会的企業を内蔵した社会運動∨として社会的企業の原型をなす、という認識には進んでいない。これは、日本社会における協同組合の認知度の低さをある意味で端的に示す例だといってよい。

（4）日本協同組合学会訳編［1989］7頁。

（5）日本協同組合学会訳編［1989］170—177頁。

（6）2012国際協同組合年全国実行委員会編［2012］31頁。
（7）日本協同組合学会訳編［1989］112頁。
（8）「暮らしの現場」で「共に生きる」地域生活圏を具体化していくには、内橋克人がかねてより強調してきた「FEC自給圏」（Food・Energy・Care という食糧・エネルギー・ケアの一体的な形成）が重要な指針となるであろう（内橋［2012］202頁）。

〈参考文献〉

内橋克人（2012）「「社会変革の力」としての協同」（『世界』11月号）
内山哲朗（2003）「サードセクターと社会的企業――ライブリネスのデベロップメント」（非営利・協同総合研究所『いのちとくらし』No.5）
栗本昭（2011）「協同組合の「定義・価値・原則」と解説」（家の光協会編『協同組合の役割と未来――共に生きる社会をめざして』家の光協会）
2012国際協同組合年全国実行委員会編（2012）『協同組合憲章［草案］がめざすもの』家の光協会
神野直彦（2011）「「共に生きる」社会づくりに向けて――新しき時代は協同組合から」（家の光協会編『協同組合の役割と未来――共に生きる社会をめざして』家の光協会）
中川雄一郎・杉本貴志編（2012）『協同組合を学ぶ』日本経済評論社
日本協同組合学会訳編（1989）『西暦2000年の協同組合［レイドロー報告］』日本経済評論社
堀越芳昭（2011）『協同組合の社会経済制度――世界の憲法と独禁法にみる』日本経済評論社

［付記］本稿は、平成23年度専修大学中期研究員制度に基づく研究成果の一部である。

あとがき

もともとの本書の成り立ちは、「はじめに」にもふれられていたように２０１２年秋に開催された政策科学シンポジウムである。専修大学大学院経済学研究科は毎年こうしたシンポジウムを開催しており、この年には「雇用をめぐる新たな問題領域」をテーマにして、経済学部の「福祉と環境コース」に所属する４名の教員（町田、宮嵜、兵頭、鈴木）が報告した。このシンポジウムで司会・進行係を務めた私は、報告者の報告を聞かせていただきながら、いささかもどかしさを感ぜざるをえなかった。というのは、報告時間が十分に取れなかったために、せっかく準備していただいた報告内容をすべて紹介していただけなかったからである。報告者の先生方も、おそらく私と同じようなもどかしさを感じておられたのではあるまいか。

そうしたこともあって、私は当日の４本の報告をもとにして１冊の著作にまとめて、世に問うてはどうかと考えるに至った。もちろんその背景には、雇用をめぐる深刻な状況が一向に改善せず、そのことがまた、日本経済のデフレ不況からの脱却を困難にしているのではないかとの思いがあったからだし、著作の出版は、そうした現状に対して何らかの問題提起にもなるはずだと確信もしていたからである。早速町田教授に相談したところ、快く編者を引き受けていただいたうえに、「福祉と環境コース」の他の教員にも加わってもらって、雇用だけではなく「生活の質」という視点も加えてまとめてみてはどうか、との有益なアドバイスも受けることができた。このような経緯でできあがったのが本書である。

編者の町田教授には、同じコースの同僚としてまた一個人として、日頃あれこれとお世話になっている。今回などは、昨夏の体調不良をものともせず、唯一人締切前に原稿を提出されるなどして編者としての責任を全うされたが、もしかすると、その勢いに怖れおののきながら原稿に向かった執筆者もいたかもしれない。聞くところによると、もう暫くすると定年を迎えられるとのことであるが、研究に向かう意欲的な姿勢や日頃のタフな語り口などからすると、とても信じられない思いがする。いつまでもお元気でいていただきたいので、これからは余り無茶をせずに、できうれば穏やかに過ごしていただきたいようにも思うのだが、これはやはりわれわれ執筆者たちの、手前勝手な願望と言うべきものなのかもしれない。

本書は、専修大学経済学部の「福祉と環境コース」に所属するほとんどの教員が参加して、できあがったものである。それぞれの論文は、各教員のこれまでの専門的な研究を踏まえて執筆されているが、それと同時に、「福祉と環境コース」の学生に、そしてまた経済学部の学生に、さらには市民の皆さんに手にしてもらうことを願って、可能な限りわかりやすくするための工夫も凝らされている。本書が、雇用や生活をめぐる問題を理解し、解決するための一助となれば幸いである。

最後になったが、本書の出版を承認していただいた専修大学出版企画委員会と、企画にあたってあれこれとご尽力いただいた学長室企画課のスタッフの方々、そして出版にあたりさまざまな援助を惜しまれなかった専修大学出版局の笹岡五郎氏に、この場を借りて編者とともに改めてお礼を申し述べたい。

執筆者の一人として　高橋祐吉

鈴木奈穂美（すずき・なおみ）

栃木県生まれ。日本女子大学家政学部卒業。日本女子大学大学院人間生活学研究科博士課程修了。学術博士。現在、専修大学経済学部准教授。

専攻：生活経済論、地域福祉論

著書・論文：「地域活動・NPOと社会的経済」、伊藤セツ・川島美保『三訂消費生活経済学』（共著）光生館、2013年。「社会的孤立への取り組みから地域生活公共を考える」、住澤博紀・生活経済政策研究所『組合　その力を地域社会の資源へ』（共著）イマジン出版、2013年、など。

小池隆生（こいけ・たかお）

1971年　東京都生まれ。専修大学経済学部卒業。専修大学大学院経済学研究科博士後期課程修了。博士（経済学）。　現在、専修大学経済学部准教授。

専攻：社会政策・社会保障論

著書・論文：『福祉論研究の地平－論点と再構築』（共著）法律文化社 、2012年。『すぐそこにある貧困～かき消される野宿者の尊厳』（共著）法律文化社 、2010年。『現代アメリカにおけるホームレス対策の成立と展開』専修大学出版局、2006年。

兵頭淳史（ひょうどう・あつし）

1968年　大阪府生まれ。九州大学大学院法学研究科博士課程単位取得。現在、専修大学経済学部教授。

専攻：労働問題、社会政策

著書・論文：『新自由主義と労働』（共著）御茶の水書房、2010年。『現代労働問題分析』（共編著）法律文化社、2010年。『新自由主義批判の再構築』（共著）法律文化社、2010年。『日本経済 その構造変化をとらえる』（共著）専修大学出版局、2012年。「労働組合の変貌―非正規労働者の組織化とコミュニティ・ユニオンを中心とする研究動向の検討」『社会政策』4巻3号、2013年、など。

内山哲朗（うちやま・てつろう）

1950年　長野県生まれ。一橋大学大学院社会学研究科博士課程単位取得。現在、専修大学経済学部教授。

専攻：社会政策・社会的経済論

著書：『非営利・協同システムの展開』（共編）日本経済評論社、2008年。『欧州サードセクター――歴史・理論・政策』（共訳）日本経済評論社、2007年。『社会的企業――雇用・福祉のEUサードセクター』（共訳）日本経済評論社、2004年、など。

著者紹介（掲載順）

町田俊彦（まちだ・としひこ）

1944年　東京都生まれ。北海道大学農学部卒業。東京大学大学院経済学研究科修士課程修了。経済学修士。現在、専修大学経済学部教授。

専攻：財政学、地方財政論

著書：『グローバル化と福祉国家財政の再編』（共著）東京大学出版会、2004年。『「平成大合併」の財政学』（編著）公人社、2006年。『歳入からみる自治体の姿』イマジン出版、2012年。『よくわかる社会保障と税制改革』（編著）、イマジン出版、2012年。『歳出からみる自治体の姿』イマジン出版、2013年。『財政学（三訂版）』（共著）東洋経済新報社、2014年。

宮嵜晃臣（みやざき・てるおみ）

1956年　大阪府生まれ。1983年筑波大学大学院博士課程社会科学研究科経済学専攻単位取得済退学。現在、専修大学経済学部教授。

専攻：日本経済論

著書・論文：「開発の諸相」、「日本の産業構造と日本型経営・日本的生産システム」（SGCIME『増補新版　現代経済の解読－グローバル資本主義と日本経済』第4章、第6章、御茶の水書房、2013年）。「ME・ITの位相差と企業システムの変貌 - 日本型経営の毀誉褒貶を念頭に - 」（SGCIME『グローバル資本主義と企業システムの変貌』第8章、御茶の水書房、2006年）。「機械系産業集積の変容とその対応－長野県」（黒瀬直宏『地域産業　危機からの創造』第1章、白桃書房、2004年）。「東アジア経済圏の歴史的位相」（SGCIME『世界経済の構造と動態』第５章、御茶の水書房、2003年）、など。

高橋祐吉（たかはし・ゆうきち）

1947年　埼玉県生まれ。東京大学経済学部卒業。経済学博士。現在、専修大学経済学部教授。

専攻：労働経済論

著書・論文：『企業社会と労働組合』1989年、『企業社会と労働者』1990年、『労働者のライフサイクルと企業社会』1994年、『現代日本の労働問題』1999年、いずれも労働科学研究所出版部。『現代日本における労働世界の構図』旬報社、2013年、など。

雇用と生活の転換
日本社会の構造変化を踏まえて

2014年 4 月22日　第 1 版第 1 刷発行

編著者　町田俊彦
発行者　渡辺政春
発行所　専修大学出版局
〒101-0051 東京都千代田区神田神保町3-8
㈱専大センチュリー内
電話 03（3263）4230㈹
印刷・製本　藤原印刷株式会社

Printed in Japan ISBN978-4-88125-290-1